教育家观察

PERSPECTIVE OF EDUCATORS

基础教育强国

郅庭瑾 ◎ 主编　姜蓓佳 ◎ 执行主编

华东师范大学出版社
·上海·

图书在版编目(CIP)数据

教育家观察:基础教育强国/郅庭瑾主编. —上海:华东师范大学出版社,2024
ISBN 978-7-5760-4876-6

Ⅰ.①教… Ⅱ.①郅… Ⅲ.①中小学-教育改革-研究-中国 Ⅳ.①G639.21

中国国家版本馆 CIP 数据核字(2024)第 070719 号

教育家观察
基础教育强国

主　　编	郅庭瑾
执行主编	姜蓓佳
责任编辑	彭呈军
特约审读	单敏月
责任校对	王丽平
装帧设计	卢晓红

出版发行	华东师范大学出版社
社　　址	上海市中山北路 3663 号　邮编 200062
网　　址	www.ecnupress.com.cn
电　　话	021-60821666　行政传真 021-62572105
客服电话	021-62865537　门市(邮购)电话 021-62869887
地　　址	上海市中山北路 3663 号华东师范大学校内先锋路口
网　　店	http://hdsdcbs.tmall.com

印 刷 者	上海华顿书刊印刷有限公司
开　　本	787 毫米×1092 毫米　1/16
印　　张	12.5
字　　数	246 千字
版　　次	2024 年 6 月第 1 版
印　　次	2024 年 6 月第 1 次
书　　号	ISBN 978-7-5760-4876-6
定　　价	58.00 元

出 版 人　王　焰

(如发现本版图书有印订质量问题,请寄回本社客服中心调换或电话 021-62865537 联系)

教育家观察

《教育家观察》简介

观察是指细察事物的现象和动向。观,指的是看和听;察,则是分析与思考。观察是以视觉为主,融察看和审视等多种感觉为一体,包含积极深刻的思维活动的综合感知,是认识世界、获取知识的重要途径,也是科学研究的重要方法。观察甚至被誉为学者的第一美德。

教育家是在教育思想理论或教育教学实践方面有创见、有贡献、有影响的各方面杰出人物。它不是一种头衔或者代表某种身份,优秀的教育研究者、管理者、一线教师都可以在某种意义上成为教育家。带着问题和思想,对教育过程或场景进行专业细致的观照和探察,即教育观察或观察教育,同样极有意义和价值。无论是研究者、管理者、实践者,专业、理性的观察乃是教育研究洞察力、想象力和生命力之所在。

《教育家观察》系列图书定位为一个发表专业观点、交流教育思想和实践经验的学术平台,面向所有关心、思考、研究教育的读者,每册聚焦一个主题,旨在**观照重大改革,洞见现实热点,传播前沿思想,引领未来走向**。通过全面回应教育改革与发展中的现实问题和热点问题,为教育行政提供决策依据和信息,为学校领导提供办学方向和借鉴,为各类读者提供思考问题的专业视角。

《教育家观察》由教育部中学校长培训中心主办。

"人民教育家"于漪先生和著名教育学家、北京师范大学资深教授顾明远先生担任总顾问。

顾问委员会

（以姓氏笔画为序）

总顾问

于　漪　顾明远

顾问委员

马宪平　中国教育学会教育管理分会理事长、北京教育学院党委原书记
尹后庆　上海教育学会会长、上海市教育委员会原副主任
朱永新　第十四届全国政协副主席、民进中央常务副主席
许晓东　华中科技大学党委常委、副校长
杨东平　国家教育咨询委员会委员、21世纪教育研究院原院长
杨银付　中国教育学会秘书处秘书长
张民选　联合国教科文组织教师教育中心主任、上海市教育委员会原副主任
张志勇　全国人大代表、北京师范大学教育与社会政策研究院国情研究中心主任
陈玉琨　华东师范大学终身教授、教育部中学校长培训中心原主任
孟繁华　首都师范大学党委原书记
柳海民　东北师范大学党委原副书记、副校长
袁振国　华东师范大学终身教授、国务院学位委员会教育学科评议组召集人
顾红亮　华东师范大学党委常委、副校长
徐　辉　十三届全国人大宪法和法律委员会副主任委员、民盟中央专职副主席
奚洁人　中国浦东干部学院首任常务副院长、上海市领导科学学会创始会长
桑　标　上海市教育科学研究院院长
程天君　南京师范大学党委常委、副校长
鲁　昕　教育部原副部长
童世骏　上海纽约大学校长、华东师范大学党委原书记
褚宏启　北京师范大学教授
薛　澜　清华大学文科资深教授、国务院学位委员会公共管理学科评议组召集人
戴立益　全国政协委员、华东师范大学副校长

编委会

（以姓氏笔画为序）

主编

郅庭瑾

编委

王 红	王 俭	邓友超	叶赋贵	田延辉	田爱丽
代蕊华	朱军文	邬志辉	刘莉莉	李廷洲	李政涛
杨九诠	吴瑞君	吴蓉瑾	余南平	沈玉顺	张 珏
张新平	陈宇卿	范国睿	季洪旭	周 彬	胡耀宗
徐国庆	殷德生	黄忠敬	戚业国	董君武	薛二勇

本期执行主编

姜蓓佳

《教育家观察》总顾问

顾明远先生寄语

我们的教育如果要变得更好,就要找出问题所在。当前教育的问题是什么?我觉得,那就是还没有摆脱应试教育的困境。正因为此,学生的学习负担重,学生被学习、被教育的状况依旧没有改变。教师和家长逼着学生学习,这样的教育是没有希望的。

中国教育处在从数量发展到质量提高的关键时期。提高教育质量,要明确基础教育的任务。我觉得基础教育首要的任务是打好三方面的基础。第一,打好学生身心健康成长的基础;第二,打好学生终身学习的基础;第三,打好学生走向社会的基础。根据这三个基础,我们来设计怎么把小学教育和中学教育办好。

减轻学生课业负担是关系到培养什么人、怎样培养人的问题,是贯彻党的教育方针、落实立德树人的问题。负担减轻了,才有可能真正做到"五育"并举,使学生德智体美劳全面发展,成为社会主义建设者和接班人。

规范治理校外培训机构是减负的重要环节。校外培训机构应该成为学校教育的补充,为学生在某些方面的兴趣特长提供服务,如提供体育、音乐、舞蹈、美术、科技等个性化资源,丰富学生的校外生活。

减负并非一减了之,要加强公共教育供给,使学生的学习生活丰富多彩。学校、家庭、社会都要对学生课余时间负起责任,提供公共教育服务。

北京师范大学资深教授
中国教育学会名誉会长
2022.2.12

《教育家观察》总顾问

于漪先生寄语

百年大计，教育为本，基础教育则是本中之本。基础教育从事的是人的基本建设，给人的思想道德、行为习惯、科学文化打基础，为其终身发展奠基。一个人能不能和谐发展，能不能充分地释放潜能，成就人生，相当程度上取决于他在青少年时期所接受的基础教育质量。为此，就要时刻把"人"放在第一位，牢牢树立"全面育人观"，聚焦在学生的全面发展和终身发展上。

就国家和民族的发展而言，今天的基础教育，就是明天的国民素质和未来的民族性格，它直接关系到国家在国际格局中能否形成人力资源的优势，关系到国家建设和发展是否有后劲，关系到中华民族伟大复兴的宏图大业，其战略地位和战略意义不可等闲视之。

中国的基础教育，就是要培养有一颗中国心的现代文明人，要培养有中国自信、中国自尊的，能放眼世界的，为世界和平做贡献的人，也就是能真正屹立于世界民族之林的中国人。而在中国的土地上办教育，就一定要坚持走中国特色的教育发展之路，以教育自信创建自信的教育。

"双减"作为重构基础教育体系的重大改革，校长的角色担当和实践作为至关重要。优秀的校长一定要研究人，尊重学生的成长规律，将一切为了学生发展的教育目标真正落到实处；要精心培养教师，以人育人，以心动心，以情激情，让每一个教师闪发光彩。

"人民教育家"
全国教书育人楷模
"改革先锋"

于漪
2022年2月8日

华东师范大学教育学部主任

袁振国教授寄语

教育非常重要，教育也非常复杂。由于不同人的立场、观点、经历、利益诉求不同，对教育的希望和判断也就不同。如何在千头万绪的议论中寻求共识，如何在千差万异的利益诉求中找到最大公约数，是提高决策的科学性、公平性，实现利益最大化的首要保证。

华东师范大学教育学作为世界一流建设学科，承担着服务国家战略、反映民情民意、引领正面舆论的使命。华东师大教育部中学校长培训中心作为全国有影响的中学校长培训机构，是汇聚教育家的高端平台，也是教育家成长的摇篮，被誉为"中学校长的抗大"。在这里创办一个教育家交流思想、发挥影响的学术平台，不仅有优势、有条件，更是回应时代赋予的历史责任。郅庭瑾教授是教育部中学校长培训中心副主任，也是国务院学位委员会公共管理学科评议组成员，长期以来从事教育管理领域的研究和决策咨询工作，她领衔创办《教育家观察》，体现了一个教育学者的责任担当和专业追求。

衷心希望编写组在顾问团队的专业指导下，在业界同行的大力支持下，把《教育家观察》办成把握体现教育规律，反映教育先进理念，切实解决现实问题的高水平学术刊物，为教育实践、教育研究和教育决策做出应有的贡献。

华东师范大学终身教授
教育学部主任

教育部中学校长培训中心主任

李政涛教授寄语

　　《教育家观察》的创办初心,是以"教育家"为视野和眼光,"观照重大改革,洞见现实热点,传播前沿思想,引领未来走向",从而"看见"只有教育家之眼才能"观而察之""洞而见之"的教育世界。

　　2023年教师节前夕,习近平总书记致信全国优秀教师代表强调"大力弘扬教育家精神",从"理想信念、道德情操、育人智慧、躬耕态度、仁爱之心、弘道追求"等六个方面完整阐述了教育家精神的内涵,为校长群体和教师群体走向新卓越,树立了新标杆,也为《教育家观察》指明了新方向:践行、弘扬、培育教育家精神。

　　这意味着,在通往教育家精神的征途上,以教育家精神为标杆,以教育家为眼光,观教育,观学校,观校长、教师与学生成长,以教育家之眼,观过去、观现实和观未来,在充满洞见性、建构性的观察中,获悉教育家精神践行弘扬的真谛,引领走向教育家精神的方向。

　　由此而来的观察重心,在于观察教育家精神的落实、转化的过程与成效,更在于洞察教育家精神如何在一所所学校、一幕幕教育场景之中,在一位位校长、一个个教师身上,真实、具体、持续地发生,最终充分展现出"教育家精神"特有的理想信念的力量和实践育人的智慧。

中国教育学会副会长
教育部中学校长培训中心主任　李政涛

卷首语

基础教育强国建设的理论逻辑
——基于人的现代化

范国睿

习近平总书记在2023年中共中央政治局第五次集体学习时指出,"建设教育强国,基点在基础教育。基础教育搞得越扎实,教育强国步伐就越稳、后劲就越足",充分阐明了基础教育改革发展与教育强国建设的理论逻辑。

党的二十大指出了从现在到本世纪中叶建设"富强民主文明和谐美丽的社会主义现代化强国""综合国力和国际影响力领先的社会主义现代化强国"的战略部署。现代化强国建设离不开"科技"和"人才",而"科技"和"人才"又需要通过"教育"来实现,"教育强国"在全面建设社会主义现代化国家中发挥着基础性、战略性的支撑作用。"教育强国",一要建设一个"教育""强"的国家,这就要建设一个公平的高质量的教育体系;二要以教育为手段、方法和路径,建设现代化强国,这就要以教育从数量与质量两个层面促进支撑科技经济持续、健康、绿色发展的人力资本的提升;以教育传播、创新、应用知识,推动科技进步与知识创新,提升国家科技与经济竞争力,以教育改善和提升人的素养,促进社会公平正义,促进社会进步与文明。

现代化强国是文明之国,教育是人类文明的基础。马克思在《资本论》中指出,未来的教育"不仅是提高社会生产的一种方法,而且是造就全面发展的人的唯一方法"。教育推动人类社会从蒙昧走向理性、从无知走向文明、从落后走向发达,为现代文明社会建立、建设与发展奠定坚实基础。现代化的本质与核心是人的现代化,人的现代化发展既包括人以现代化的方式实现现代化发展的过程,也包括人的现代化所达到的发展水平与状态。对于教育系统内部而言,基础教育的现代化发展是整个教育现代化发展的基础。基础教育的基础性,基础教育所培育的人的基本知识、核心素养、关键能力,无论是对于科学普及、科技创新、创新体系建设而言,还是对于一个人终身可持续发展而言，都起着基础性的支撑作用。

以与社会紧密联系的教育生活促进人的社会性发展。基础教育是帮助儿童迈出走向社会成为文明社会"公共人"的第一步。人的现代化是一个漫长的历史进程。社会物质生产方式的变化以及由此带来的家庭结构与功能的变化，不仅在经济与生产意义上使人脱离家庭环境，更使基于婚姻与血缘的家庭交往关系逐步演变为以家庭、工厂、社区、学校为实体的社会交往关系，从而使人的"社会性"意义不断丰富。人的现代化发展表现为人的公共精神、人在社会生活中所秉持的一系列公共性价值理念与价值准则以及人为社会公共秩序的建立、巩固与发扬而作出的不懈努力。学校教育组织开展的各种教育活动、社会实践活动以及内隐于其中的社会价值、所传递的文明社会知识与规范，都成为儿童借助学校教育奠定其成长为社会人、公共人的基础。基础教育承载着帮助人实现自由全面发展、提高人的现代文明素养的使命，使每一个人具有中华传统文化素养，明大德、守公德、严私德，使中华传统文化成为每一个现代中国人的文化底色；具有现代公民素养，在参与社会公共生活时不仅具有公共参与精神，而且能够秉持理性精神、契约精神、民主精神以及自由平等、法治思维、责任义务、公平正义以及规则秩序等一系列公共性价值理念与价值准则。

以科技赋能的教育创新促进人的创新发展。基础教育通过知识授受、能力培养与思维激发赋能儿童健康持续发展。习近平总书记指出："基础教育既要夯实学生的知识基础，也要激发学生崇尚科学、探索未知的兴趣，培养其探索性、创新性思维品质。"当代社会的基础教育，正面临着从工业时代走向智能时代的大变革。近代工业革命以来建立在确定的科学知识基础之上的机器大生产客观上需要具备一定科学知识、标准化的"知识人"从事生产与管理，从而催生了普及教育以及现代教育体系的产生与发展。具有工业主义特征的基础教育体系，不仅在很大程度上适应了工业化对"知识人"的要求，促进了社会生产，也在"知识"超越"经验"的意义上，极大地提高了人的现代化素养。时至今日，以5G、大数据、人工智能为代表的高新科技推动人类社会迈入智能时代。智能社会呼唤培养智能化、数字化的科技创新人才。许多发达国家和国际组织将包括创造力、批判思维与问题解决能力在内的学习与创新技能作为人类应对科技与社会挑战的核心，而这其中，又以信息、媒体与技术技能尤其是数字素养作为智能时代的人发展的独特素养，突破知识教学的束缚，以培养和提升人的数字素养为核心，成为当下教育与社会发展的迫切任务。这就要求我们在改革和发展过程中，系统重构以思维训练为核心的教育教学模式以强化思维训练核心，激发学生的思维的创造性、批判性与活跃度，提高以分析和解决问题能力为核心的核心素养、综合素养，从而使儿童从现在起并在未来的社会生涯中持续养成现代科学素养，能够掌握和运用现代科学技术知识基础、发现和确认问题、作出有证据合逻辑的推断，理解和践行科学探究过程，理解科学对社会的价值与作用，形成科学精神与科学伦理道德。

以高质量的均衡发展促进人的公平发展。马克思主义经典作家在《共产党宣言》中指出："每一个人的自由发展是其他一切人自由发展的前提条件。"在建设教育强国的进程中，要促进每一个人的全面自由发展，就要努力补齐基础教育改革发展短板，"要推进学前教育普及普惠安全优质发展，推动义务教育优质均衡发展和城乡一体化"。全面建设社会主义现代化国家，最艰巨最繁重的任务在农村，最广泛最深厚的基础在农村；农村教育的改革发展、农村人口的整体现代化发展是建设教育强国的关键。在建设现代化强国的过程中，促进农业农村的现代化发展，通过乡村振兴，使贫困地区、农村地区与发达地区、城市地区同步实现现代化发展；加大支持农村教育改革发展力度，不断改善农村基础教育办学条件，通过教育阻断贫困代际传递，使世世代代的农村孩子都得到最充分的可持续的自由全面发展，让农村孩子共享教育改革发展成果，让每一个孩子的人生都精彩。

以健康的教育生态促进人的健康发展。基础教育的现代化发展，就是要促进人的现代化发展并为人终身发展奠定基础，基础教育是帮助人为其所向往的美好生活所作出的准备和努力，而这种准备和努力本身是人的成长和生活的重要组成部分。总书记指出："要在全社会树立科学的人才观、成才观、教育观，加快扭转教育功利化倾向，形成健康的教育环境和生态。"随着日益激烈的基于优绩主义的社会竞争不断投射和蔓延到学校教育系统中来，学校教育的竞争、内卷持续加剧，给青少年的身心健康发展带来严重影响和冲击。基础教育就是要唤醒和激发人的发展意识与潜能，促进人的社会化发展、创新发展与智慧发展，重构温馨、安全、健康、充满生机与活力的校园生活，使儿童在愉快的学习与创造过程中健康快乐成长，为其未来以乐观向上积极进取的态度和充分的知识、能力与智慧准备，投入、建设和享受美好社会生活。当每一位社会成员都竭尽所能为社会作出应有的贡献时，现代化强国建设便指日可待！

华东师范大学教育学部教授
上海师范大学特聘教授、教育学部部长
范国睿
2024年2月

目 录

本期导读 ………………………………………………………………………… 1

特 稿 ………………………………………………………………………… 3

1. 从大国迈向强国——基础教育改革发展的中国经验与议题转换 …… / 顾明远　李廷洲　4
2. 加快建设高质量基础教育体系的思考 ……………………………… / 吕玉刚　15
3. 基础教育扩优提质的"上海方案" …………………………………… / 杨振峰　20

观察与观点 …………………………………………………………………… 27

1. 普通高中高质量发展:政策注意力视角的检视 ……………………… / 郅庭瑾　李大印　28
2. 高中阶段学校多样化发展的三重逻辑与实现路径 ………………… / 姜蓓佳　44
3. 创建学术性高中:优势学习视域下拔尖创新人才培育研究 ………… / 董君武　58

比较与调研 …………………………………………………………………… 71

1. 高中多样化的可能路径:英国综合中学的变迁与透视 ……………… / 郅庭瑾　陈悠然　72
2. 人是学校高质量发展的最关键要素 ………………………………… / 白振华　89
3. 农村薄弱学校改造提升的现实路径:兼谈学校管理的"高""低""进""退" …… / 范　刚　95

区域探索 ············ 101

1. 教育强省建设的战略目标与实现路径 ············ /章 平 102
2. 中原县域高中创新发展的实践探索 ············ /周 剑 114
3. 乡村学校实现教育强国的现实难题与几点建议 ············ /方建江 121

学校经验 ············ 127

1. 拔尖创新人才早期培养的实践进路——成都七中的思考与设计 ············ /张 翼 128
2. 高中理科人才培养的问题与思考——以物理学科为例 ············ /熊荣领 136
3. 高中育人方式变革的价值取向与实践探究 ············ /杨 华 145
4. 育人方式变革的高中特色教育体系构建与实践——以财经素养培育为例 ············ /金 怡 151
5. 把学校打造成涵养灵性的育人场 ············ /许 军 162
6. 记一名高中校长与学生的两次邂逅及育人反思 ············ /孟祥波 168
7. 立德树人视野下学校德育工作的挑战与回应 ············ /王德宝 177

本期导读

习近平总书记在 2023 年中共中央政治局第五次集体学习时指出,"建设教育强国,基点在基础教育。基础教育搞得越扎实,教育强国步伐就越稳、后劲就越足",充分阐明了基础教育改革发展与教育强国建设的理论逻辑。

本期特稿,中国教育学会名誉会长、北京师范大学资深教授顾明远和上海师范大学联合国教科文组织教师教育中心研究员李廷洲,以宏阔的视角深刻描画了基础教育改革发展的中国经验与议题转换。教育部基础教育司原司长、中国教育学会常务副会长吕玉刚,系统论述了如何谋划高质量基础教育体系、怎样建设高质量基础教育体系。上海市教委副主任杨振峰,从新优质学校的由来与内涵、建设阶段与推进举措以及未来部署,详尽介绍了基础教育扩优提质的"上海方案"。

观察与观点栏目,华东师范大学教授郅庭瑾等从政策注意力视角检视普通高中高质量发展。华东师范大学职业教育与成人教育研究所博士后姜蓓佳,剖析了高中阶段学校多样化发展的三重逻辑与实现路径。上海市市西中学校长董君武,结合市西中学 10 余年课程教学改革中凝炼的"优势学习"理念,就优势学习视域下拔尖创新人才培育进行阐释,回应了拔尖创新人才培养这一时代命题。

比较与调研栏目,华东师范大学教授郅庭瑾等从刻画英国综合中学的变迁入手,透视后普及时代高中教育多样化的可能路径。山西省太原市第三十六中学校党总支书记兼校长白振华,就自己履职校长二十载的沉淀,探寻撬动教师发展的内驱力,寻找深潜的动力源,认为人是学校高质量发展的最关键要素。海南省定安县实验中学校长范刚,结合自身连续 38 年奋斗在我国基础教育第一线的经验,介绍了农村薄弱学校改造提升的现实路径。

区域探索栏目,安徽省教育厅发展规划处处长章平,系统介绍了安徽教育强省建设的战略目标与实现路径。郑州平原外国语学校党委书记、校长周剑,阐述了中原县域高中创新发展的实践探索。安徽省安庆市岳西县菖蒲教育总支书记、中心学校校长方建江,梳理了教育强国路上难点和重点的中西部地区、偏远乡村的教育不良倾向并指出纠偏路径。

学校经验栏目，成都七中校长张翼、安徽省合肥市第五中学党委书记熊荣领、重庆市渝北中学党委书记（原重庆市暨华中学校党委书记、校长）杨华、上海市敬业中学校长金怡、上海市延安初级中学校长许军、山东省潍坊第七中学校长孟祥波、安徽省霍邱县第一中学党委书记王德宝，分别围绕普通高中拔尖创新人才早期培养的实践进路、高中理科人才培养的问题与思考、高中育人方式变革的价值取向与实践探究、促进育人方式变革的高中特色教育体系构建与实践、把学校打造成涵养灵性的育人场、记一名高中校长与学生的两次邂逅及育人反思、立德树人视野下学校德育工作的挑战与回应等论题，生动呈现了一线办学者的思考与感悟。

——编者

特稿

1. 从大国迈向强国

——基础教育改革发展的中国经验与议题转换

顾明远　李廷洲

提　要： 改革开放以来，经过不懈努力，我国建成了基础教育大国，取得历史性成就：教育资源覆盖率迅速提升，建成世界上最大的基础教育公共服务体系；经费投入总量显著增加，分担机制日趋合理，为基础教育事业高质量发展提供了有力保障；教师队伍建设格局发生历史性变化；综合治理深度推进，良好教育生态基本形成。在建设基础教育大国的过程中，我国积累了许多优秀、鲜活的经验：党和国家高度重视教育事业，始终把教育放在优先发展的战略位置；积极调动人民大众参与基础教育，形成全社会支持教育事业的磅礴力量；加强法治建设，为教育改革发展构筑制度基础设施；始终把教师摆在重要位置，造就一支高素质专业化的基础教育教师队伍；实施教研员制度，不断提高基础教育质量；坚持改革创新，攻坚克难，不断回应经济社会发展的新需要和人民群众日益增长的教育需求。加快建设教育强国，给基础教育带来新的历史机遇，也提出了新的时代命题：基础教育要为实现第二个百年奋斗目标培养高质量的创新人才；全体人民共同富裕的战略目标对基础教育优质均衡发展提出新要求；建设教育强国的艰巨、复杂任务迫切需要进一步激发基础教育办学主体的活力；科技革命引发教育领域更深层次的变革，基础教育必须有足够的勇气和能力来迎接这场挑战。建设教育强国，基础教育责任重大。第一，全面加强党对基础教育的领导，以政治势能推动复杂形势下的系统变革。第二，深刻认识杰出人才培养的理论和政策逻辑，实现"杰出"和"公平"的辩证统一。第三，强化基础教育实现共同富裕的制度功能，实现中国特色社会主义的本质要求。第四，将基础教育治理重心转向中观，充分激发办学主体创新活力。第五，积极应对技术变革，使技术成为基础教育跨越发展的新动力。

作　者： 顾明远，中国教育学会名誉会长，北京师范大学资深教授
　　　　　李廷洲，上海师范大学国际教师教育中心/联合国教科文组织教师教育中心研究员

改革开放以来尤其是党的十八大以来，我国基础教育改革发展取得了历史性成就。在十分艰苦的条件下，经过接续奋斗，建成了全世界体量最大的基础教育体系，整体进入

世界中等偏上收入国家的前列。这个过程中,中国基础教育创造了大量的宝贵经验,为世界教育发展贡献了独特的中国智慧和中国模式。面向"加快建设教育强国"的战略要求,基础教育迫切需要在新的历史起点上继往开来。

一、中国建设基础教育大国的历史进程

改革开放之初,我国基础教育的底子非常薄弱,面临百废待兴的局面。伴随着一系列重大法律、政策的出台,我国逐步构建了基础教育的制度基础设施。1982年颁布的《中华人民共和国宪法》提出"普及初等义务教育",这是我国首次以宪法形式将普及初等义务教育的目标确立下来,成为各地基础教育发展的重要遵循。1985年,中共中央发布《关于教育体制改革的决定》,提出"有步骤地实行九年制义务教育","普九"成为当时基础教育发展的战略主题。为了在幅员辽阔、发展极其不均衡的中国实现"普九"的宏大目标,根据当时国情,发展基础教育的责任主要交给了地方。国家调动地方发展基础教育的积极性,地方同时依靠人民群众办教育。这一次体制改革促进了我国义务教育的快速普及。为保证义务教育的顺利实施,1986年,实施九年制义务教育写入了新颁布的《义务教育法》,使普及义务教育有了专门的法律保障。

1993年,中共中央、国务院颁布《中国教育改革和发展纲要》,在我国基础教育发展史上具有重要意义,此后"两基"(基本实施九年义务教育和基本扫除青壮年文盲)成为基础教育发展新的战略主题。经过艰苦卓绝的努力,到2000年底,全国"普九"地区人口覆盖率达到85%,青壮年文盲率下降至5%以下,如期实现了"两基"战略目标。此后,我国基础教育发展的战略主题也由基本实现"两基"目标转向全面实现"两基"目标。经过不懈努力,2007年,西部地区"两基"攻坚如期完成,西部教育实现历史性巨变。又经过四年努力,2011年,全面实现"两基"目标。我国在占世界人口1/5的国家全面实现"两基",用25年的时间,完成美国100年才完成的"普九"任务[①],为全人类文明进步作出巨大贡献。2010年《国家中长期教育改革与发展规划纲要(2010—2020年)》将"提高教育质量、促进教育公平"作为教育改革和发展的战略主题,进一步提出了加快普及高中阶段和基本普及学前教育的要求。

党的十八大以来,以习近平同志为核心的党中央高度重视教育,坚持把教育摆在优先发展的战略位置,基础教育改革发展翻开了新的篇章。2014年,国务院发布《关于深化考试招生制度改革的实施意见》,启动上

---

① 王家源.夯实千秋基业 聚力学有所教——新中国70年基础教育改革发展历程[N].中国教育报,2019-09-26:01.

海、浙江高考综合改革试点。2015年,国务院办公厅印发《乡村教师支持计划（2015—2020年）》（以下简称《支持计划》）,打出了一套"组合拳",提高乡村教师待遇,解决乡村教育薄弱问题。2016年,国务院印发《关于统筹推进县域内城乡义务教育一体化改革发展的若干意见》,推动城乡统一的学校建设、教师编制、生均公用经费基准定额标准,"两免一补"政策也实现了全覆盖。2018年,全国教育大会结束后,中央相继印发了关于教师队伍、学前教育、义务教育、普通高中的系列文件,对新时代基础教育改革发展作出了系统的顶层设计。以中共中央的名义出台系列重大文件,将基础教育提到了前所未有的政治高度,标志着我国基础教育迎来前所未有的战略机遇期。

二、中国建设基础教育大国取得的历史成就

从改革开放,到进入中国特色社会主义的新时代,基础教育发展的步调环环相扣,理念协调统一,不断满足时代、人民对基础教育的新要求和新期盼。在党中央的坚强领导下,在全国基础教育工作者的共同努力下,我国基础教育改革发展取得了举世瞩目的成就,创造了14亿人口大国基础教育跨越式发展的奇迹。

第一,教育资源覆盖率迅速提升,建成世界上最大的基础教育公共服务体系。学前教育阶段,2022年全国幼儿园数达到28.92万所,在园幼儿数4 627.55万人,专任教师324.42万人,毛入学率达到89.7%,有力地保障了不断增加的适龄幼儿入园需求。义务教育阶段,已有20.16万所学校、1.59亿在校生、1 065.46万名专任教师。九年义务教育巩固率达到95.5%。普通高中阶段,办学规模持续扩大,2022年全国普通高中总数达1.5万所,在校生达到2 713.87万人,专任教师达到213.32万人,为更多适龄学生提供了受教育机会。

第二,经费投入总量显著增加,分担机制日趋合理,为基础教育事业高质量发展提供了有力保障。学前教育方面,经费投入机制不断完善。财政投入力度持续加大,2020年全国财政性学前教育经费达到2 532亿元,比2011年增长了5倍,财政性教育经费占比从2011年的2.2%提高到2020年的5.9%。① 义务教育方面,强化各级政府投入责任,逐步提高义务教育经费保障水平,建立起城乡统一、重在农村的义务教育经费保障机制。2020年底,全国2 846个县（市、区）首次实现了义务教育教师平均工资收入水平不低于当地公务员平均工资收入水平政策要求,并建立长效机制。2021年,财政性义务教育经费增加到2.29万亿元,占国家财政性

---

① 靳晓燕.学前教育这十年:公益普惠底色更加鲜明[N].光明日报,2022-04-27:08.

教育经费投入的比例始终保持在50%以上。①普通高中总体投入水平大幅提高,财政性教育经费投入提高到4 666亿元。国家连续实施普通高中改造计划和教育基础薄弱县普通高中建设项目,大幅改善了高中学校办学条件。②

第三,教师队伍建设格局发生历史性变化。经过攻坚克难和不懈努力,我国基础教育教师队伍规模日益壮大、结构日趋合理、素质显著提高,实现量质齐升。截至2023年底,我国共有基础教育专任教师1 610.49万人,较2012年增加约370万。其中普通高中教师221.48万人、义务教育教师1 073.94万人、幼儿园教师307.37万人、特殊教育教师7.7万人。③基础教育阶段的生师比已经和OECD国家持平。小学、初中、普通高中专任教师合格率分别达到99.99%、99.96%、99.2%。我国已建成了全世界体量最大的基础教育教师队伍,有力地支撑起全世界规模最大的基础教育体系。

第四,综合治理深度推进,良好教育生态基本形成。近年来,国家出台了一系列政策举措保障基础教育回归学生身心发展规律。学前教育阶段,围绕破解"小学化"倾向,全国坚持学前教育内涵建设与事业发展同步推进,深入开展治理"小学化"专项行动,积极推进"幼小衔接"攻坚行动,不断完善学前教研体系,推动"以游戏为基本活动"有效落实,有力促进幼儿身心健康成长。④义务教育阶段招生入学改革不断深化,免试就近入学和"公民同招"政策全面落实,择校热大幅降温,入学机会更加公平。"两为主、两纳入、以居住证为主要依据"的进城务工人员随迁子女入学政策不断健全,2022年,义务教育阶段进城务工人员随迁子女在公办学校就读和享受政府购买学位的比例达95.2%。另外,我国以前所未有的力度推进"双减"工作,大力规范校外培训行为,强化学校教育主阵地作用,坚持减负提质并重,严控学生作业总量和时长,不断提高作业设计质量水平,课后服务基本实现了全覆盖,学生过重的学业负担明显减轻。⑤普通高中阶段,在一系列顶层设计的推动下,我国普通高中教育进入了新高考、新课程、新教材改革和质量评价改革同步实施、协同推进的新阶段。课程标准取代考试大纲,全面引领高中教学;高中学业水平考试和高考选科制度在促进学生全面而有个性发展方面发挥着越来越重要的作用;"选课走班"教学推动高中教学制度发生深刻变革。⑥

---

① 孙亚慧.义务教育:从"有学上"到"上好学"[N].人民日报,2022-07-25:09.
② 林焕新,张欣.普及水平显著提升 总体投入大幅提高 育人方式深刻变革[N].中国教育报,2022-07-06:01.
③ 教育部发展规划司.2023年全国教育事业发展基本情况[R].教育部,2024-03-01.
④ 靳晓燕.学前教育这十年:公益普惠底色更加鲜明[N].光明日报,2022-04-27:08.
⑤ 教育部."双减"明白卡[R].教育部,2022-02-25.
⑥ 周世祥,颜维琦.普通高中教育这十年:新高考,新课程,新评价体系[N].光明日报,2022-07-06:08.

三、基础教育大国建设的中国经验

改革开放40多以来,中国基础教育在取得跨越式发展的道路上,积累了许多优秀、鲜活的经验。这些经验是我国基础教育改革发展的宝贵财富,对世界教育而言也具有重要的启示意义。

第一,党和国家高度重视教育事业,始终把教育放在优先发展的战略位置。改革开放之初,教育理论界和实践界展开了一场关于"教育本质与职能"的讨论。经过广泛讨论,各界普遍认为,教育不仅与经济发展、科技进步、人力资源开发紧密联系在一起,而且是民生工程、文化建设的基础、民族振兴的基石。这场讨论从根本上改变了人们的教育功能观,也在一定程度上为确立教育在社会主义现代化建设中的战略地位作出了贡献。[①] 1987年,党的十三大报告提出,"把发展科学技术和教育事业放在首要位置"。1992年,党的十四大报告明确提出"必须把教育摆在优先发展的战略地位"。此后一直到党的十八大,教育优先发展的战略地位从未动摇。十八大报告旗帜鲜明地提出:"教育是民族振兴和社会进步的基石。要坚持教育优先发展。"2018年9月10日,党中央在京召开全国教育大会,习近平总书记在会上明确指出:"教育是民族振兴、社会进步的重要基石,是功在当代、利在千秋的德政工程,对提高人民综合素质、促进人的全面发展、增强中华民族创新创造活力、实现中华民族伟大复兴具有决定性意义。教育是国之大计、党之大计。"[②]

教育事业优先发展战略地位除了在党代会报告中得到明确外,还体现在一系列关于教育的战略规划和实际行动中。1993年《中国教育改革和发展纲要》重申和延续了党的十四大提出的"必须把教育摆在优先发展的战略地位,努力提高全民族的思想道德和科学文化水平,这是实现我国现代化的根本大计"。《国家中长期教育改革和发展规划纲要(2010—2020年)》提出:"教育是民族振兴、社会进步的基石,是提高国民素质、促进人的全面发展的根本途径。强国必先强教。"《中国教育现代化2035》提出,"建设教育强国是中华民族伟大复兴的基础工程"。另外,国家每个"五年规划"对教育都作出了专门的谋划设计。财政支出也是教育优先发展实际行动的重要体现,改革之初,我国教育支出只有79.39亿元,到了2022年达6.13万亿元,增幅以几百倍计。其中国家财政性经费超过4.85万亿,占国内生产总值比例为4.01%。

第二,积极调动人民大众参与基础教育,形成全社会支持教育事业的磅礴力量。教育是全社会的事业,中国基础教育能取得如此成就,离不开人民的伟大力量。改革开放之

---

① 郝克明,杨银付.改革开放以来我国教育改革发展的若干启示[J].教育研究,2010,31(03):3—14.
② 张力.改革开放40年的中国基础教育:成就卓著再创辉煌[J].中国教育学刊,2018(11):3.

初,中央和地方财政都很困难,难以完全保证教育事业发展需要。在此背景下,我国创造性地提出了"人民教育人民办,办好教育为人民"发展模式,并依靠人民群众的力量实现了"普九"目标。这个过程中出现的"希望工程""春蕾计划"等,如今已家喻户晓。[①] 除此之外,包括慈善人士捐建希望小学、农民工子弟学校等,都是人民大众参与教育事业的鲜活案例。1992 年,党的十四大报告提出,鼓励多渠道、多形式社会集资办学和民间办学。2016 年 11 月,国务院发布了《关于鼓励社会力量兴办教育促进民办教育健康发展的若干意见》,积极引导社会力量举办非营利民办学校。2021 年,国务院审议并通过了《中华人民共和国民办教育促进法实施条例》,指出"各级人民政府应当依法支持和规范社会力量举办民办教育"。由此,在政策法规上形成了社会力量广泛支持教育发展的态势。

第三,加强法治建设,为教育改革发展构筑制度基础设施。1978 年到 1994 年是我国教育法治建设的开端,这一时期共出台了三部教育法律,分别是 1980 年的《中华人民共和国学位条例》、1986 年的《中华人民共和国义务教育法》和 1993 年的《中华人民共和国教师法》,从法律层面初步建立我国的学位制度、义务教育制度和教师制度。随后,1995 年《中华人民共和国教育法》颁布,我国教育立法进入快速发展阶段。党的十八届四中全会提出了全面推进依法治国的方略,依法治教也被提上了新的战略高度。已经颁布施行的教育法律共有 8 部,加上 16 部教育行政法规、79 部部门规章和两百多部地方性法规和规章,共同构成了我国教育法律体系的基本框架。[②] 通过 40 多年的教育立法实践,一个以宪法教育条款为核心,《教育法》为母法,涵括教育法律、教育法规、教育规章,以及教育规范性文件的教育法制体系基本形成。除了教育立法更加成体系以及更具系统性外,我国教育行政逐步由政府主导过渡到依法行政和多元共治,教育司法的制度化保障也得到全面的加强。

第四,始终把教师摆在重要位置,造就一支高素质专业化的基础教育教师队伍。教师是教育发展的第一资源。在习近平总书记的重要论述中,对两项工作讲过"极端重要",一个是意识形态工作,另一个就是教师工作。全国教育大会确立的"九个坚持",其中一个就是"坚持把教师队伍建设作为基础工作"。党的十八大以来,习近平总书记每年以不同形式支持教师节活动,就教师队伍建设做出了系列重要指示,提出了"四有好老师""四个引路人""四个相统一""大先生""教育家精神"等重要论述。习近平总书记系列重要讲话指示批示充分肯定了教师的极端重要的地位和作用,把教师工作的基础性、先导性、全

---

① 张宁娟. 改革开放 40 年中国教育砥砺前行[N]. 中国教育报,2018 - 12 - 20.
② 申素平,周航,郝盼盼. 改革开放 40 年我国教育法治建设的回顾与展望[J]. 教育研究,2018,39(08):11—18.

局性地位和作用提升到空前高度。在以习近平同志为核心的党中央的高度重视和大力支持下,我国基础教育教师队伍建设的体制机制得到全面完善。全面建立了师德师风建设长效机制,教师培养体系更加健全,精准培训有力地支撑了教师能力素质持续提升,教师人事制度体系日益完善,教师待遇保障更加有力。

第五,实施教研员制度,不断提高基础教育质量。在基础教育改革发展进程中,教研员队伍发挥了重要作用。教研员制度是我国基础教育的特色,也是教育改革和发展的创新,是提高基础教育质量的重要保障。我国教研队伍的建立可以追溯到20世纪50年代,当时的中小学校实施的是统一的教学计划、教学大纲以及统编教材。为保证教育质量,各地方教育局设立了教学研究室,简称教研室,从学校抽调一批优秀教师充当教研员,帮助学校教师研究教学大纲、统编教材,并指导集体备课。在当时师资条件比较有限的情况下,教研员队伍在保障课堂教学质量方面起到了关键作用。① 特别值得注意的是,上海中学生多次参加经济合作与发展组织(OECD)实施的"国际学生评估项目"(PISA)测试,并以明显优势位居榜首,世界为之震惊。多项国际研究表明,这一重要成绩的背后,离不开教研员队伍的突出贡献。教研员制度一度受到国外的热情追捧,可以说已经成为中国基础教育一面特色鲜明的旗帜。2019年11月,教育部出台了《关于加强和改进新时代基础教育教研工作的意见》,明确提出要"进一步完善国家、省、市、县、校五级教研工作体系",继续加强教研队伍建设,"严格专业标准,严格教研员准入制度"。国家对教研制度的进一步部署,为教师专业发展提供了更有力的保障。

第六,坚持改革创新,攻坚克难,不断回应经济社会发展的新需要和人民群众日益增长的教育需求。随着经济社会的不断发展和人民群众教育需求的不断变化,基础教育改革发展的主题、重点也在与时俱进,唯有通过不断的改革创新,才能办好人民满意的教育。而中国作为世界上教育体量最大的国家,幅员辽阔,不同地区之间经济社会和基础教育发展水平差异很大,任何一项教育改革举措都面临"橘生淮南则为橘,生于淮北则为枳"的适用困境。为此,我国基础教育改革坚持"试点实验—逐步推广""摸着石头过河"的改革创新模式,将先进的教育理念在个别地区先行先试,在不断总结经验、纠正错误的基础上逐步扩大试点范围,成为我国基础教育改革创新的有效路径。中小学教师职称改革(该制度也被《超越上海》一书的主编,美国"全国教育和经济研究中心"主席马克·塔克,认为是中国基础教育的重要成功经验)就是一个很典型的案例。我国中小学教师职称

---

① 顾明远.教研队伍:提高教学质量的有力保证[J].教育与教学研究,2021,35(10):1—2.

制度于1986年正式确立。经历20多年的探索,中小学教师职称制度存在的评价标准不够合理、评价机制不够完善、与事业单位岗位聘用制度不够衔接等问题逐步显现,成为阻碍教师队伍建设的重要因素,改革的呼声也愈发强烈。2009年,人社部、教育部印发《关于深化中小学教师职称制度改革试点的指导意见》,我国开始了中小学职称制度改革工作,在山东潍坊、吉林松原、陕西宝鸡3个地级市先行试点。2011年试点地区扩大到全国的109个地级市。在广泛总结改革经验的基础上,2015年9月,人社部、教育部联合印发《关于深化中小学教师职称制度改革的指导意见》,以健全制度体系、完善评价标准、创新评价机制、实现评聘衔接为核心举措,在全国范围内推动职称制度改革。2016年以后,全国各地区的职称制度按照新的政策要求继续运行。

改革创新并非易事。在基础教育长期发展过程中不可避免地形成了特定的权力和利益格局,成为改革的保守力量和制约因素,但这些因素并未阻碍我国基础教育改革创新的步伐。以"双减"政策为例,在"双减"政策发布前,校外培训机构已经形成了相当的规模,线下校外培训机构数量达到12.4万个,市值上万亿元,具有广泛的政策和社会影响力;在就业优先战略背景下,校外培训机构拥有数量庞大的教师群体,是吸纳就业尤其是大学生就业的重要领域;加之数以亿计的家长和学生已经对校外培训形成依赖,使得校外培训捆绑了复杂而牢固的权利格局。但是,在党中央的坚强领导下,"双减"的决策过程和执行过程并未出现博弈、妥协等现象,反而表现出了坚决性和彻底性,并且迅速取得了成效。

四、加快建设教育强国迫切需要基础教育的战略转型

党的二十大做出加快建设教育强国的战略部署。加快建设教育强国,成为我国基础教育改革发展的时代背景。2023年5月29日,习近平总书记在中央政治局第五次集体学习中指出,"建设教育强国,基点在基础教育",明确了基础教育的战略使命。加快建设教育强国,给基础教育带来新的历史机遇,也提出了新的时代命题。

第一,基础教育要为实现第二个百年奋斗目标培养高质量的创新人才。中国建设教育强国是在前所未有的复杂国际形势下的战略选择。当今世界发展面临百年未有之大变局,国际竞争日益激烈。国际竞争说到底是人才的竞争,尤其是自主培养杰出人才的竞争,在这个过程中,基础教育的全局性、基础性、战略性作用愈发凸显,同时也对基础教育带来严峻挑战。[①]

---

① 盛颖霞,等.顾明远:新时代中国基础教育改革发展要回答的十个问题[J].中国基础教育,2023(09):6—10.

第二，全体人民共同富裕的战略目标对基础教育优质均衡发展提出新要求。全体人民共同富裕是中国式现代化的关键特征和本质要求，基础教育公平是促进全体人民共同富裕的前提和基础。习近平总书记在中央政治局第五次集体学习中的讲话指出："缩小教育的城乡、区域、校际、群体差距，努力让每个孩子都能享有公平而有质量的教育。"①实现全体人民共同富裕，对基础教育优质均衡走向纵深发展，提出更高要求。

第三，建设教育强国的艰巨、复杂任务迫切需要进一步激发基础教育办学主体的活力。建设教育强国的使命艰巨、任务复杂，要求多样，这既需要有科学的顶层设计和宏观布局，更需要教育事业的微观主体充满活力和创造力。可以说，全国 50.81 万所②基础教育学校是建设教育强国的关键载体。教育强国建设的成效和质量的高低，在很大程度上取决于学校这一微观主体的质量和活力。

第四，科学技术迅猛发展，人工智能、大数据等，正在引发教育领域更深层次的变革，基础教育必须有足够的勇气和能力来迎接这场挑战。人工智能的发展必然改变生产、生活，这是生产力发展的结果，也必然会影响和改变基础教育内容、方式和师生关系。以ChatGPT等为代表的生成式人工智能对教育的影响是不可抗拒的，基础教育学校如何顺应时代潮流和技术进步，利用它为教育赋能，是当前不得不回答的重大命题。③

五、建设基础教育强国的政策思路与前瞻

建设教育强国，基础教育责任重大。从教育大国到教育强国是一个系统性跃升和质变。④ 从基础教育大国走向基础教育强国，意味着基础教育的战略主题从规模扩大、结构完善、体系建构转向为中华民族伟大复兴提供基础支撑。以高质量的基础教育培养有能力参与全球竞争、适应甚至引领科技变革、担当中华民族伟大复兴战略使命的杰出人才，是建设教育强国阶段基础教育的战略主题，也是我国建设基础教育强国的战略主题。

第一，全面加强党对基础教育的领导，以政治势能推动复杂形势下的系统变革。中国建设基础教育强国的形势是极其严峻的，中华民族伟大复兴战略全局和世界百年未有之大变局相互激荡，现代化经济转型升级对基础教育提出迫切需求，人民群众对基础教育的期盼不断提高，基础教育自身改革发展面临深层体制机制障碍。中国所处的历史阶段和战略形势决定了，依靠常规的、滑行式的发

---

① 加快建设教育强国　为中华民族伟大复兴提供有力支撑[N]. 人民日报，2023-05-30.
② 根据《2022年全国教育事业发展统计公报》计算得出。
③ 盛颖霞，等. 顾明远：新时代中国基础教育改革发展要回答的十个问题[J]. 中国基础教育，2023(09)：6—10.
④ 加快建设教育强国　为中华民族伟大复兴提供有力支撑[N]. 人民日报，2023-05-30.

展已经不可能实现基础教育强国战略的目标。在此背景下,必须依靠党的领导,以党的最高权威总揽全局、协调各方。在中国,只有党才能发挥这样的核心领导作用,促使各部门充分认识到基础教育作为教育强国基点的重要价值,充分调动全社会资源,为基础教育强国建设提供根本的政治保障。

第二,深刻认识杰出人才培养的理论和政策逻辑,实现"杰出"和"公平"的辩证统一。杰出人才自主培养是基础教育强国的关键特征,这里需要关注两个不同的维度:一方面,杰出人才是极少数的,对国家、人类有巨大贡献,有新的创造、发现;另一方面,创新人才是大众的,创新能力是可以培养的,学校有责任培养每个孩子的创新意识、创新能力。一般而言,少数的杰出人才是在大众创新人才基础上脱颖而出的。在建设教育强国的历史阶段,中国培养杰出人才不应把少数有天赋的学生和多数学生区别开来,不应强调英才儿童的单独培养,这种理念很容易演变成"重点学校""重点班级"等有违教育规律的现象。有特殊天赋的孩子往往也伴随着特殊的个性,孤立的培养很难让他们真正地实现身心健康成长。应在培养(而不是抑制)所有孩子创新意识、创新能力基础上,让少数英才儿童在自然的成长情境中脱颖而出。

第三,强化基础教育实现共同富裕的制度功能,实现中国特色社会主义的本质要求。由于每个家庭、每个孩子的天赋和努力程度不同,一个社会逐渐出现阶层分化是世界范围内的普遍现象。基础教育在这个过程中起到的作用应该是促进阶层流动和社会公平。但是,西方很多国家由于出现公共教育洼地、校外培训盛行等原因,导致优势阶层的家庭很容易将财富、权力、声望等资本转化为子女获取优质教育资源的便利,这就使一些国家的基础教育演变成复制社会阶层的制度安排。中国式现代化是全体人民共同富裕的现代化,共同富裕是中国特色社会主义的本质要求。我们必须时刻牢记,中国建设基础教育强国和很多西方国家有着本质区别,通过教育公平实现社会公平,是我们的核心目标。为此,要更大力度地实现优质教师资源的均衡配置,消除县域内、市域内甚至省域内基础教育学校的质量差异,让每个孩子不因家庭出身,不因天赋,不因所处地域,都可以接受优质的基础教育,都有人生出彩的机会。

第四,将基础教育治理重心转向中观,充分激发办学主体创新活力。不断向学校下放办学自主权是各国发展基础教育的共同趋势。这有利于激发学校办学活力,转变人才培养观念、改革教育内容和教学方式。有的国家注重发挥自身统筹各方资源的优势,联手社会、企业、学校共同推进教育发展。比如日本、新加坡、韩国等后发国家,以政府为主导,推动政产学一体、银企互促,充分挖掘企业、银行的资金、人才需求信息、人才培训场所等资源,激发全社会共建教育体系的活力。当前我国基础教育学校办学自主权受到诸多制约,是影响办学质量和活力的关键因素。

应进一步将学校管理事权、人事权和经费统筹权、课程管理权下放到学校,促使学校实现自主治理,形成人财事权统一、权利责任匹配的学校治理结构,不断激发学校办学活力。

第五,积极应对技术变革,使技术成为基础教育跨越发展的新动力。生成式人工智能等新技术的出现,在颠覆人们原有的教育想象的同时,也为基础教育领域的深度变革提供了重要的外推力,带来了全新的机遇和可能性。人工智能时代,基础教育需重点解决好三个问题。一是认识问题。广大教师要深刻理解新技术的优势,也要认识其中的风险,既不能拒绝也不能盲目使用。二是技术问题。人工智能等新技术发展快速、产品更新迭代快,很多教师尤其是年龄较大的教师,或多或少还存在使用困难的问题,因此需要在新技术的应用方面加强对教师的培训。[①] 三是要专注培养学习者的高阶认知思维和社会情感能力。为了适应未来人机协同社会的发展,人才培养的重点应放在无法被智能机器取代的人类"特质"上。着重培养批判性思维、创新能力、自主学习能力、团队合作能力、跨文化沟通能力等高阶认知思维,以及被传统教育忽视的道德、情感、审美等软素养,培养学习者有效利用智能机器的能力和素养,如计算思维和人机协同素养等,将显得尤为重要。

(原文《从基础教育大国走向基础教育强国——基础教育改革发展的中国经验与议题转换》发表于《中国教育学刊》2024年第6期)

[①] 盛颖霞,等.顾明远:新时代中国基础教育改革发展要回答的十个问题[J].中国基础教育,2023(09):6—10.

2. 加快建设高质量基础教育体系的思考

吕玉刚

> **提　要**：推进基础教育高质量发展，迫切需要加快建设高质量基础教育体系。首先，我们要思考如何谋划高质量基础教育体系。一要把好政治方向，二要践行人民至上，三要增强办学活力，四要建好教师队伍，五要全面培养学生，六要科学有效治理。其次，我们要深入研究怎样建设高质量基础教育体系，从总体上重点构建优质均衡的基本公共教育服务体系、德智体美劳全面培养教育体系、高素质专业化的教师发展体系、教育数字化战略行动支撑体系、科学有效的教育质量评价体系、充满生机活力的教育治理体系等六个体系支撑基础教育高质量发展。
>
> **作　者**：吕玉刚，教育部基础教育司原司长、中国教育学会常务副会长

我国基础教育点多线长面广量大，事关国家发展，事关民族未来，事关家庭幸福。党中央高度重视，人民群众广泛关注。党的十八大以来，在以习近平同志为核心的党中央坚强领导下，我国基础教育取得了历史性成就，发生了格局性变化，总体上已进入高质量发展新阶段。

党的二十大立足全面建设社会主义现代化强国全局，统筹教育、科技、人才进行整体布局，对加快建设教育强国、加快建设高质量教育体系作出全面部署。习近平总书记2023年5月29日在中央政治局第五次集体学习时明确指出，"要坚持把高质量发展作为各级各类教育的生命线，加快建设高质量教育体系"，并特别强调"建设教育强国，基点在基础教育。基础教育搞得越扎实，教育强国步伐就越稳、后劲就越足"。总书记的重要讲话为加快教育强国建设指明了前进方向，提供了根本遵循。

一、我们要思考如何谋划高质量基础教育体系

我们要胸怀"国之大者"，善谋"党之大计"，以强烈的政治担当、真挚的人民情怀、科学的教育观念、有效的条件保障，努力办好最代表未来的高质量基础教育。

一要把好政治方向。全面贯彻党的教育

方针,坚持为党育人、为国育才,把立德作为育人的根本,着力培养堪当民族复兴大任的时代新人。二要践行人民至上。坚持以人民为中心发展教育的思想,强化基础教育公益性,把办好人民满意的基础教育作为重要价值导向。三要增强办学活力。着力办好每一所学校,有效释放学校发展潜能,更加注重内涵发展、多样发展、特色发展,切实办出水平、办出风格、办出特色。四要建好教师队伍。在推进基础教育高质量发展的新时代,更要把加强教师队伍建设作为最重要的基础工作来抓,着力打造一支高素质专业化创新型的教师队伍。五要全面培养学生。树立德育为先、全面培养、面向全体、知行合一的教育质量观念,创新育人方式,大力发展素质教育,着力增强学生社会责任感、创新精神和实践能力。六要科学有效治理。基础教育是全社会的事业,涉及党委、政府、学校、家庭、社会等各方面,要着力推进基础教育治理体系和治理能力现代化。

二、我们要深入研究怎样建设高质量基础教育体系

按照党的二十大重要部署,围绕充分发挥基础教育在全面建设社会主义现代化国家中的基础性、战略性支撑作用,加快建设教育强国,办好人民满意的教育,聚焦扩优提质,以系统思维,从总体上重点构建以下六个体系支撑基础教育高质量发展。

(一)构建优质均衡的基本公共教育服务体系,重点解决优质教育资源保障问题

对义务教育加快推进优质均衡发展。着力以"四化"缩小"四个差距"。以学校建设标准化为重点,缩小区域教育差距。完善中小学办学标准,着力强化学校校舍、食宿条件、安防设施、教学装备、数字化环境和校园文化等方面建设。以城乡教育一体化为重点,缩小县域城乡差距。依据县域地理交通、人口规模和新型城镇化进程等因素,以有利于保障学生受教育质量为根本,优化学校布局,加强寄宿制学校建设,健全城乡学校共同体发展机制。以师资配置均衡化为重点,缩小校际教育差距。完善集团化办学和学区化管理,推进校际间管理、教学、教研紧密融合,健全教师交流轮岗激励机制,优先立足集团、学区推动教师组队式交流,努力率先实现集团内、学区内学校优质均衡。以教育关爱制度化为重点,缩小群体教育差距。坚持有教无类、面向全体,加强农民工随迁子女、留守儿童、残疾儿童等特殊困难儿童教育关爱。注重精准分析学情,建立学习困难学生帮扶制度,强化差异化教学和个别化指导。

对学前教育加快推进优质普惠发展。健全普惠性学前教育保障机制,优化资源结构,稳步增加公办学位;完善公办园成本分担机制,落实生均公用经费标准,合理确定并动态调整收费标准;完善普惠性民办园补助标准,加强民办园收费监管;加强薄弱园建设,丰富优质游戏资源,推进幼小科学衔接。

对普通高中加快推进优质特色发展。大力实施县中发展提升行动,加强县中标准化建设,规范普通高中招生秩序,实施县中托管帮扶工程;优化招生计划安排,有序扩大优质高中招生计划;强化市域统筹,以加强特色课程、特色学校建设为重点,制订普通高中多样化办学规划,促进普通高中整体提升、办出特色。

对特殊教育加快推进优质融合发展。推动20万人口以上的县办好一所特殊教育学校,较大城市建设孤独症儿童特殊学校;加快健全特殊教育体系,加大学前教育和高中阶段特殊教育学位供给;推进特殊教育与普通教育、职业教育、医疗康复、信息技术等融合发展。

(二) 构建德智体美劳全面培养教育体系,重点落实好国家新课程新教材

坚持把立德作为育人根本。深化教学管理创新,要像讲故事一样讲好讲清道理,着力增强思政课吸引力、感染力。进一步丰富优质课程教学辅助资源,为教师讲好思政课提供有效支撑;要切实提高思政课教师专职化专业化水平,强化思政课教师专项培训,健全教研共同体和集体备课制度。认真构建"大思政课"体系,将课程思政有机融入各学科教学,深入开展主题教育活动,加强校园文化建设,强化劳动教育和社会实践育人。

认真实施国家新课程方案。准确把握新课程育人目标和鲜明特点,深刻理解各学科基于核心素养的育人价值和教学目标,充分认识基础性与选择性、学科性与综合性、知识性与实践性、逻辑性与系统性的紧密结合。完善分学科教学基本要求,引导教师依标教学,以服务学生学习为中心,倡导先进教学文化,创新教学方式方法,注重单元整体教学、跨学科综合育人和强化学科实践,培养学生逻辑思维、系统思维,切实提高新课程实施水平。

着力培育创新素养。加强科学教育,在夯实学生学科知识基础的同时,注重激发学生崇尚科学、探索未知的兴趣,培养学生探索性、创新性思维品质。加强实验室建设和实验教学;丰富科学教育资源,广泛开展学生科普教育和科创探索实践,推进人工智能教育。深入实施学生读书行动,推动学校开展丰富多彩的主题阅读和征文活动,努力建设书香校园,引导学生爱读书、读好书、善读书,提高人文素养。

持续提高"双减"水平。深化校外培训机构治理,强化学校育人主阵地作用。着力提高作业设计水平,统筹用好基础性作业和拓展性作业,积极推进智慧作业;充分彰显课后服务育人价值,进一步丰富课后服务资源,满足学生多样化学习需求;不断提高课堂教学水平,积极开展教师精品课遴选,大力推广应用国家级优秀教学成果,推进教育教学方式方法创新,促进有效提升课堂教学质量。

(三) 构建高素质专业化教师发展体系,重点建设好教师队伍这个"第一资源"

大力弘扬"教育家精神"。认真把握教师

队伍建设要求。认真落实"四有好老师"要求，统筹师德建设、学历提升、素质赋能、优化配置、激励机制等方面，全面提高教师队伍能力素质。理顺教师队伍管理机制，充分发挥教育部门和学校在教师管理中的重要作用。

强化教师专业素质提升。坚持师范教育为基础教育服务的方向，优化师范生培养方案和课程体系，注重教学实习实践，强化教育情怀、综合素质和全面育人能力培养。切实加强新课程新教材新技术新方法培训，不断提高教师育德、课堂教学、作业与考试命题设计、实验操作和家庭教育指导、学生心理健康教育、数字技术应用等能力；加强新时代名师名校长培养，健全分层分类、阶梯式教师成长发展体系；统筹教师专业发展与教学研究，强化基于优质课例、研训一体的教研，充分发挥教研机构专业支撑与引领作用。

健全教师激励体系。着力增强教师内在动力，完善精神荣誉、专业成长、岗位晋升、绩效工资和关心爱护激励机制，强化项目载体引领带动，引导教师潜心研究课程教材和教学方法，不断总结凝练教学经验，提高教学水平，充分激发广大教师教书育人的使命感责任感。

（四）构建教育数字化战略行动支撑体系，重点赋能基础教育高质量发展

坚持突出应用导向。数字化是推动基础教育高质量发展的重要突破口，要以数字化更好实现优质教育资源广泛共享，为加快推进义务教育优质均衡发展和教育现代化提供有效支撑。以数字化促进学生个性化学习、赋能教师改进教研教学，促进作业设计、课后服务和课堂教学变革，加快提升教育质量。

切实用好国家平台。持续迭代更新，丰富国家中小学智慧教育平台资源。进一步开发覆盖各审定教材版本的全部课程教学资源，更好服务所有地区和学校。强化平台应用功能，增强平台的交互性、提高智能化水平，并把平台融合应用纳入教学基本要求，完善应用激励机制，强化资源应用跟踪反馈、过程性数据收集与分析，做好个性化资源推送。

积极探索多场景应用。适应教育现代化需要，进一步加强数字校园建设，更好支撑以数字化赋能教育教学变革。积极探索多种有效的数字化应用模式，特别是在智慧课堂、双师课堂、智慧作业、线上答疑、网络教研、个性化学习、过程性评价等方面的应用，充分发挥数字化助学助教助研助管作用。

（五）构建科学有效的教育质量评价体系，重点发挥好质量评价的"指挥棒"作用

树立正确质量评价导向。教育部已出台学前教育、义务教育、普通高中、特殊教育四个教育质量评价指南。要充分发挥质量评价引导、诊断、改进、激励等功能，引导地方政府树立正确教育政绩观，引导学校树立科学教育质量观，引导家长树立科学育儿观。

准确把握质量评价内容和方式。对中小学的评价内容应重点包括办学方向、课程教学、教师发展、学校管理和学生发展等五个方面；对幼儿园的评价内容应重点包括办园方

向、保育与安全、教育过程、环境创设、教师队伍等五个方面;深化评价方式改革,注重改进结果评价,强化过程评价,探索增值评价,健全综合评价。

切实做好学校自评整改。推动各地各校积极开展多层次、多形式的学习培训,把落实评价指南作为办学治校的基本遵循和努力方向;中小学幼儿园应积极开展自评诊断,对标研判、依标整改,总结有益经验,查找问题不足,有针对性地改进教育教学工作。

(六)构建充满生机活力的教育治理体系,重点完善教育管理机制

加强党的全面领导。这是办好基础教育的根本保障。完善办学体制,强化政府责任。充分发挥党委教育工作领导小组统筹协调作用,健全部门协调机制。认真落实中小学党组织领导的校长负责制,中小学党组织要切实履行把方向、管大局、作决策、抓班子、带队伍、保落实的领导职责。要选优配强学校书记和校长,建立健全党组织会议、校长办公会议和党政协调机制等议事决策制度。

强化学校办学主体地位。保障中小学教育教学、人事工作、经费使用自主权,有效激发和释放学校活力与潜能,并妥善处理好"放""管""服"关系,注意实行清单管理和差异化管理,切实解决管得过多、动力不足、保障不够、管理不善等问题。

健全校家社协同机制。积极构建政府统筹协调、学校积极主导、家庭主动尽责、社会有效支持的协同育人新格局。学校要及时沟通学生情况,加强家庭教育指导,用好社会育人资源;家长要提高家庭教育水平,主动协同学校教育,引导子女体验社会;社会要完善家庭教育服务体系,推进社会资源开放共享,净化社会育人环境。

完善学生安防体系。要以时时放心不下的责任感,高度重视做好学生安全工作。强化安全教育,落实校园安全防范建设要求,有效预防溺水、交通事故、社会暴力,强化心理健康教育与管理,健全部门协调机制,加强校园周边环境治理,切实保障学生安全。

3. 基础教育扩优提质的"上海方案"*

杨振峰

> **提　要：**《关于实施新时代基础教育扩优提质行动计划的意见》提出，要"促进新优质学校成长，制定区域优质学校成长发展规划，倾斜支持帮扶有一定基础的学校加快成长为优质学校，办好家门口的每所学校"。多年前，上海市就启动了"新优质学校推进项目"，并取得显著成效。在全面贯彻落实党的二十大精神、深入推进教育强国建设的背景下，促进新优质学校成长是基础教育扩优提质、构建优质均衡的基本公共教育服务体系的一项新举措，具有十分重要的现实意义。本文介绍了新优质学校的由来与内涵、建设阶段与推进举措以及未来部署。
>
> **作　者：**杨振峰，上海市教委副主任

2023年7月，教育部、国家发展改革委、财政部联合印发了《关于实施新时代基础教育扩优提质行动计划的意见》，提出要"促进新优质学校成长，制定区域优质学校成长发展规划，倾斜支持帮扶有一定基础的学校加快成长为优质学校，办好家门口的每所学校"。无独有偶，多年前上海市就启动了"新优质学校推进项目"，并取得显著成效。促进新优质学校成长是基础教育扩优提质、构建优质均衡的基本公共教育服务体系的一项新举措。在全面贯彻落实党的二十大精神、深入推进教育强国建设的背景下，聚焦新优质学校成长、激发学校办学活力、打造高质量的基本公共教育服务体系，具有十分重要的现实意义。

上海市"新优质学校推进"项目，以专业研究力量为引领，凝聚一批具有样本意义的项目学校。通过深度调研与案例分析、互动培训与交流分享、媒体介入与公共宣传，一大批行之有效的办学经验和典型范例得到推广和辐射。在这样的学校中，"回归教育本原"成为核心价值追求，"不挑选生源、不集聚特殊资源、不追求分数排名"成为典型特征，"为了每一个学生的健康快乐成长"成为追求的目标，打造了一批有教无类、因材施教、百姓满意的家门口好学校，树立了好学校的价值

---

* 经作者同意，本文根据作者的多篇讲话稿以及相关新闻采访整理而成。

标杆，引导了社会的教育价值取向。"新优质学校"课程教学变革及支持系统获得了2018年基础教育国家级教学成果一等奖，得到教育部和中国教育学会的关心和支持，为上海基础教育的优质均衡发展增添了浓重的一笔。

一、新优质学校的由来与内涵

（一）新优质学校的提出背景

上海市在2011年就启动了"新优质学校推进项目"，这体现出上海市作为教育高地的前瞻性。上海提出新优质学校建设最初是基于两个背景：一方面来源于上海参加国际学生评估（PISA测试）的结果启示，学生在阅读、数学、科学三项测评及总分上均居65个参与国家和地区的首位，且均衡程度较高，表明上海基础教育的"托底"工作做得比较成功。在国际坐标系中，我们发现，一批名不见经传的普通学校托起了上海义务教育的基准线，这些学校既重要，又有活力，需要给予更多的关注和支持。另一方面来源于对义务教育存在问题的思考，尽管上海基础教育质量及均衡程度达到了一定水平，但择校冲动、课业负担重、应试教育现象仍然存在。城市的快速发展，家长和公众的教育观念和需求也在发生深刻变化，需要树立与时俱进、更加鲜明的教育价值导向，引领学校规范办学、优质办学和活力办学。

2011年，上海市召开基础教育工作会议，会上提出在教育价值上，要突破对功利价值的过度追求，更加关注教育对"人"本身的价值；在教育质量观上，要突破以学科知识传授为主的单一质量追求，更加关注以人的多样发展为特征的全面质量；在培养模式上，要突破高度统一的标准化培养模式，更加注重需求导向的个性化、多样化的培养；在教师专业成长上，要突破单纯强调掌握学科知识和教学技能，更加注重教育境界和专业能力的提升；在教育管理上，要突破以行政手段为主推动教育发展的方式，更加注重思想领导和专业引领。为了贯彻落实上海市基础教育工作会议精神，上海市教委决定实施"新优质学校推进项目"，以专业研究力量为引领，凝聚一批具有样本意义的项目学校。通过专业力量带领一批校长持续专注地研究一批不挑选生源、没有特殊资源、没有特殊文化积淀的普通学校如何走向优质的轨迹，以"办好每一所家门口的学校"为目标，积极回应社会关切的热点难点，突显我们对均衡和优质的全新理解和深刻认识，从而推动教育系统内部的主动作为和专业自觉。可以这样说，新优质学校是在当时社会背景之下自觉践行公办学校使命、规范与责任的学校。

（二）新优质学校的核心价值

2014年上海整体通过义务教育均衡发展验收后，义务教育步入了优质均衡发展的新阶段。办好家门口的每一所学校，关心每一个学生的成长，让更多学生接受更高质量的教育，是我们面临的新任务。可以说，新优质学校提供了普通学校变革的重要路径。新优质学校建设过程中,一直保持着对"新优质学校"内在特质的追问与探索。它不是理想学校的浪漫版,不是传统优质学校的升级版,也不是广受追捧的"优质学校"的简缩版,而是在先进教育理念引领下,坚持回归教育本真,在常态条件下解决学校真实问题,探索普通学校如何走上新优质的发展道路,让每一所家门口的学校都优质。

新优质学校的"新"体现了一种教育本原的回归。更可贵的是,该理念价值一直在实践中探索优化,直至今日,"新优质学校"提出的价值理念可以用"四个坚持"来诠释,即坚持回归教育本原,促进学生全面发展、素养培育及精神品格成长;坚持提升学生学习生活质量,办学生喜欢的学校,丰富学生的学习生活经历,促进学生主动发展,强调学校主动发展;坚持在常态条件下,学校主动探索,走内涵发展之路,强调为人民办学;坚持有教无类、因材施教,办好群众家门口的每一所学校。通过多年实践,这些教育价值追求已逐步为社会理解、认同并接受,树立了正确的教育价值标杆,引领着教育的发展方向。

新优质学校集群发展坚持"不靠生源靠师资、不靠政策靠创新、不靠负担靠科学",聚焦学校发展瓶颈问题,形成以问题解决为核心的教师队伍建设、课程建设、学与教变革、领导管理与文化四个集群。通过群内智慧传递、合力攻关等方式,突破瓶颈,形成立意高、可持续、符合学校实际的问题解决实践图式,

学校内生动力被激发出来,办学质量得到持续提高。

二、新优质学校的建设阶段与推进举措

(一)新优质学校的建设阶段

从2011年至今,新优质学校建设大致经历了四个阶段。2011—2014年是理论建构阶段。为了回应人们对优质教育资源的需求,针对当时人们对优质教育的误解,需要回答"什么是新优质学校""如何建设新优质学校"的问题。2011年初,上海市正式启动"新优质学校推进项目",根据"不挑选生源、不超常聚集资源、不争抢排名"的原则确定了43所项目校,组织市、区专家进行地毯式调研,总结出新优质学校"有教无类、回归本原、积极探索、百姓满意"的四个特征,提出了推进新优质学校建设的五个策略:一是寻找—发现,确立"新优质"的内涵要素;二是定位—发展,提取"新优质"的关键经验;三是创建—分享,建立"新优质"学习共同体;四是动态—激励,实现"新优质"过程性推介模式;五是示范—辐射,创造"新优质"区域推进新局面。

2014—2020年是要素建构阶段。为让更多的学校成为新优质学校、提升对优质均衡发展的贡献度,2014年,上海将"新优质学校集群发展"纳入上海市教育综合改革重点项目,与学区集团建设共同作为推进义务教育优质均衡发展"双引擎"。2015年,上海市

教委出台了《上海市新优质学校集群发展三年行动计划（2015—2017年）》。市级新优质学校项目校增至94所。通过"智慧传递"和"预见未来"两种策略，一方面继续梳理项目校办学经验，另一方面带领学校针对瓶颈问题，设计学校不断发展的路径。其间，成立上海市新优质学校研究所，探索通过专业组织凝聚专业力量，加强理论引领与实践推进。

2021—2023年是路径探索阶段。随着研究与实践的深入，校长逐步认识到新优质学校创建要有一些基本路径作为抓手，这样才能更好地促进新优质学校创建。为此，2019年，着手开展新优质学校成长认证的研究，2020年试行，通过成长认证进一步转化新优质学校的价值理念，发现新优质学校的成功经验，促使学校不断向新优质学校迈进。

从2023年开始是整体发展阶段。如何将新优质学校建设融入高质量发展的时代潮流是新优质学校发展面临的重要课题。为此，上海市从系统思考和整体设计的角度，推出《上海市新优质学校高质量发展引领计划》，以育人方式和治理方式改革为着力点，以队伍建设和数字化赋能为支撑，激发普通公办学校的办学活力，促进新优质学校成长，进一步扩优提质。

（二）新优质学校的推进举措

1 上下联动为新优质学校发展提供不竭动力。

面对不同发展需求的学校，上海在新优质学校的推进举措上，让学校不是被动参与，而是深度卷入其中，从区域整体设计到需求不一的学校，学校创新实施再到区域积极反馈、跟踪，这种上下联动为新优质学校的发展提供不竭动力。首先，上海市新优质学校不命名、不挂牌、不超常规集聚资源，汇聚的是一批"不靠生源靠师资、不靠政策靠创新、不靠负担靠科学"的项目学校，始终坚持"回归教育本原"的核心价值及其理念系统，认清形势、抓住机会、主动行动，以适应社会、教育、学生长远发展的需求为目标，定位学校发展方向。其次，上海市新优质学校推进项目组建了由教育行政部门、专业研究机构和新闻媒体人员为核心的协同推进力量，培育以项目校为主体的学校发展实践共同体，聚焦学校发展中的关键领域、瓶颈问题，推进"学与教""课程建设""教师队伍建设""领导管理与文化"四个集群和"擘画未来营""创新突破营""优势成长营"三个"成长营"，集结共同体的智慧，寻求更科学的解决方案，相互启发、共同攻关。再次，在评价机制上，新优质学校不是外部强加的终结性评价，而是推动学校持续发展的专业诊断与循证改进的发展机制。为此，我们探索开展以成长为导向的新优质学校认证，研制认证标准不是用来分等定级的，而是凸显价值导向和可行的"典型表现行为"。

2 以非功利性的方式推动学校理念内化和自觉实践。

新优质学校建设不能只靠行政力量、评比或授牌等外在方式驱动学校变革，关键要靠学校通过坚持回归教育本原,秉持以育人为本的核心价值,基于学情、校情主动探索,持续改进。为了以非功利性的方式推动学校理念内化和自觉实践,一方面我们着力打造以市级项目校为主体的共同体,开展高质量的校长交流、主题学习和研讨,让每位校长都成为新优质学校理念的"合伙人",寻找新优质学校理念、校长内心的教育梦想和学校已有文化积淀的有机融合。另一方面我们构建了行动研究的范式,聚焦学校发展的瓶颈问题与关键领域,设计研究项目,汇集行政力量、专业人员、一线校长和教师、媒体人员进行集中攻关,通过研究突破实践问题、经验提炼形成典型样例,深化对教育现象的认识,提升对学校发展规律的把握能力。在此基础上,及时推出典型学校实践案例,让校长看到理念的实践样态,从中找到解决自身问题的有效方法和策略。当校长觉得新优质学校理念是适需、易学、可实践的,就会主动参与其中,实现理念内化与自觉实践。

3 守正创新,开拓新优质学校发展之路。

一是坚持回归教育本原,为了每一个学生的健康快乐成长,聚焦一批名不见经传的家门口学校,以专业力量为支撑,通过深度调研与案例解析、互动培训与交流分享、媒体介入与立体宣传,打造100多所有教无类、因材施教、百姓满意的家门口好学校,树立了好学校的价值标杆。二是坚持激发办学活力,聚焦家门口学校的"最近发展区",围绕队伍建设、课程建设、学与教变革、学校治理等方面,

形成以问题解决为指向的不同集群,覆盖约25%的义务教育学校,通过智慧传递、合力攻关、专家指导等方式,形成立意高、可持续、符合实际的学校发展实践模式。"新优质学校"课程教学变革及支持系统获得了基础教育国家级教学成果一等奖。三是坚持高质量引领,研制新优质学校高质量发展行动计划,充分发挥新优质学校的引领作用和示范效应,在办学价值取向、育人方式变革、学校治理方式、师资队伍建设、信息技术赋能等方面,通过关键项目驱动,实施引领行动,创生学校发展新方式,促进更多学校走向优质办学。

4 抬升基准,实施优质资源倍增计划。

一是实施新一轮"五项标准",参照家庭生活条件平均水平,落实新的校舍建设、设备配置、信息化建设、教师配置与收入标准、生均经费标准,改善学生在校生活环境。二是实施城乡学校携手共进计划,以城带乡,通过整体托管、专项突破,提高142所乡村学校办学水平。三是推出示范性学区集团建设行动计划,在学区集团广覆盖、形成一批紧密型学区集团基础上,启动示范性创建,强化骨干教师有效流动、优质教育资源共享、一体化考核评价,进一步缩小校际办学差距。四是实施公办初中强校工程,与名师名校长培养工程相结合、与学区集团高质量建设相结合、与落实新中考改革相结合,着力把近200所公办初中办成"家门口的好初中"。五是实施数字化赋能行动,打造"永不落幕的空中课堂",研发了备课助手、教学助手、作业辅导助手并在

全学段、多学科开展应用试点。六是实施育人方式变革行动,全面落实小学主题式综合活动课程,促进学生"玩中学""做中学""探中学";全面启动义务教育项目化学习,着力培养学生创造性解决问题的能力。

三、新优质学校的未来部署

新优质学校经过多年的推进与完善,发展成效日益彰显。通过树立适应时代需求的教育价值导向,发现和展现了学校的生动经验,并被公众与教育同行熟知,产生了较好的示范引领作用。推进新优质学校项目十余年来,发现了一大批在基层一线坚守教育理念,推进学校变革,取得优异办学质量的学校校长。这些校长在营造的学校变革场中获得了新的成长。2018年,新优质学校建设成果荣获基础教育国家级教学成果一等奖。2021年,教学成果"新优质学校课程教学及其支持系统"纳入教育部全国推广计划,在福建南安、重庆江津、贵阳云岩三个区域整体推广。作为上海对口支援11市(州、地、区)的交流培训项目,对西藏、贵州等地校长及其他干部进行培训。

现如今,上海正在全面贯彻实施《关于实施新时代基础教育扩优提质行动计划的意见》,接连推出了示范性学区集团建设行动计划、新一轮公办初中强校工程、义务教育项目化学习实施意见、新优质学校高质量发展引领计划等政策,接下来还将出台系列措施,全方位进行扩优提质。作为新优质学校发源地,上海有责任也有必要创新推进新优质学校建设,为全国同行提供可借鉴的实践智慧。为此,上海研制了新优质学校高质量引领计划,争取通过3—5年的努力,培育一批发挥明显价值引领作用和办学示范效应的新优质项目校,形成一批有影响力、本土特色的新优质项目校及一大批引领高质量发展的典型项目和案例,重点从四个层面落实。

第一,提高站位,从教育强国的高度推动落实。2023年5月,习近平总书记在中央政治局第五次集体学习的重要讲话中指出:"建设教育强国,基点在基础教育。基础教育搞得越扎实,教育强国步伐就越稳、后劲就越足。"怎么才算扎实?重点在于既要夯实学生的知识基础,也要激发学生崇尚科学、探索未知的兴趣,培养其探索性、创新性思维品质。这就需要我们坚守"回归教育本原"的新优质学校价值理念,超越"短期功利"和"分数排名",从厚植人民幸福之本和夯实国家富强之基的角度,确立学校的育人观和质量观,深化育人方式改革,把学校办成"育人主阵地"、让学生在校内"学足学好",实现人尽其才、人人出彩。

第二,开阔眼界,从未来发展的宽度推动落实。上海作为具有世界影响力的现代化国际大都市,新优质学校理应成为具有世界影响力的现代化国家大都市的上海学校新样态。为此,学校要变得更加包容和温暖,关怀每个人的发展,创造高水平的教育公平;更加深入地探索现代化的教与学,为孩子胜任未来奠定基础;更能彰显社会主义国际化大都市的气质,富有创意和情趣;更要汲取全球教育改革创新成果的精华,创造性解决教育实践中的难题,为教育发展提供"上海方案"。这需要各区和学校主动思考,也需要市级部门发挥专业集成优势,深化拓展校长培训和锻炼新模式,搭建行之有效的运作机制,让校长开阔视野、实践体验、共同成长。

第三,知行合一,从问题解决的深度推进落实。各区充分利用新优质学校全市平台和资源,进行跨界与深度学习。学校要周密规划,充分调动教师、家长和学生的主体性,集众人智慧,攻坚克难共同参与学校发展;紧扣学校培养目标开展课程整合教学,探索素养培育导向的单元设计,促进依托真实情境的深度学习,加强学生评价方式变革,强化学生发展指导,建设新型学习空间,积极开发和利用数字化学习资源系统。

第四,系统谋划,以集成创新的力度推进落实。市级管理和专业部门优化工作机制与服务方式,加强对区域的指导和学校的支持,探索行之有效的运行模式;各区统筹专业力量,统筹教育经费,加强对区级项目校的管理、指导与服务,适当减少对学校的检查评估,激发学校办学活力;学校坚持正确的价值导向和办学方向,厘清学校高质量发展的思路,积极申领改革创新项目。同时,及时总结自身的建设经验,适时推广应用,带动自身及周围学校的发展,起到示范引领作用。

观察与观点

1. 普通高中高质量发展：政策注意力视角的检视

邱庭瑾　李大印

提　要：政策注意力用于表征政策决策者对政策议题的关注程度，对政策过程及实践指向具有重要影响。新世纪以来，政策注意力对普通高中办学质量的关注逐渐从"隐匿"走向"显学"。检视这一时期的政策文本发现，在提升普通高中办学质量的过程中，政策注意力先后经历注重课程教学和教师发展、关注教师队伍质量建设和随迁子女异地升学、推动立德树人、聚焦育人方式变革四个阶段。在此过程中，政策注意力以学生为中心，由聚焦重点到关注多维，政策目标由宏观到具体，呈现鲜明的逻辑特征。进入高质量发展阶段，丰富育人方式，以多样化回应高中内涵式发展转向；体制重心上移，以提级管理破解高中阶段教育结构不协调；加快培养名校长，以教育家精神引领高中实现高质量，应是政策注意力聚焦的核心议题。

作　者：邱庭瑾，华东师范大学教育学部教授、博士生导师
　　　　　　李大印，华东师范大学教育学部博士研究生

一、引言

注意力是一种"稀缺资源"，政策注意力尤为如此。政策注意力的稀缺有限性决定了，任何分配给一个问题领域的注意力都可被视为对其他政策领域关注的减少。[1][2] 在以政策为驱动的教育改革运动中，政策注意力是一种隐形的符号，表征决策者对政策议题的关注，影响教育资源的配置，[3] 决定教育实践的走向。

在过去相当长一段时期，我国教育政策的注意力主线是"普及、巩固、提高九年义务教育，大力发展职业教育，提高高等教育质

---

[1] Wood B D, Peake J S. The Dynamics of Foreign Policy Agenda Setting [J]. American Political Science Review, 1998, 92(1): 173–184.
[2] Larsen-price H A. The Right Tool for The Job: The Canalization of Presidential Policy Attention by Policy Instrument [J]. Policy Studies Journal, 2012, 40(1): 147–168.
[3] 燕阳, 杨竺松. 地方领导干部政策注意力配置"失灵"现象及其治理[J]. 学海, 2022(05): 128—134.

量"，[①]普通高中一直处于政策注意力的边缘位置。导致长期以来普通高中办学质量的提升总是在"上推"和"下拉"中被裹挟前进，呈现出一定的发展滞后性和被动性。新世纪以来，在全面推进素质教育、大学扩招等外源因素牵引以及建设高质量教育体系的客观要求下，政策注意力对普通高中办学质量的关注逐渐从"隐匿"走向"显学"。[②] 近二十年来，普通高中办学质量虽有提升，但距离当下教育改革要求仍有差距。

2021年，《中华人民共和国国民经济和社会发展第十四个五年规划和2035年远景目标纲要》提出把"建设高质量教育体系"作为我国教育事业发展的整体目标。[③] 普通高中衔接义务教育和高等教育，是建设高质量教育体系的中心环节，如何提升普通高中办学质量，推动其高质量发展，是建成高质量教育体系的肯綮之问。然而，普通高中高质量发展并非"自明之域"，存在发展过程、方式、目标等诸多未得深入探讨的问题。本文以注意力理论为基础，梳理新世纪以来与普通高中办学质量相关的政策文本，捕捉其中的政策注意力，在检视政策注意力的演进脉络、演进逻辑基础上，反思普通高中高质量发展过程中的政策注意力配置，以期为建设高质量教育体系和普通高中高质量发展立本寻道。

二、理论基础与分析框架

为从政策注意力视角检视梳理普通高中办学质量提升的发展历程，并能够为未来普通高中办学质量提升提供借鉴，需深入政策文本捕捉政策注意力，并走出文本对政策注意力配置进行总结和反思。为此，需要探讨和解决的关键议题是如何捕捉政策注意力，以及基于什么样的理论支持和分析框架才能实现"深入"和"走出"的研究目的。研究将注意力理论作为理论基础，一方面为捕捉政策注意力提供理论支持；另一方面为普通高中办学质量提升寻求理论根基和实践启发。

（一）政策注意力对普通高中办学质量提升的解释

政策驱动是我国教育改革的主要特征，提升普通高中办学质量亦是如此。政策注意力是政策过程的起点，影响政策设计、执行、目标达成的全过程。对此可从三个方面理解：其一，官僚体系的特殊地位赋予了政策注

[①] 杨润勇,杨依菲.我国普通高中发展二十年政策回顾与分析[J].教育理论与实践,2010,30(19):23—27.
[②] 李大印,张顾文.家校合作何以影响高中生社会情感能力——基于SESS 2019调查数据的实证分析[J].湖南师范大学教育科学学报,2022,21(05):51—62.
[③] 中华人民共和国国民经济和社会发展第十四个五年规划和2035年远景目标纲要[N].人民日报,2021-03-13.

意力特殊含义。政策注意力映射的是政治权威和资源的分配关系，政策决策者对某项议题的重视程度越大，则赋予的激励强度将越大，该政策越是能够突破各种阻力。① 其二，从认知心理学的定义出发，注意力的本身就意味着稀缺性和选择性，②注意力配置决定了决策者处理政策议题的"差序格局"。其三，偏好是注意力的最大特征，③政治体制虽为政策注意力配置设置了基础规则，但政策决策总会受到个人有限理性的影响。综合来看，政策注意力映射的是政治权利、资源分配、当权者的决策判断和价值选择。政策注意力所内隐的价值预设，对普通高中办学发展起着决定性影响。

因此，透视普通高中办学质量提升过程中的权利配置、资源分配和决策者的价值选择，政策注意力提供了一个可行的视角，它为从政策文本中总结普通高中办学质量提升的演进历程、透视政策决策者的决策选择和价值判断提供了"溯果追因"的逻辑路向。政策注意力的观点认为，政策形成的主要原因来自于决策者注意力的聚焦，注意力的变化则往往会导致政策变化。④ 因此，对时间序列下政策文本中的政策注意力进行捕捉、梳理、分析、透视和反思，能够窥探政策决策者的决策机理，总结在提升普通高中办学质量过程中的行动路径和实践逻辑，进而能够为未来普通高中高质量发展提供经验借鉴与实践启发。

（二）政策注意力视域下的政策文本分析框架构建

基于政策注意力视角分析政策文本，是将政治注意力视作一种工具，以使不可见的"政治重视"变得可见，用以分析政策变迁与其他议题的关联机制，⑤其目的在于致力回答政策过程如何开启、什么议题会进入政策议程、为什么会进入以及如何进入等问题，⑥以及从静态政策文本研究决策者将政策注意力分配到哪些领域、产生怎样的影响，以此解开政策注意力结构的黑箱。

进一步研究得出，解开政策注意力结构的黑箱，实现"溯果追因"的研究目的，关键是在高度凝练和话语层次复杂的政策文本中捕

---

① 布赖恩·琼斯. 再思民主政治中的决策制定：注意力、选择和公共政策[M]. 李丹阳，译. 北京：北京大学出版社，2010：1—10.
② 陈思丞，孟庆国. 领导人注意力变动机制探究——基于毛泽东年谱中 2614 段批示的研究[J]. 公共行政评论，2016，9(03)：148—176.
③ Lauwereyns J. The Anatomy of Bias: How Neural Circuits Weigh the Options [M]. Cambridge: MIT Press, 2010: 228.
④ Breunig C, Koski C. The Tortoise or The Hare? Incrementalism, Punctuations, And Their Consequences [J]. Policy Studies Journal, 2012, 40(1): 45 - 67.
⑤ 陶鹏. 论政治注意力研究的基础观与本土化[J]. 上海行政学院学报，2019，20(06)：63—71.
⑥ 燕阳，杨竺松. 地方领导干部政策注意力配置"失灵"现象及其治理[J]. 学海，2022(05)：128—134.

捉政策注意力。我们认为可通过三个步骤实现：首先是深入文本，一方面要对政策文本进行梳理，构建能够覆盖研究问题的政策文本库；另一方面，从解构主义视角对政策文本进行研读、分类和萃取，以构建注意力语料库，进而实现对复杂、嵌套和无序的政策话语进行有规律转换的目的。其次是走出文本，即从建构主义视角对无序的政策文本库进行整理和分析。值得注意的是，政策文本是不同利益相关者在各种政策阶段相互妥协的产物，工具主义的政策文本分析显得过于"简单"。① 本文旨在通过结合重大历史事件、时间节点，对政策注意力的演进脉络进行划分、梳理和透视，以此总结政策注意力的演进规律和逻辑。最后是超越文本，结合相关历史背景透视政策文本的"深层结构"，揭示政策过程中的价值分配，以实现文本理论化的研究过程。因此，本研究遵循深入文本解构、走出文本建构、超越文本回应研究主题的研究思路，分析新世纪以来，普通高中办学质量提升过程中政策注意力的演进脉络和逻辑理路。图1用于表达本文研究思路和分析框架。

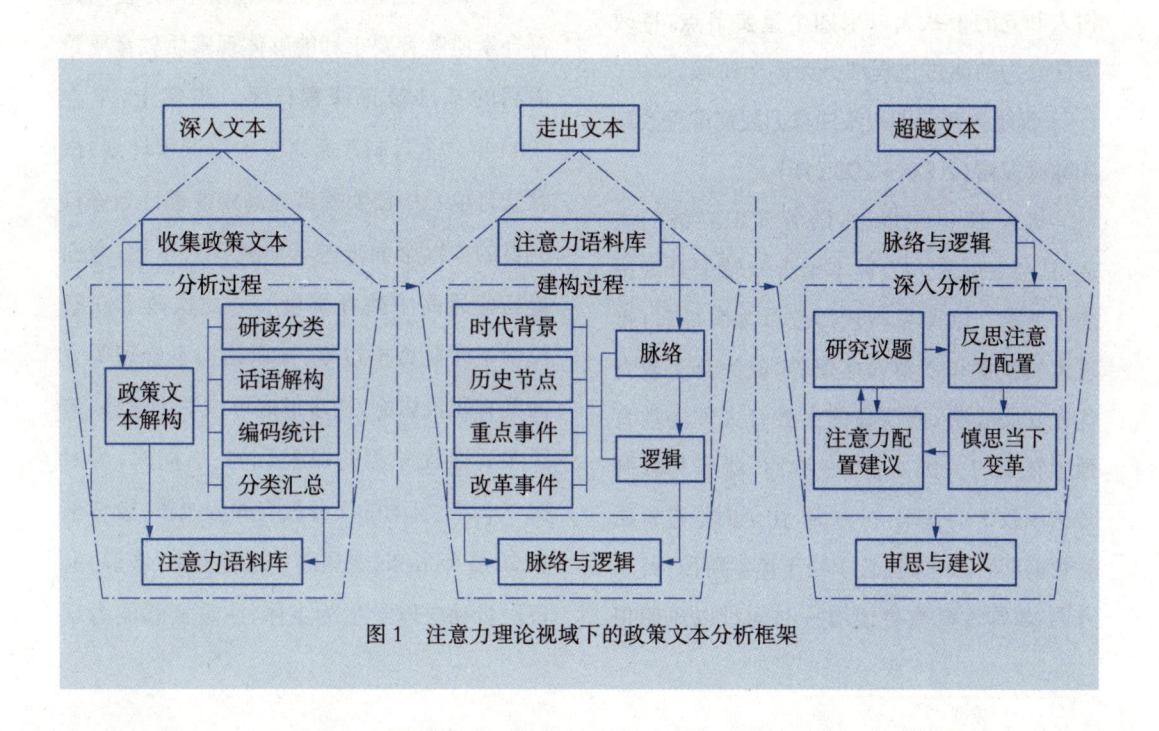

图1 注意力理论视域下的政策文本分析框架

---

① 涂端午.教育政策文本分析及其应用[J].复旦教育论坛，2009，7(05)：22—27.

三、普通高中办学质量提升过程中的政策注意力演进脉络

基于上述理论基础和分析框架,研究构建了包括《教育部工作要点》,以及与普通高中办学质量相关的政策文本库,并遵循分析框架中的逻辑思路对政策文本进行分析。通过研读政策语句、词频统计、话语分析等方式捕捉政策文本中的注意力,在反复比较、修正和归类的基础上,结合历史背景与事件,按照素质教育转型、普通高中迅猛扩张、落实立德树人和党的十八大以来四个重要节点,将政策注意力的演进过程细分为四个阶段。

(一)素质教育前期政策注意力聚焦课程改革和教师发展(2000—2005年)

进入21世纪以后,随着知识经济的兴起,社会发展对人力资本培育和转型升级提出了要求。以课程和教师改革为突破口,推进素质教育和创新人才培养,成为落实教育优先发展战略、推动我国由教育大国向教育强国转变的关键所在。[1] 然而,课程和教师是构成教学的基础,一方面,在全面推进素质教育前期阶段,课程教学处于摸索阶段;另一方面,教师传统教育惯习一时间难以短期扭转。由此导致在素质教育前期的育人实践中,课程设计在一定程度上沿袭传统课程方案,教师推进素质教育教学实践出现困顿。这种"沿袭"和"困顿"既不利于推进素质教育,同时影响普通高中高质量发展。作为全面推进素质教育的基础性改革,在2000—2005年间,课程改革和教师发展成为全面推进素质教育改革前期政策注意力的焦点。

2001年,教育部印发的《基础教育课程改革纲要(试行)》通知中明确提到,"基础教育课程已不能完全适应时代发展的需要"。[2] 政策注意力聚焦课程改革,旨在构建符合素质教育要求和能够体现素质教育质量内涵的基础教育课程体系。事实上,早在2000年,《全日制普通高级中学课程计划(试验修订稿)》中已明确普通高中课程计划修订的目的,"以全面推进素质教育为宗旨,全面提高普通高中教育质量"。[3] 此次改革在解决学生课业负担过重、知识结构不合理等方面具有积极影响,初步形成可供学生选择、多级多类课程并存的课程结构。[4] 同时,为对接2001年启动的义务教育课程改革,教育部在2003年颁布《普通高中课程方案(实验)》,进一步确立以学生为主体、注重实践能力培

---

[1] 李木洲,叶晓芳. 高考建制70年政策演变的逻辑、特征与趋势[J]. 复旦教育论坛,2022,20(05):14—20.
[2] 教育部关于印发《基础教育课程改革纲要(试行)》的通知[EB/OL]. [2023.8.23]. http://www.moe.gov.cn/srcsite/A26/jcj_kcjcgh/200106/t20010608_167343.html.
[3] 何东昌. 中华人民共和国重要教育文献(1998—2002)[M]. 海口:海南出版社,2003:509.
[4] 郭华,王琳琳. 中国普通高中课程结构改革的70年探索[J]. 中国教育学刊,2019(10):9—16.

养的育人理念。① 连续两次课程改革优化了基础教育的课程体系、结构、内容,构建了与素质教育要求相适应的基础教育课程体系,高中课程完成了由教学大纲向课程标准的转变。②

没有教师的发展就不会有优良的教育。③ 在全面推进素质教育前期,政策注意力聚焦教师发展,旨在为全面推进素质教育培养更多优秀的教师。教师是落实课程方案的主要执行主体,落实课程方案就必须培养与之相匹配、相适应的师资队伍。课程改革全面实施不久,教师培训计划便相随而来。从2002年教育部颁发《关于"十五"期间教师教育改革与发展的意见》,到2004年《中小学教师教育技术能力标准(试行)》颁布,在一系列改革过程中,教师的创新精神和实践能力越来越受到重视,尤其是教师技术培训和考试认证制度的实施,为素质教育阶段教师培训、选拔、考核提供了标准和依据,为新时期教师队伍建设提供重要指导。综合来看,全面推进素质教育前期,政策注意力聚焦课程教学和教师发展,通过一系列的改革,从根本上解决了素质发展应该"教什么""怎么教""谁来教"的问题,这些问题关乎素质教育转型,对普通高中办学质量提升起着基础性和引领性作用。

(二) 高中迅猛扩张时期注意力聚焦教师发展与异地升学(2006—2012年)

在普通高中迅猛扩张时期,政策注意力主要聚焦于教师发展与随迁子女异地升学。原因有两方面,一方面是大学扩招牵引高中教育迅猛扩张,普通高中办学质量提升面临优质教育资源不足的难题。另一方面是宏观经济的高速发展加速了人口流动,随迁子女异地升学问题影响着普通高中的教育起点公平,引发社会广泛关注。

在大学扩招的牵引下,普通高中在新世纪进入一段迅猛扩张期。一个明显变化是,普通高中生师比由2000年的15.87∶1上升到2006年的18.13∶1。随着普通高中办学规模的不断扩大,办学质量与办学规模之间面临着此消彼长的困局。政策注意力聚焦教师发展旨在降低生师比的数量、提升教师的质量,并为此实施一系列政策实践。2010年《国家中长期教育改革和发展规划纲要(2010—2020年)》颁布,倡导"教育家办学",提出要"完善培养培训体系……提高教师专业水平和教学能力"。④ 2010年,教育部等部门发布《关于实施"中小学教师国家级培训计划"的通知》,提出实施"国培计划";2011年教育部颁布《关于大力加强中小学教师培训

---

① 课程教材研究所. 20世纪中国中小学课程标准·教学大纲汇编:课程(教学)计划卷[M]. 北京:人民教育出版社,2001:404—405.
② 罗立祝. 高中课程改革与高考改革关系演变与展望[J]. 课程·教材·教法,2022,42(03):62—71.
③ 刘铁芳. 教育走向人本:当代中国教育自觉的回顾与反思[J]. 南京师大学报(社会科学版),2022(01):5—16.
④ 国家中长期教育改革和发展规划纲要(2010—2020年)[N]. 人民日报,2010-07-30.

工作的意见》，对教师培训的制度化、体系化建设提出了具体要求。由此可见，国家对教师培训的重视，不仅表现为政策命名方式由"规划""实施"转向"加强"等用词转变方面，还体现在政策颁布的周期和频率方面。总之，在高中迅猛扩张时期，通过实施一系列与教师发展、专业成长有关的培训计划，为普通高中输送了一批优秀的"种子"教师，对全面提升普通高中办学质量提供了一定的师资保障。

另一方面，随迁子女异地升学问题是经济发展和人口流动加大所产生的社会问题，事关受教育权和教育起点公平。2010年，高中适龄(15—17周岁)随迁子女规模达1 128万。①随迁子女异地升学问题进入改革攻坚期。②为解决随迁子女异地升学问题，在2012年6月，《国家教育事业发展第十二个五年规划》提出探索异地高考改革方案；2012年8月，教育部等部门出台《关于做好进城务工人员随迁子女接受义务教育后在当地参加升学考试工作意见的通知》，要求各地依法落实学生参加初中毕业、升学考试的权利同时，要因地制宜制定随迁子女升学考试的具体政策。③围绕随迁子女异地升学，短时间内出台政策之频繁、教育改革力度之大前所未有，随迁子女异地升学问题在这一时期得到了实质性的突破，教育公平得到进一步彰显。

(三)立德树人牵引政策注意力由外源转向关注内生阶段(2013—2017年)

稀缺的政策注意力过多聚焦外源维度则在无形中弱化了学生发展的内生张力。长期以来，我国教育存在"疏于德、偏于智、弱于体、少于美、缺于劳"等内生性问题。④"知识本位"导向的应试教育孤立和割裂了"知识""能力""品格"的有机统一，学生培养缺乏能够适应终身发展和社会发展需要的必备品格和关键能力。⑤党的十八大以后，在"立德"为本、"树人"为核心的育人理念引领下，"知识本位"的育人观念逐渐向"素养本位"转变。

在这一时期，政策注意力聚焦内生层面引领普通高中办学改革，主要体现在人才培养、评价、选拔三个维度。从已经颁布和实施的政策文本来看，人才培养方面，2014年教育部颁布《关于全面深化课程改革落实立德树人根本任务的意见》，提出"全面深化课程改革，整体构建符合教育规律……人才培养体系"的课程改革指导思想，并由此拉开了新世纪第三次课程改革的序幕。2017年《普通

---

① 全国妇联课题组. 我国农村留守儿童、城乡流动儿童状况研究报告[EB/OL]. http://acwf.people.com.cn/n/2013/0510/c99013-21437965.html. 2013-05-10.
② 和学新,李平平. 流动人口随迁子女教育政策:变迁、反思与改进[J]. 当代教育与文化,2014,6(06):14—19.
③ 卢伟. 入学不易升学更难:农民工随迁子女之教育困境及对策探讨[J]. 中小学管理,2020(12):13—16.
④ 吴安春,姜朝晖,金紫薇,等. 落实立德树人根本任务——习近平总书记关于教育的重要论述学习研究之十[J]. 教育研究,2022,43(10):4—13.
⑤ 林崇德. 21世纪学生发展核心素养研究(修订版)[M]. 北京:北京师范大学出版社,2021:273.

高中课程方案（2017年版）》颁布，新课程方案在注重学科教学的育人性、重视学生培养的基础性，以及在满足学生个性化、多样化诉求方面做出了重大改进。① 人才评价方面，2013年《教育部关于推进中小学教育质量综合评价改革的意见》提出"……以学生发展为核心、科学多元的中小学教育质量评价制度"改革。2014年《教育部关于加强和改进普通高中学生综合素质评价的意见》中提出"写实记录""形成档案"等评价方式改革，旨在以"评"促"转"，扭转功利性的评价导向。人才选拔方面，2014年国务院颁布《关于深化考试招生制度改革的实施意见》，提出"……参考综合素质评价的多元录取机制"。2016年，《教育部关于进一步推进高中阶段学校考试招生制度改革的指导意见》提出探索"结合综合素质评价的高中阶段学校考试招生录取模式"。至此，综合素质评价开始融入人才选拔过程，并在人才培养过程中发挥作用。②

综合来看，在提升普通高中办学质量的改革行动中，政策注意力由聚焦外源转向关注内生，政策注意力关注焦点的转变预示着普通高中发展由规模式向内涵式转变，"生本价值"进入政策注意力视野，成为普通高中办学质量提升的新内涵和新起点。

（四）育人方式变革成为普通高中政策注意力的核心议题（2018年至今）

党的十九大以来，一方面迫切需要普通高中进入以内涵式发展为主的新阶段，另一方面人才培养过程中"考什么、教什么"的应试教育导向依然存在。"唯分数论"的人才评价机制并没有彻底扭转，综合素质评价对教育生态的良好导向作用并没有充分发挥；人才选拔过程中高考"指挥棒"的惯习催生了选课、选考等新陋习，功利化选课、选考的"应试教育"新形态和报考失衡等新因素正致使高考改革面临异化的风险。③ 在内涵式发展阶段，普通高中育人方式变革愈益成为政策注意力关注的焦点。

政策决策者倾向于在他们注意力所聚焦的领域采取积极行动。④ 2019年，《国务院办公厅关于新时代推进普通高中育人方式改革的指导意见》（简称《指导意见》），是新世纪以来国务院办公厅出台的第一个关于推进普通高中教育改革的纲领性文件，从构建全面培养体系、课堂教学改革、完善考试招生制度、普通高中多样化发展等方面，对新时代推进普通高中育人方式改革进行了统筹设计和系统部署，这对普通高中育人方式变革和普通高中高质量发展具有重要指导意义。2020

---

① 郭华,王琳琳.中国普通高中课程结构改革的70年探索[J].中国教育学刊,2019(10):9—16.
② 董秀华,骈茂林,王欷妙,等.综合素质评价政策实践与功能定位反思[J].教育发展研究,2019,39(17):1—7.
③ 郑若玲,徐东波.新高考背景下高中应试教育的新形态[J].湖南师范大学教育科学学报,2021,20(04):31—38.
④ 王超.我国学校安全政策注意力演进研究——基于35年《教育部工作要点》的内容分析(1987—2021)[J].广州大学学报(社会科学版),2022,21(02):18—31.

年,中共中央、国务院印发《深化新时代教育评价改革总体方案》(简称《总体方案》),明确提出要扭转功利化的教育评价导向和破除"五唯"的顽疾,从根本上解决教育评价指挥棒问题和扭转教育功利化倾向。《总体方案》提出"坚持以立德树人为主线,以破'五唯'为导向,以五类主体为抓手,着力做到政策系统集成、举措破立结合、改革协同推进"的改革思路。① 为了深入贯彻《指导意见》和《总体方案》的精神,2021年教育部率先颁布了《普通高中学校办学质量评价指南》(简称《评价指南》)。《评价指南》的颁布是新时代国家在加快建立健全教育评价制度,推进普通高中内涵式发展和办学质量提升过程中,对普通高中"质量"内涵的认知从抽象概念转向具体实践的转折点,对扭转不科学的教育评价导向具有重要的指导意义。

四、普通高中办学质量提升过程中政策注意力的演进特征

通过上述归纳和检视发现,新世纪以来提升普通高中办学质量的政策注意力始终以学生发展为中心,遵循由聚焦重点到关注多维的进路、按照由面向宏观到着力微观的路向进行演进,呈现出鲜明的逻辑特征。

(一) 由外源到内生:学生发展贯穿政策注意力演进的全过程

新世纪以来,在提升普通高中办学质量的过程中,政策注意力按照由聚焦外源到关注内生的逻辑路向演进,此过程"生本价值"不断高扬。聚焦外源是规模发展时期政策注意力的配置方式,表现为政策注意力主要围绕影响学生发展的外在因素出台政策,通过"外推式"改革提升普通高中办学质量。这一时期,政策注意力聚焦课程教学、教师发展、随迁子女异地升学等外源维度对普通高中育人变革进行规范和调整。虽然外源式改革是提升普通高中办学质量的必要过程,但随着高中阶段普及程度的提高,"外推式"改革在提升普通高中办学质量过程中因缺乏内生动力的加持而面临发展动力不足的困境。党的十八大以后,在立德树人核心育人思想的指导下,政策注意力对普通高中办学质量的关注逐渐由聚焦外源转向关注内生层面。政策注意力注重从学生成长、学生培养、学生成人成才视角全面思考普通高中育人方式变革。这一时期的政策文本重视对教育发展规律、学生成长规律的把握,在思考如何构建人才培养体系,以及更好地围绕"素养本位"方面付诸改革实践。

政策注意力由聚焦外源转向关注内生演进,是适应高中教育发展范式转型的客观现

---

① 中共中央、国务院印发《深化新时代教育评价改革总体方案》[EB/OL]. [2023. 6. 17]. http://www.gov.cn/zhengce/2020-10/13/content_5551032.htm.

实需要。内涵式发展强调事物内在属性的发展，以事物的内部因素作为动力和资源。① 内涵式发展背景下的普通高中高质量，是内生(以学生发展为核心内涵)的高质量，也是外源(围绕学生成长相关因素)的高质量，是二者的有机统一。在内涵式发展阶段提升普通高中办学质量，政策注意力不能在"内生"与"外源"之间非此即彼，应当在两者之间寻求互联互通和有机统一。特别是在后普及时代，普通高中面临受教育者基数大，教育资源竞争激烈，地区教育之间发展不均衡等现实困境。高扬"生本价值"，实现人人出彩、人人成才育人愿景，政策注意力的配置过程须持续不断地关注、推动、引领普通高中多样化、特色化发展，最终达到以多样满足学生发展需求，以特色发展实现育人成才的教育目的。因此，如何实现多样化育人格局、实现普通高中内涵式发展是未来政策注意配置的核心关注点。

(二) 由重点到多维：政策注意力配置逐渐兼顾多元价值取向

重点式配置主要表现为政策注意力倾向于聚焦影响办学质量的一个或几个维度，如教师发展，通过投入大量的人力、物力和财力开展教师培训，以满足普通高中对高质量教师的需求，进而达到缓解教育竞争、创生优质师资资源、提升普通高中办学质量的目的。政策注意力集中配置的根本原因在于优质教育资源的稀缺。新世纪以来，随着教育保障和资源的不断丰富，政策注意力的配置逐渐呈现多元价值取向。譬如，十八大以来，"考试招生改革""课程改革""教育评价改革"等一系列政策几乎同时期颁布，以组合拳式的改革提升普通高中办学质量，政策注意力的多元价值取向逐渐显现。

重点式的政策注意力配置方式虽然有利于集中资源优势，但易造成发展的不均衡；多维式的政策注意力配置方式虽然有利于均衡全面发展，但易造成注意力被稀释，及政策目标焦点迷失。从高质量发展视角审视，两种配置方式均不能满足普通高中对高质量发展的要求。高质量本身包含着一种整体性、协调性和均衡性的发展价值取向。集中资源优势突破阻碍普通高中高质量发展的痼瘤顽疾是政策注意力配置的价值追求，实现优质均衡亦是政策注意力的核心议题。在集中发展与多元价值彰显之间，需要一种统筹发展的能力。政策注意力广受关注的根本原因在于，它映射的是资源和权力。资源与权力之间的关系，是权力的分配体制决定资源的配置机制，也决定了教育发展的方式、模式和样式。高中阶段教育有其特殊性，它是受教育者面临的第一次社会筛选和分流，背后实质上是优质教育资源的竞争和获得，而如何配置高中教育资源对个体而言决定着未来的社

---

① 肖巍,钟玉晨.内涵式发展视域下思政课教学的五重结构模式探索[J].社会主义核心价值观研究,2023,9(02):82—92.

会阶层形成和分化,对国家而言影响到高素质劳动者的培养和供给。这实际上对如何统筹分配高中教育资源提出了更高的要求,也是未来政策注意力需要关注的方面。

(三)由宏观到微观:政策注意力的目标焦点不断细化和聚焦

政策注意力的目标焦点指的是在实现政策目标的过程中,政策注意力对特定政策议题的关注和聚焦。目标焦点聚焦的议题往往会被政策决策者所重点关注和优先解决。新世纪以来,在提升普通高中办学质量的过程中,政策注意力的目标焦点由聚焦宏观逐渐向关注微观层面演进。聚焦宏观层面主要发生在全面推进素质教育前期。在这一时期,普通高中向素质教育发展转型,实现高中办学高度普及是政策注意力关注的宏观议题,而政策注意力对诸如育人方式变革等方面的聚焦相对较少。随着素质教育的发展深入,以及高中阶段普及率在"量"的层次达标,政策注意力逐渐聚焦到学校、教师、学生等具体对象层面,关注到普通高中育人方式变革、人才评价、选拔机制改革等微观实践层面,并为此付诸改革行动。综合来看,政策注意力由注重宏观引领向关注微观实践层面演进,呈现两方面特征:一方面,政策注意力的目标焦点呈现不断细化和聚焦特征,政策问题的指向性越来越强;另一方面,政策注意力在微观层面的目标焦点呈现散状和多维特征,聚焦的议题也在逐渐增加。

政策注意力的目标焦点由关注宏观转向聚焦微观实践,是高中普及阶段人才培养所面临的规模与质量、升学与就业、多样与个性等矛盾的集中体现。截至2022年,我国普通高中已达1.5万所,中等职业学校7 201所。每所学校都面临着个性差异鲜明的鲜活学生群体,都有基于各自资源禀赋迥异的地区经济社会条件。多样化首先是办学的多样化,是学校生态、教育文化和课程体系、教学模式的丰富多彩。国家的统一规划和宏观政策要落实到千校千样的具体学校实践,是高质量发展阶段政策注意力聚焦微观层面及转向育人实践尤其需要重点关注和破解的现实挑战。

五、反思与建议

回顾新世纪以来普通高中办学质量提升过程中的政策注意力,"生本价值"高扬、追求优质均衡、注重宏观引领与微观实践并重是政策注意力配置的价值遵循。然而,高质量发展具有长期性和复杂性,教育高质量发展的内涵阐释和面临的问题具有时代建构性。当前,高质量已然成为普通高中发展的主旋律,且以规模巨大为基本特征。实现人人出彩、成人成才的教育愿景,破解两类教育不协调问题,以多样化发展回应普通高中内涵式发展,提升高中学校管理者专业能力应是当前政策注意力需优先关注的议题。

(一)丰富育人方式:以多样化发展回应普通高中内涵式转型

高中多样化发展是在经济社会转向高质

量发展进程中,高中阶段教育从结构调整转向内涵发展的产物。① 进入新世纪以后,我国高中阶段毛入学率从2005年的52.7%上升到2022年的91.6%,高中教育已基本完成"量"的达标,社会对教育的"质"有了更多要求。自1993年《中国教育改革和发展纲要》中首次提出普通高中办学体制和办学模式多样化开始,② 普通高中多样化发展已有30年探索历史。虽然谈及何谓、何及、何以多样化发展时,各方尚未达成共识,大体围绕"办学体制""培养模式""办学特色""评价体制机制"等层面进行阐述,③ 但核心目标多以学生成人成才、人人出彩为内涵指向,可谓珍贵而难得的共识。总体而言,虽然当前多样化发展的内涵缺乏完善的理论诠释,但如何进行多样化发展已成为后普及时代普通高中高质量发展必须回应的关键问题。

基于生态系统理论的观点,个体发展嵌套于相互影响的一系列环境系统之中,并与周围环境相互影响和作用。从多样化发展视角审视,影响高中生成人成才、人人出彩的系统环境也必然是多样的。依据生态系统理论阐释的"环境—个体"的影响关系,对影响学生发展的主要"环境"域进行审视,中观层面主要有家庭、学校两个"环境"场,包括学校、教师、课程、教学、家庭等要素。普通高中多样化发展从理论走向实践,政策注意力应当聚焦、注重这些"环境"场域的多样化,如此才能促进普通高中整体多样化发展。

对此,后普及时代应当推动普通高中多样化发展走向实践,在宏观层面注重多样化的政策制定。在政策引领和驱动的教育改革体制中,顶层设计是普通高中走向多样化发展的"方向盘"和"指南针",起着锚定方向和目标引领的作用。唯有针对不同类型高中进行差异化的政策设计,才能更好引领和推动普通高中多样化发展。在微观层面,政策注意力应当聚焦课程、教学、教师、社团、家庭五类"环境"。一是聚焦课程多样化。2023年7月26日,教育部等三部门印发的《关于实施新时代基础教育扩优提质行动计划的意见》中,针对普通高中多样化发展提到,"在保证开齐开好必修课程的基础上,适应学生特长优势和发展需要,提供分层分类、丰富多样的选修课程,形成体现学校办学特色的课程系列"。通过引入选修课程、项目学习、实践活动等方式,为不同学习兴趣和需求的学生提供多样化的课程和教学支持,满足学生多样化学习需求,是普通高中实现2027年"优质特色"发展目标的突破口。二是提升教师多样化教学的胜任力。多样化发展对教师专业胜任力提

---

① 李建民.高中阶段学校多样化发展视域下"科学高中"构想[J].教育研究,2023,44(06):36—46.
② 姚育青,苏圣奎.普通高中多样化发展的现实挑战与突破路径——以福建省厦门第六中学为例[J].中国教育学刊,2023(06):96—102.
③ 关于实施新时代基础教育扩优提质行动计划的意见[EB/OL].[2023.8.31].http://www.moe.gov.cn/srcsite/A06/s3321/202308/t20230830_1076888.html.

出新的要求,培训支持是教师专业成长和适应环境变化的可行路径。实施相应的教师培训,可提高教师的专业胜任力和多样化教学的能力。三是促进校际合作多样化。校际合作、普职融通是普通高中实现高质量、多样化发展的重要渠道。打通这一渠道,在给予体制机制保证以外,组织联合课程开发,开展教师、学生交流活动等也是促进校际合作多样化的突破口。四是构建多样化的成长环境。多样化的课外活动和社团组织建设,多样化的艺术、体育、科技等领域的活动开展,有助于培养学生的个性和特长。五是校家合作建设。苏霍姆林斯基认为,"教育的效果取决于学校和家庭教育影响的一致性"。① 校家合作既是多样化育人,也是为学生成人成才提供一致性成长帮助的重要机制。

(二)适时优化管理体制:市管与省级统筹破解两类教育不协调问题

普通教育与职业教育分流是教育分流的一种类型,关涉学生未来职业岗位和社会地位,影响国家人力资本结构、经济发展和政治稳定。普职分流既是国策,亦是民生。自1985年《中共中央关于教育体制改革的决定》颁布以来,普通高中与职业高中分流进入新的历史阶段,并长期以"大体相当"为原则。当前,两类教育仍然面临职业教育学生比例滑坡、职业教育生源数量质量下降、②升学危机与教育焦虑造成事实性教育不公平的矛盾日益凸显,③教育质量分层不协调等问题。学者把两类教育发展不协调归咎于社会歧视、职业教育分流取向失偏、普职融合渠道堵塞等方面,④却始终对管理体制本身导致的影响缺乏足够的关注。

我国教育体制改革自1985年来一直由中央集权向地方分权演进,以2001年《国务院关于基础教育改革与发展的决定》为标志,形成"地方负责、分级管理、以县为主"的管理格局。⑤ 由集权到分权的教育管理体制改革,重在激发释放地方办学的积极性和活力。政策制定者倾向于推动教育管理体制分权,以实现地方教育管理的灵活性和自主性。然而,分权和集权并非是零和博弈关系,教育管理体制也并非是单一化存在,将权力集中在关键职能范围和权力领域,才能应对日益复杂的形势。⑥

与基础教育其他学段不同在于,高中阶段开始出现普通教育和职业教育两种类型教育的区分,而随着高中全面普及,"县中塌陷"

---

① B. A. 苏霍姆林斯基.给教师的建议(修订本)[M].杜殿坤,编译.北京:教育科学出版社,2006:539—540.
② 马欣悦,石伟平.现阶段我国中等职业教育招生"滑坡"现象的审视与干预[J].中国教育学刊,2020(11):66—71.
③ 朱新卓,赵宽宽.我国高中阶段普职规模大体相当政策的反思与变革[J].中国教育学刊,2020(07):11—16,102.
④ 张继平.从普职分离走向普职融合:中考合理分流的价值诉求与实现机制[J].教育研究与实验,2022(06):80—86.
⑤ 蒲蕊.新中国基础教育管理体制70年:历程、经验与展望[J].中国教育学刊,2019(10):48—53.
⑥ 常园.跨越中等收入陷阱国家的教育管理体制改革——从两极化走向均权化[J].教育理论与实践,2017,37(07):35—39.

与城市超大规模高中和高中大班额问题,普职分流带来的社会焦虑进而传导至中考,由此带来的焦虑问题以及普职协调融通发展需求愈益迫切,在长期以来"以县为主"基础教育管理体制下,这些问题都被深层次的体制或制度掣肘而难以真正破解。高中阶段教育只有跳出"以县为主"管理体制,提级上收为以市管为主和省级统筹相结合的格局,才能够实质上破解"县中"问题和两种类型教育不协调等深远问题。以普职融通问题为例,2021年,《关于推动现代职业教育高质量发展的意见》提出,要在"纵向分流"的基础上加强普职教育的"横向融通",建设课程互选、学分互认的教育体系。普通教育与职业教育在课程设置、教学方式、师资配置等方面存在差异。"横向融通"的学分互认、课程互选已经超越"县管"的权力范畴。未来,将两类教育管理层级提升到市管和省级统筹层面,发挥区域统筹和协调能力,是两种教育横向融通的突破口。另一方面,统筹协调资源配置,促进两类教育办学条件均衡发展。相较于普通教育,职业教育在实践教学、器材设备方面有着更高的办学成本。联合国教科文组织曾做过调查,职业教育办学成本是普通教育的三倍左右。[①] 我国高中教育长期面临受教育者基数与有限资源的矛盾,并集中表现在优质资源不充足、配置不均衡和布局不合理。优质资源在少部分"名校"富集,并呈现"强者愈强"的马太效应。两类教育要实现协调发展,教育资源的合理配置是基础。以市管为主,通过加大省级统筹,才能够实现资源公平合理配置,进而促进学校良性竞争和各类教育均衡发展。与此同时,以市管和省级统筹对教育资源配置进行总体布局,对改善一些县级学校面临的资源匮乏、生源师资流失等问题,提升资源利用效率,推动实现教育公平也是关键之举。

(三)加快培养名校长:以教育家精神引领高中高质量发展

校长既是学校发展的引路人,也是政策落地的责任人。校长素养与专业能力关乎学校内涵建设和教育品质。[②] 陶行知先生曾评价,"校长是一个学校的灵魂,要想评论一个学校,先要评论他的校长""学校的好坏,和校长最有关系"。[③] 我国幅员辽阔,地区差异大,教育发展模式和发展思路各不相同,每所学校都面临着鲜活的、有个性的实际问题。实现以规模巨大为特征的教育高质量,提升校长专业能力,注重教育家型校长和教师的培养则显得尤为重要。早在2010年,《国家中长期教育改革和发展规划纲要(2010—

---

① 时隔26年首次修订——新职业教育法"新"在哪儿[EB/OL]. http://www.moe.gov.cn/fbh/live/2022/54414/mtbd/202204/t20220428_622734.html.
② 张新平. 中小学校长角色的政策定性:领导与管理专业人员——从"校长是履行学校领导与管理工作职责的专业人员"说开去[J]. 中小学管理,2017(03):34—36.
③ 江苏省陶行知研究会,南京晓庄师范学校. 陶行知文集(修订本):上册[M]. 南京:江苏教育出版社,2008:75,126.

2020年)》提出,"倡导教育家办学"。2023年8月31日,怀进鹏部长在《人民日报》发表题为"以教育之强夯实国家富强之基"文章,强调弘扬教育家精神,倡导"为学、为事、为人的'大先生'"办学理念。① 教育家型校长办学、教育家型校长培养是回应时代所需,是普通高中高质量发展所需,应当成为未来政策关注的焦点。

教育家型校长首先是教育实践家。作为教育实践家,提升校长专业能力是职能要求,也是教育家型校长培育的基础。从以往经验来看,校长专业能力提升主要由国家提供校长培训,建立"校长—导师"帮扶制度,邀请校长参与学术、课题研究等方式帮助校长在理论和实践层面双向成长。事实上,学校发展是与社会发展相调适、相适应和相互动的过程,这决定了校长专业能力提升具有自我修炼和外在干预双重属性。一方面,只有校长自身树立终身学习观念,积极主动更新教育理念和知识,才能更好地适应岗位专业能力要求。另一方面,除了原有的校长专业能力提升机制之外,提升校长专业能力需要建立完善的监测评估机制,只有系统把握和诊断校长专业能力,才能为校长专业能力提升提供科学、有效、有质量的支持。

教育家型校长不仅是教育实践家,同时是办学实践创新与教育思想建构的深度对话者。② 教育家型校长拥有过硬的专业技能,具备教育改革思维能力和卓越领导能力,能够通过塑造积极向上的学校文化和教育价值观为学生提供优质的教育环境,在教育课程的更新、教学方法的创新方面善于思考和具备独到的见解,在制定学校发展战略、推动改革进程中具备独特的决策能力。当前,我国普通高中学校已经超过万所,校长数以万计。高质量发展迫切需要推动一大批高中校长率先成长为教育家型校长,引领、带动、指导普通高中高质量发展。教育家型校长培养是一个长期、持续性过程,既依靠校长主观自觉、自为、自发的自我修炼,也依赖于政府、社会等外在因素支持、引导和培育。可以认为,教育家型校长成长是外部支持与内部自觉的相统一。培育教育家型校长,首先在外部支持层面,教育部门应该制定明确的培养政策,为培育教育家型校长提供政策保障,包括设定清晰的目标、标准和要求,明确培训内容、方法以及支持和资助等方面的规定。其次,教育家型校长成长同样依靠校长的自觉和自为。在教育家型校长培养过程中,激发校长自觉和自为,政府的教育政策制定一方面为校长提供参与决策的机会和平台,鼓励校长参与教育政策制定和政策决策;另一方面,政策执行需要积极听取基层校长的声音和建议,以调动他们参与教育改革的积极性。最后,教育家型校长是教育思想建构的深度

---

① 怀进鹏.以教育之强夯实国家富强之基[N].人民日报,2023-08-31.
② 于慧,龚孝华.教育家型校长培养的理性追问与实践行思[J].中国教育学刊,2021(01):71—74.

对话者,保持育人理念先进,接受先进的教育理念对校长成长为教育家至关重要。鼓励和支持校长参与学术研究和国际交流活动,通过国内外学术会议、研讨会和交流项目,在交流与合作中帮助校长拓宽视野、增长见识。

(原文《普通高中高质量发展:政策注意力视角的检视》发表于《教育发展研究》2023年第24期)

2. 高中阶段学校多样化发展的三重逻辑与实现路径

姜蓓佳

> **提　要：** 高中阶段学校多样化发展指向的是包括普通高中和中职在内的整个高中教育形态的多样化。理解高中学校形态从单一到多样的演变，需从教育内在发展、经济社会外部需求以及学生个体成长等三重逻辑入手。首先，从规模看，由精英化走向普及化的高中教育呼唤更加多元；从结构看，中职教育地位旁落以及职普分隔带来诸多弊端；从定位看，改造分轨制以实现多样化是国际高中教育改革的主要内容。其次，当前高中阶段学校形态与经济社会背景不完全适应。一是存在"一"遏制"多"的压抑局面，二是不适配技术技能人才的接续培养。再次，高中教育在新时期要更加适应个体发展需要。原因在于，"培养什么样的人"是时代之问，要结合具体的时代特征回答；高中教育作为中枢阶段，不应预设人的发展。促进高中阶段学校多样化发展的实现路径是，政府做好顶层设计，为高中学校多样化提供良好的政策环境；以职普学校结对的方式来支撑高中教育人才培养内容的多样；建立健全学校评价、考试招生等体系建设，作为改革配套举措。
>
> **作　者：** 姜蓓佳，华东师范大学职业教育与成人教育研究所博士后

2019年，中共中央、国务院颁发的《中国教育现代化2035》要求，"提升高中阶段教育普及水平，推进中等职业教育和普通高中教育协调发展，鼓励普通高中多样化有特色发展"。2021年，《中华人民共和国国民经济和社会发展第十四个五年规划和2035年远景目标纲要》提出，"巩固提升高中阶段教育普及水平，鼓励高中阶段学校多样化发展"。2022年，党的二十大报告强调，"坚持高中阶段学校多样化发展"。区别于以往"普通高中多样化"的表述，高中阶段学校多样化不只指

向普通高中，而是指向整体高中教育的多样化。坚持高中阶段学校多样化发展，本质上可被看作是高中教育形态从单一到多元的发展。"形态"既指事物存在的样貌，又可被理解为在一定条件下的事物的表现形式。某个阶段教育的形态，可被阐释为该阶段教育系统内各个组成部分的构成状态和相互关系。我国高中阶段的学校包括普通高中和中等职业学校，中等职业学校又包括技工学校、中等专业学校和职业高中。同处于中等教育阶段的普通高中和中等职业学校，它们的结构状

态、发展水平、相互关系以及在整个教育体系中的功能、关系、衔接度,即为高中阶段学校形态的具象表达。

高中阶段学校为何要多样化发展?又该如何达成?本文把高中阶段学校的形态变迁与国家经济社会发展背景的变迁结合起来,从教育内在发展、经济社会外部需求和学生个体成长等三重逻辑揭示高中阶段学校形态演变的动因,力证多样化应是高中阶段学校在普及化时期的应然形态,并从理论上阐述高中阶段学校多样化发展的实现路径。

一、高中阶段学校向多样化演变的教育内在发展逻辑

(一) 从规模看,由精英化走向普及化的高中教育呼唤多样化

以1978年、1999年和2020年为分界点,我国高中阶段教育逐步从精英化走向大众化乃至普及化,而其规模形态与我国当时的经济社会发展水平、教育发展水平直接相关。

20世纪80年代之前,我国国民经济处于农业经济向工业经济转型的较低水平,经济建设需要的是大批初级和中级技术人才。1979年前,教育事业的重点尚在普及和发展初等及中等教育,中等及以上教育规模很小,在初等、中等教育结束后直接参加工作是当时大多数人的选择,而接受高中教育的比例仅约为30%。[①] 彼时的高中教育,在某种程度上其功能和定位相当于高等教育,而高中教育结构中的职业教育规模在很多时候要大于普通高中。1951年的《关于改革学制的决定》明确了中等技术学校的任务为培养工业、农业、交通、运输等方面的中级和初级技术人才,满足地方主管业务部门的需要;1952年的《中学暂行规程(草案)》明确普通中学的育人定位是"以普通文化知识教育青年一代……为深入高等学校或参加建设工作打好基础"。以现在的视角来看,彼时普通高中与中职在载体上泾渭分明、功能上各司其职,体现的是"专业化与单一化,务求学用一致"的办学指导思想。

20世纪80至90年代,我国经济从农业经济向工业经济转型,市场经济体制确立、改革开放不断深入。在"知识经济"风潮与全面普及免费的九年义务教育的背景下,初中毕业生数量大幅提高。国民家庭经济条件的普遍改善、"独生子女"政策等时代背景更是强化了适龄人群接受高中教育乃至高等教育的愿望。2000年,在我国宣布实现"普九"的时候,高中毛入学率从1980年约30%上升到2000年的50%。[②] 这一阶段的高中教育在规模上急剧扩张,由此带来了教育质量与教育规模之间的关系问题。1980年,《关于中

---

① 陆一.学业竞争大众化与高考改革[J].教育研究,2021,42(09):81—92.
② 储朝晖.中国高中教育发展的特征与启示[J].河北师范大学学报(教育科学版),2020,22(02):29—36.

等教育结构改革的报告》指出,"普通高中毕业生除少数升入大学外,每年有数百万人需要劳动就业,但又没有任何专业知识和技能"。高中阶段普通教育和职业教育泾渭分明、育人目标单一化的教育形态开始显露弊端。1999 年以来,伴随义务教育普及化、高等教育规模扩大、国民经济持续高速发展,全国基本普及了高中阶段教育,与此同时,甚至兴起了"将高中阶段教育纳入义务教育""普及十二年义务教育"的论说。且不论这一观点是否科学,但高中阶段教育成为了高等阶段教育的基础教育已是不争的事实。在这样的规模变化背景下,深藏于高中教育职普分割导致的中等教育"专业化"与"单一化"的育人弊端愈发明显。

教育扩张隐含着学校、学生的全面多样化与层次化变革。[1] 高中教育从精英化阶段走到现在的全面普及化,学校规模、学生规模都已经成倍增长,且随着社会环境的变化,理应呈现出"百花齐放""美美与共"的丰富多样姿态,但实际却是学校和学生层面都存在"一"遏制"多"的压抑局面。普及时代的高中教育因缺乏多元化,不仅成为制约高中教育自身发展的顽疾,还在一定程度上影响着"双减"后教育体系的重构,同时制约着我国基础教育生态的优化和教育体系的高质量发展。因而,对高中教育的多元化改革势在必行。

(二) 从结构看,中职教育地位旁落以及职普分隔带来诸多弊端

从结构来看,作为不同教育类型但同处中等教育层次的中等职业教育与普通高中教育,在经济社会发展的强烈影响下,二者的规模和地位经历了不平凡的起伏,时至今日,职普发展的不平衡以及职普分隔等结构性问题积重难返且带来诸多弊端。

首先,中等职业教育的地位经历了由盛转衰,加重了人们"趋普避职"的教育选择。20 世纪 80 年代之前的大部分时间,中等教育中的职业教育规模在很多时候要大于普通高中,彼时的职业教育深受受教育者的欢迎而且生源质量很高。从 1961 年开始到 1966 年之前,中级技术教育在校生数量始终高于普通高中学生数,即使是"文化大革命"使中职教育几乎消亡,1976 年以后,中等教育结构中的职普比例稳步地回归到基本均衡甚至反超状态。[2] 中职教育在 90 年代曾经历黄金岁月,表现为初中阶段成绩一流的学生首选进入中职就读,其确切原因在于,以"八级工资制度"为核心的职业技能认证体系、单位制、"师徒制"培养体系,以及中职毕业生"包分配"的就业政策,均对扩大中职规模、稳定地位有着巨大的促进作用。由此,即使是中等教育阶段的职业教育,也支撑着我国建立起了完整的工业体系,开发了规模庞大的、在

---

[1] 陆一. 学业竞争大众化与高考改革[J]. 教育研究,2021,42(09):81—92.
[2] 姜蓓佳,徐坚. 构建职教高考制度的动因、意义与行动[J]. 国家教育行政学院学报,2022(02):54—62.

经济体中代表生产能力和直接创造收入的生产性人力资本。

然而,随着市场经济不断完善、单位制解体、师徒制式微、"统招统配"就业政策退出历史舞台、高等教育扩招等,中职和普高毕业生的收入差异也随时代变化而变化,①表现为前者的收益优势持续下降。②在这样的背景下,中职不仅成为了考不上普通高中的学生的被迫选择,而且其自身的教学质量、办学条件、财政投入等也与普通高中之间的鸿沟越来越大,以至于国家不得不通过职普比大体相当的刚性政策,来试图挽回职业教育的颓势。时至今日,虽然"大体相当"刚性政策已经松动,中职教育的办学条件、教学质量等也在持续改善,但依旧未完全"浇灭"人们追求具有更高收益率的普通高中教育的热情,甚至民众、学术界都不乏主张取消分流政策甚至取消中职教育的声音。但无论高中阶段教育单一抑或是多样化发展,取消中职教育都是不可取的。原因在于,高中阶段教育体现一定程度的专业化是办好高等教育的重要基础。③高中阶段教育为学生进入大学接受高度专业化教育提供基础,以培养各行各业需要的专业人才。如果学生在高中阶段学习的专业知识过少,不仅导致其对大学专业设置一无所知,甚至还会影响学生专业观念的形成和专业能力的提升。实际上,我国现行高中教育形态中的普通教育就因缺乏生涯教育、专业教育而致使普通高中毕业生一旦没有升学便基本没有普通高中文凭的教育回报价值。④

其次,普通教育和职业教育"两轨制"以及两者之间不融通所导致的职普分割问题制约了整个高中教育的健康、协调发展。高中阶段是学生成长成才的分化期,职普分隔导致普通高中毕业生普遍缺乏基本职业素养,而中职相对忽视基础知识教育也不利于学生的可持续发展。职普分割带来诸多弊端。其一,普通高中长期陷入"升学率"怪圈,在单一评价标准下,高中学校快速同质化,使得作为我国高校选拔新生主体途径的高考,成为绑架高中教育乃至基础教育的"紧箍咒"。时至今日,升学率仍是衡量普通高中教育发展的最重要指标之一,几乎所有学校都将办学目标指向升学,由此引发高中阶段教育过于重视刚性的知识学习与考试分数,忽视青少年的品德、志向、能力等方面的培养。"以分数论英雄"的排名意识引发的不良竞争直接破坏了高中教育发展的内在生态,诱致了高中教育育人方向的偏离。其二,中职教育存在过于重视技能而轻视文化素养的问题。中职学校往往以过去招收的多是中考成绩中下的

---

① 陈技伟,冯帅章. 高校扩招如何影响中等职业教育?[J]. 经济学(季刊),2022,22(01):21—44.
② 陆万军,张彬斌. 大学扩招、就业挤压与中等职业教育收益变迁[J]. 经济学动态,2021(12):72—89.
③ 徐国庆. 高中阶段职普分流:质的规定性与对策[J]. 职业技术教育,2022,43(10):1.
④ 袁桂林. 论高中教育机构和培养模式多样化[J]. 湖南师范大学教育科学学报,2015,14(02):58—63.

学生为由,而在教育教学活动中刻意降低文化课比例以及学习难度。但有调研发现,这实际上是对中职学生文化素质差的刻板印象,这种想当然地认为中职生不需要过多文化课程的课程设置,进一步拉大了中职生与普高生在日后发展起点的差距,而且不利于中职毕业生更长时期的可持续发展。① 中职学校应尽快改变中等职业学校学生不擅长文化基础知识学习的刻板印象,重视文化基础教育,避免将人培养成"单向度的技术人",要放眼于学生的终身发展和整个职业生涯发展,致力于培养"完整的技术人"。

(三)从定位看,改造分轨制以实现多样化是国际高中教育改革的主要内容

回顾20世纪80年代甚至更早时间以来西方发达国家的高中教育改革,发现其主要内容是从校际分轨到校内分轨来对分轨制教育进行改造,从而满足受教育者个体职业能力继续发展、社会发展、实现民主社会以及自由教育和职业教育各自的需要。② 从各国的高中改革来看,通过变革校际分轨到校内分轨从而增加高中的融合性、多样性,是顺应学生个性形成与自主发展、有效消除普通教育和职业教育过早分离对学生发展产生的不良影响的普遍选择,而通过设立综合高中来变革高中的组织形态、改造高中课程体系、变革中等教育通向高等教育的考试招生制度等是

其采取的主要措施。

日本的高中多样化探索伊始于20世纪60年代,而80—90年代是日本高中教育体制加快转型、全面深化改革的关键期。日本文部省政策咨询机构——中央教育审议会通过《关于后期中等教育的扩充与完善》《关于今后学校教育的综合扩充与完善的基本措施》等若干份重要咨询报告,强烈批判了当时日本学校教育的划一性、刻板性和封闭性,建议从"重视个性原则""向终身学习体系过渡""应对变化"等角度出发,通过建立灵活的中等教育来尊重学生个性、能力以及满足其学习意愿的多样化。日本通过建立综合高中,打破高中阶段职普教育分流的传统格局,形成了多元选择的课程体系、灵活多样的教学管理和富有成效的就业指导,以此加快了职普融通、双向并轨的教育整体改革。③ 而支撑综合高中建设的配套措施有:明确综合高中的培养目标、建立以选修制为核心的课程结构、以学分互通和学分认定打通普通教育和职业教育的"壁垒"、建立统一且切换灵活的学籍管理制度等。

美国、英国等国家目前的主体中等教育形态是综合高中。美国高中教育的改革历程是在社会、时代变迁的背景下,围绕基础教育、职业准备和大学预备教育这三种高中教育功能进行调整演进的过程。虽然现如今美

---

① 姜蓓佳.职教高考制度构建研究[D].上海:华东师范大学,2022:193.
② 徐国庆.职业教育原理[M].上海:上海教育出版社,2007:142.
③ 李润华.综合高中:日本高中普职融通模式研究[J].外国中小学教育,2016(03):33—38.

国综合高中仍未摆脱"终结性"教育的主导取向，而这也使得综合高中不可避免地要陷入了发展危机中。① 但是，美国综合高中在培养学生的创新精神、全球意识和社会责任感、注重学生的个性化学习方面发挥了重要作用。英国是世界上较早倡导职普融合的国家之一。经历了萌芽、扩张、重整三个阶段的变迁，英国的综合中学制度逐渐从建立一种特定类型的"综合学校"，发展成为在中等教育阶段推动"综合教育"，致力于实现为所有学生提供个性化教育的理想。英国高中阶段教育职普融通的有效推进，很大程度上得益于其相对成熟的学校课程体系和教育证书体系：一方面，通过综合高中同时开设职普两套课程体系，职业高中大力开设普通教育课程、"拼盘式课程"以及校际课程资源共享促进学校课程体系中的职普融通；另一方面，通过"资格与学分框架"将各级职普教育证书纳入同一框架内，促进证书间的互认与转换。② 可以说，上述做法为共同推进学历、能力和贡献等值同效，让不同禀赋和需要的学生能够在通往不同层次教育的过程中多次选择、多样成才，打破类型教育的内循环和学生身份固化的瓶颈难题，促进人的全面发展和达成教育多样化选择发挥了重要作用。

至于一直坚持早期职普分流，职普两轨相对独立、各成体系的德国，自 80 年代以来也在反思过早的分流所导致的社会阶层固化问题。德国学生在四年制小学毕业后即进行初次分流，而此时所就读的中学类型在很大程度决定了其未来的发展道路。在即将入读中学的 10 岁左右年龄时，学生们即被分流到三种不同类型的中学：文理中学、实科中学、主体中学。这三类学校基本对应了 19 世纪以来学术精英、职员到技术工人三个社会阶层。实行职业教育的主体中学长久以来在德国之所以受欢迎，是因为它们是通向学徒制的主体通道，且主体中学对德国的工业发展、经济繁荣作出了实用性贡献。但是，新世纪以来，主体中学的吸引力持续下降，其一直暗藏的教育公平问题也终于被公开讨论。具体说来，一是很长时期以来，德国学生在 10 岁时就确定了受教育的学校乃至终身的职业方向。现如今人们普遍认为，在学生如此小的年纪就通过学校分流来决定其日后的职业轨迹为时过早，而且有太多的偶然性。二是虽然三类中学在设计上是可以横向融通的，原则上学生可以在不同学校类型之间有条件地转换——升校或降校，但实践证明，德国教育系统内的融通基本是下行式的，降校例数远远高于升校例数。③ 这导致在初次分流时进入文理中学的学生，实际上有着更多次的选择机会，这隐含了因不同教育选择而带来的不公平。三是资格上移在德国社会已经形成

---

① 王喜娟.教育转型视野中美国综合高中的社会使命[J].外国教育研究,2013,40(01):66—74.
② 余晖.英国高中阶段教育普职融通的基本经验与现实挑战[J].湖南师范大学教育科学学报,2015,14(02):70—74.
③ 周海霞.德国主体中学消亡现象探析[J].全球教育展望,2018,47(08):82—98.

不容否认的趋势,这削弱了技能占优但学历不占优的职业教育的优势。三年本科学制(Bachelor)的出现,对一些高端双元职业教育直接形成竞争态势,①这导致越来越多的学生为取得更高的学历和可持续发展,而在初次分流时更加倾向选择文理中学。四是因中等学校教育融通性不足,致使低成就青年既不能进入普通教育轨道,又因系统结构性歧视而被阻碍参与"双元制""全日制"职业教育,只能选择一年制"过渡性"职业教育,进而仅能从事薪资低、条件差、保障弱的低技能工作,而高技能工作岗位供需矛盾有加剧趋势的问题。②

20世纪80年代开始,德国在人力资本理论和公民权利运动冲击下开始注意学校内部多样化以及学校间的融通性问题,也创办了一批综合中学,确保学生根据自己的学业情况在不同学校类型之间得到转换。但实际情况是,综合中学在德国教育传统深厚的三分天下中所占份额在10%以下,很难完全取代三轨制。③ 对此,新世纪以来,德国仍在进一步深化中等学校体制改革。这启示我国在学习和借鉴德国"双元制"职业教育的同时,也应该考虑到其近些年的新变化,重视职业教育体系内部贯通及其与普通教育的融通建设,健全技能型人才培养的完整通道,赋予学生融合参与、多元发展、优质发展的空间。

二、高中阶段学校向多样化演变的外部需求逻辑

党的二十大报告强调,要加快建设教育强国、科技强国、人才强国。教育、科技、人才"三位一体"统筹发展的重要举措旨在以教育之强夯实国家富强之基,为以中国式现代化全面推进中华民族伟大复兴作出教育贡献。教育作为党之大计、国之大计,不仅植根于经济社会发展背景,而且还被寄希望于成为推动经济社会发展中的快变量、强变量。规模上从精英化走向普及化、结构上普通教育与职业教育泾渭分明以及功能上各司其职、追求"专业化与单一化""务求学用一致"办学思想的高中学校形态,在如今展现出了一系列与经济社会发展不相适应的弊病,这些短板制约了高中阶段学校对外部需求的满足。

(一)存在"一"遏制"多"的困局

其一,高中阶段教育"就业或升学"的二分法导致学段定位的"一",遏制了"通过教育旨在进一步追求那些对个人和社会生活中所有其他方面的发展都具有内在价值和重要意

---

① 郑建萍.德国职前职业教育中的分化与融合[J].外国教育研究,2018,45(03):49—62.
② 陈晓雨,周昕佩.德国低成就青年职业教育排斥探究[J].比较教育学报,2023(04):58—69.
③ 郑也夫.德国教育与早分流之利弊[J].清华大学教育研究,2012,33(06):6—15.

义的目标"①的"多"的实现。在高中教育仍是精英教育的时期,其不可避免地展现出由于高选拔性而成为一种"终结性"教育的特征,通过选拔的人自然继续升学,而未通过选拔的人则去就业,因而形成了"就业或升学"的二分法的学段定位。但在如今的普及化时期,这种单一的学段定位忽略了普通高中作为一个独立的人才培养阶段的"育人性"特征。② 普及化时代的高中教育定位,我们不能简单地认为其是上一级教育的附庸或下一级教育的延伸,而应在当前和接下来的改革中给予其"抢救性的"独特的系统价值。目前,国际国内研究普遍认为,高中教育至少具有为学生适应高等教育、职业发展和社会生活做准备的三重工具任务。③

其二,高中教育内容的单一仅成就了高中教育的知识传播而忽略了育人价值。育人价值不仅意味着学生的学习分数和成绩,还应该包括学生学习的参与度和体验感、品德和情感发展、兴趣与潜能发展以及权利与意识的形成等方面。④ 诺贝尔经济学奖得主中村修二曾指出东亚教育的共同弊病,即单一化、标准化的课程禁锢下,使得原本浩瀚而美不胜收的人类思想领域被人为地切割成一块块便于管理的部分并被称为"学科",原本行云流水、融会贯通的概念被分成了一个个单独的"课程单元"且学习者被迫陷入到考试、考学的功利化追求中,花费大量的时间来获取考试分数而忽视了创造力、好奇心、自我引导的终身学习的能力。⑤

其三,学生评价标准的单一仅大规模塑造了学术性人才,而埋没了潜在"技能优越生"的美好未来。高中阶段学生的发展倾向和发展水平具有多样性,高中教育的根本目标是使每个学生在德智体美劳等方面尽可能得到充分、自由、和谐的发展,并按照各自的意愿作好升学或就业的准备。在只有少数人能就读高中的时代,进入高中要经过严格的、统一的竞争性筛选,看重的是学生的学习能力、学习效率、学习自觉性、自我约束与规划能力等。而进入普及阶段后,普通高考以其浓厚的学术化考试内容与方式倒逼包括高中教育在内的基础教育致力于为普通高等教育输送学科知识掌握优良的学生,而现行高考在技术技能型人才的识别、技术知识的基础奠定和技术技能型人才的培养效率上是"失灵"的。我们更不愿意看到的是,那些没有在这个单一标准下通过筛选的学生,因自己是

---

① 吴刚,袁蕾.教育的逻辑及人工智能的教育诱惑[J].北京大学教育评论,2023,21(01):2—26,187.
② 梁茜,崔佳峰.我国普通高中教育政策的演进脉络与变迁逻辑——基于支持联盟框架的分析视角[J].教育学报,2022,18(04):85—97.
③ 程丹丹,葛新斌.关于高中教育定位问题的若干省思[J].清华大学教育研究,2019,40(03):97—103.
④ 朱益明.新时代普通高中学校发展研究[M].上海:华东师范大学出版社,2022:17.
⑤ 网易.诺奖得主:东亚教育浪费了太多生命[DB/OL].(2022-09-17)[2023-06-06]. https://www.163.com/dy/article/HHF7L7970553THPK.html.

"学术考试的失败者"而丧失了自信。① 实际上,无论是学校还是学生对教育的追求等同于对升学的追求并非他们心中所愿,除了有根深蒂固的文化传统外,教育类型、教育特色、教育内容、教育服务的多样性没有得到充分发展是致使高中教育成才模式单一的深层次内部原因。②

(二) 当前的高中教育形态不适配技术技能人才的接续培养

高中教育不能脱离职业世界和社会生活,其不仅对个体发展产生作用,同时也在对我国实现从人力资源大国向人力资源强国转型发挥着重要的结构化人力资本开发和转换作用。《中华人民共和国国民经济和社会发展第十四个五年规划和2035年远景目标纲要》要求,"坚持把发展经济着力点放在实体经济上,加快推动制造业高质量发展"。制造业高质量发展一方面是要稳定制造业比重以保持"量的合理增长",同时要求产业实现"质的稳步提升",从国际产业链的中低端向高端环节攀升。在这个过程中,技术型人才队伍承担着将研发设计转化为实际产品、参与科技创新和技术攻关等重要任务,是支撑中国制造、中国创造,推动经济高质量发展的重要基础。③ 根据其他国家的前车之鉴,一个国家的工业能力尤其是制造业能力的积累需要有效的技能形成体系作保障,④而技术型人才队伍的培育和质量提升是一个长期、动态的过程,后发的现代化国家普遍需要15年左右的时间来实现人力资本的结构性跃升,之后方能形成创新体制进而实现产业效率的持续提高。⑤ 这意味着我国要实现高质量发展的目标,必须高度重视技能形成并且提前布局利于技能积累的人才培养体系,更何况技术技能的积累需要时间和通过学段设置形成制度化累积。

但令人遗憾的是,我国目前的高中教育形态不适配技术技能人才的接续培养,尤其是职普分割、职业教育体系不健全的落后所造成的后果与产生的成本由社会整体共同承担。⑥ 其背后缘由之一便是,中等教育体系未对职业教育与普通教育进行对等和转换轨道的一体化设计,且职业教育本身也缺乏独立的考试体系,导致学生选择职业教育的机会成本大幅增加。长期以来,中等职业教育强调以就业为导向,这不仅阻碍了职业教育学生获得公平发展的机会和权利,还严重影

---

① 陈鹏,肖龙.跨界与进阶:普职教育衔接研究[M].北京:中国社会科学出版社,2021.
② 闻待.论高中教育的多样化发展[D].上海:华东师范大学,2010:33.
③ 本报记者."十四五"时期有望新增技能人才4000万以上:技能中国行动正式启动(政策解读)[N].人民日报,2021-08-30(2).
④ 王星.技能形成、技能形成体制及其经济社会学的研究展望[J].学术月刊,2021,53(07):132—143.
⑤ 徐冬宁.新阶段要加快提升全社会人力资本[N].经济日报,2021-09-06(11).
⑥ 唐智彬.理解职业教育类型定位的三重逻辑及其制度调适路径[J].南京师大学报(社会科学版),2023,245(01):28—39.

响了职业教育的吸引力。综观职业教育考试招生制度的改革历程发现,国家曾在放开升学和控制升学的问题上多次摇摆甚至出现骤然的态度转变,直至分类考试改革以来才逐渐彻底放开中职生升学以及通过分类考试改革来促进职业教育的考试招生办法逐渐科学化。任何教育都需要继续教育和就业的双重功能,①各级各类教育的学习者都有继续学习的权利,这种权利在不同的教育类型中是没有区别的。②

纵观高中阶段教育发展历程,在高中普及攻坚阶段,重点以教育机会供给为主,在普及化之后,入学基础上的高质量和多样化服务供给成为关键点。新修订的《中华人民共和国职业教育法》明确规定,"职业教育是与普通教育具有同等重要地位的教育类型""国家统筹推进职业教育与普通教育协调发展""职业学校学生在升学、就业、职业发展等方面与同层次普通学校学生享有平等机会"。新《职业教育法》的修订为补齐职业教育发展短板、优化职业教育体系的外部环境提供了难得的机遇。只有补齐了中职教育的弱势短板,建立起像普通教育那样的从普通高中通过普通高考进入到高等教育就读的人才培养内循环体系,才能支撑起技术技能人才的接续培养,才能在新的外部需求背景下满足国家经济社会发展对高素质劳动者尤其是技术技能人才的需求。

三、高中阶段学校向多样化演变的个体发展逻辑

(一) 高中教育"培养什么样的人"应结合具体的时代特征回答

高中阶段教育的培养目标和功能定位应随着经济社会发展要求以及科学文化发展水平发生变化和转移。改革开放前,普通高中培养目标的重心是传授"知识",往往从学科的角度出发,对德智体美劳等方面单独提出要求;改革开放后,普通高中培养目标重心转向"能力",开始注重培养学生分析、解决问题等软技能;新世纪以来,普通高中培养目标还加入了对国际视野、国际交往能力、数据信息处理和运用能力培养的要求。③ 新中国成立以来,中职的人才培养目标经历了"培养具有社会主义觉悟和普通教育文化水平,掌握一定专业理论知识和专业操作技能,身体健康的初、中级技术人才""具有必需的文化科学基础知识和专业知识,掌握一定生产技能的,德智体美全面发展的初、中级技术人才""培养符合劳动力市场需求的,掌握一定职业知

---

① 范先佐.教育经济学(第二版)[M].北京:中国人民大学出版社,2012:129.
② 徐国庆.作为现代职业教育体系关键制度的职教高考[J].教育研究,2020,41(04):95—106.
③ 季玟希,韦骅峰,冯用军.中国共产党百年普通高中培养目标的变迁、经验与展望[J].现代教育管理,2021(10):12—21.

识和职业技能的技能型人才""适应生产、服务一线需求,德智体美等全面发展,具有基础性知识、技术和技能的高素质劳动者和技能型人才"的嬗变,表现出由"社会本位"转向"个人本位"、由就业导向转向升学和就业导向并重、由培养专门人才转向复合型人才等特征。① 可见,不同时代对中等教育阶段两类教育的人才培养目标定位不同,因此,"培养什么样的人"本质上是一个时代之问,需要结合具体的时代特征来回答。

当前社会正处于从工业社会后期到后工业社会的大变革中,未知与变化是这一进程中最大的特性,社会的不确定性前所未有。不确定的世界对人的创造力、创新思维、创业精神以及机智敏捷、批判性思维、合作意识等品质的要求超过了以往任何时候。在可见的未来,学校依然是年轻人进入社会之前的主要学习场所。如果说以前学校的职责是把学生塑造成社会生产的劳动力,是一个瞄准和收窄的过程,那么现在应该是一个拓宽和释放的过程,让他们可以在宽广的社会中,创造自己的天地。② 增加多样性是最好的风险控制器。在不确定性不断增强的未来,没有足够的多样性,教育安全很难保证,因为我们不知道未来到底哪一种人才、哪一类知识才是最好的。③ 以人人受教育、人人成功为目标,未来高中教育要通过强化育人使命,并根据每个人的自身需要与选择,为其应对不确定的未来作准备。

(二) 高中教育作为中枢阶段不应预设人的发展

高中阶段是学生成长成才的分化期,高中学校不应预设学生的发展轨迹,给学生冠以非普即职的标签,而应该提供丰富多样的教育教学内容,增加学生学习机会,引导学生进行生涯规划,为学生未来发展奠基。虽然我国曾于1995年认识到高中教育机构应该多样化而且大部分高中应该发展成为综合高中,④但遗憾的是,高中阶段的教育改革没有得到进一步强化。时至今日,我国高中阶段教育的形态仍是职普分层与职普分隔的,这与高中作为关联九年义务教育和高等教育的关键中枢地位是不适配的。打破职普壁垒的前提是要把高中教育作为整体对待,本质上是对高中阶段教育的再理解、再认识、再改革。这种转变是一个长期的创新和建构过程,关涉教育内部各要素的调整以及教育与外部环境之间的协调沟通。高中教育功能的

---

① 宋晓欣,闫志利,杨帆.中职教育人才培养目标的历史演变与现实定位[J].教育与职业,2015(33):10—13.
② 腾讯网.王建华:技术变革驱动教育转型[EB/OL].(2023-02-22)[2023-07-08]. https://mp.weixin.qq.com/s?src = 11&timestamp = 1700471825&ver = 4908&signature = kRdIbY3yM4W0JUabBhqWYN6UoIReIvEBat7EN-8oxpsxOeDofWqtt1xzo2VQ * zwtM * fP4GDDQnXJ3z7JSw30ui3ugrbrGbxPuKpzT2sCblscj1QEdU075hkRMW4vD-Ccll&new = 1.
③ 柯政.建设教育强国应更加突出多样化发展[J].教育研究,2023,44(02):30—44.
④ 袁桂林.论高中教育机构和培养模式多样化[J].湖南师范大学教育科学学报,2015,14(02):58—63.

释放和多样化发展包含着多方面的内容,教育模式、课程改革是其主体,同时也包含着考试、招生、评价、用人制度改革等各个方面。

高中教育的发展需要多方面的共同努力,这是一项系统工程。抛弃非此即彼的观念,建立多维的标准,满足高中学生多样化的发展需求,意味着学生在学习过程中能够对学习领域、内容和方式进行选择,在高中毕业后能够根据自身专长、兴趣与爱好对高等学校及职业发展方向进行选择。不断增大学生的选择权就要形成一个从竞争走向合作、从强制走向自治、从封闭走向开放的高中教育结构。强化高中阶段育人功能和质量,推进高中阶段教育在内涵和外延上实现全方位提升,重点在于发展内涵,为每位学生提供有质量的高中阶段教育和寻求全面而有个性发展的平等机会,这样才能打破简单模仿和复制的"千校一面"困局。

四、促进高中阶段学校多样化发展的实现路径

(一) 政府做好顶层设计,为高中学校多样化提供良好的政策环境

高中阶段学校多样化发展面临的一个现实问题是,多样化、特色化之后要有学生来主动选择就读,不然"市场"不买账的话便会动摇"多样"的意义与根基。但同时,高中多样化不意味着学校特色的"任意化",而是要在普通教育、职业教育的基本轨道和结构上使二者融通,本质上仍需要在现有的两类教育体系的基础上实现多样化。因而,推进高中多样化首先要做的是推动职普协调发展,尊重学校办学自主权,多途径地推动职普等值。

首先,要在投入上通过政府统筹来实现职业教育与普通教育的投入对等,甚至职业教育的投入要比普通教育更高。只有两类教育类型在投入这一物质层面地位等值,才能消除人们因在选择阶段就看到了学校间发展的不平衡而偏重或者是刻意规避某一者。具体说来,一是省级政府强化统筹责任,注重顶层设计,在考试招生、教育教学、人事任用、经费使用、职称评聘等方面向普通高中和中职学校放权赋能,为区域内职普协调发展创造较为宽松的政策空间,营造良好氛围。二是各地根据本地经济、社会和教育发展实际,调整并统一普通高中教育和中等职业教育的政府管理层级,将高中教育管理由县(区)为主调整至以市(地)为主,明确地市级政府举办和管理高中阶段教育的主体责任,以盘活区域内的高中教育资源。同时,要开展高中阶段教育职普协调发展情况评估验收,并将其纳入对地方政府履行教育职责评价的重要内容。三是联合教育行政部门、人力资源和社会保障部门、机构编制部门、发展改革部门、财政部门等,成立高中教育统筹协调领导小组,建立部门分工协作机制,配合各级政府整合区域内高中教育资源配置,对职普协调发展进行总体布局和谋划。其次,要加快落实学校办学自主权。学校办学自主权是学校作

为教育组织为实现办学目标,依法具有的、自主决定办学事务的基本权利。要更加尊重高中学校课程自主权、学校人事调配权、经费使用自主权等,支持各类高中学校更好构建与其定位和目标相匹配的因材施教机制,满足不同性格禀赋、不同兴趣特长、不同素质潜力学生的发展需求。

(二) 以职普学校结对的方式来支撑高中教育人才培养内容的多样

高中学校多样化,需突破普通高中与职业高中相分离的传统格局,将这两类学校置于高中阶段的共性基础上。这种共性,就是学生学习成长的基础性、个别化和选择性,涉及德智体美劳五个方面,也包括学业发展、职业发展、社会发展等层面。有许多研究建议,通过设立综合高中来解决职普分割和不融通的问题,但是综合高中在我国几次试验均以失败告终,且高中因体量巨大而不可贸然进行大幅变动,因而不宜贸然地设立综合高中,而是要在现有职普两轨的基础上通过局部改革、以试点的方式渐进式进行,而职普学校结对的方式便是当下阶段可依托的载体。具体说来,由地理位置相邻的若干所普通高中和中职学校结对,成立合作校,形成教育教学共同体,在课程、师资、教研上合作发展。

一是课程上,由普通高中的语文、数学、英语、思政、体育等公共基础课程的老师与中职学校相应科目老师结对,集体备课、共同举行教研活动,以增加中职学校对文化课程的重视程度、教学深度。同时,由中职学校的专业课老师开发出若干门面向普通高中学生的职业体验课程,以课外活动、实习实践、选修课的形式为普通高中学生在综合素养培养上增加职业与技术教育内容,让普高学生增加劳动技能体验和体会职业发展趋势。二是师资上,当一些中职学校公共基础课开课上一时难以招聘到教学老师时,可由结对的普通高中相应科目老师到校兼课的方式来解决。三是教研上,中职老师可为普通高中的多样化学科特色高中建设带来全新活力。特色的产生是基于促进学生全面发展的需要,学校在不断实践探索与总结的过程中根据自身积淀逐渐形成的。特色学校建设需要一个探索与发展过程,而且特色学校建设要有机融入整个区域普通高中教育发展生态之中,与社会经济环境有匹配度。职业学校在实训基地建设、校企合作方面具有资源优势,且在专业教育、市场了解、与当地产业互动方面通常强于普通学校,因而可通过结对方式,由中职学校帮助普通高中挖掘、开拓和深化特色建设,而这些活动最终都会体现在学生培养身上,为普通高中在育人环境上打破德智体美劳相互分离的状态,使育人方式更加"活起来"。实际上,上述途径从2022年开始已经在西安有所实践而且取得了良好的成效。[①]

---

① 西安新闻网. 职普双向受益 西安创新实施职业教育"名校+"[DB/OL]. (2022-12-06)[2023-07-08]. https://www.xiancn.com/content/2022-12/06/content_6662648.htm.

（三）建立健全学校评价、考试招生等体系建设，作为改革配套举措

如果说高中教育形态多样化的重点在于为受教育者构筑受教育过程中选择的多样化，那么学校评价、考试招生制度等"出口"的多样化是能够实现过程多样化的重要保障。回顾之前的综合高中改革之所以失败，很关键的一点便是未能牵住考试招生改革的"牛鼻子"，而且国际上高中多样化改革也都伴随着甚至是先从评价改革入手，以评价的多样来保证成长形态的多样。

首先，要建立完善高中学校分类评估制度。科学的评价体系和方式是撬动高中多样化发展的重要手段。着力扭转以升学指标评价学校的办法，推动树立正确的政绩观。在已有高中办学质量评价制度基础上，根据不同类型学校发展特征进行适当调整，延长学校评价周期，制定专项指标单独评价。除高考成绩外，各种类型的普通高中都需要有与自己功能定位、发展特色相匹配的评价标准，并发挥评价对全面育人的引导作用。要通过引入增值性评价，衡量一所学校对学生发展的提升效果如何，而不是仅仅看出口、看结果。要通过评价改变大众对高中教育质量的认知，并引导办学资源的配置。

其次，协同普通教育和职业教育的招生渠道，在初中阶段开展生涯规划教育，引入职业性向、能力测试，帮助初中毕业生合理规划未来，选择适合自身的教育轨道。同时，更重要的是，要构建与现行高考协同发展的职教高考，这将是推进高中多样化改革、缓解教育焦虑、促进初中后理性分流、优化职业教育类型定位、实现职普融通的关键一环。在现行高考单轨制的基础上设立职教高考的轨道，旨在以考试结果的等值、考试地位的等同、知识类型的等价建立起技术型人才的评价体系、荣誉体系和成长体系，弥补现行高中教育形态不适配技术技能人才再生产的短板，也为广大受教育者能够根据自身发展的现实需要，自主选择合理的、公平的和有效的评价方式来为自己实现与学校的双向选择与匹配提供基础载体，而这些都是受教育者在高中教育阶段能够"安心"根据自身兴趣选择多样化教育中的一种来满足自身需要的基本前置条件。此外，还要对高中生学籍和教师编制实行统一管理，为学生进行课程互选、学分互认、学籍互转、资源互通提供基础环境。

（原文《坚持高中阶段学校多样化发展的三重逻辑与实现路径》发表于《职教通讯》2023年第11期）

3. 创建学术性高中：优势学习视域下拔尖创新人才培育研究

董君武

> **提 要：** 党的二十大报告对当前中国教育提出了一个重要命题：如何为拔尖创新人才的培育和脱颖而出，探索一条教育高质量发展实践路径。上海市市西中学在10余年课程教学改革研究与实践中提出并凝炼的"优势学习"理念，及其指导下的学生优势学习与发展，一定程度上回应着拔尖创新人才培养这一时代命题。本文在对"优势学习与发展""学术性高中"两个核心概念进行文献综述的基础上，结合市西中学的实践经验，提出优势学习是拔尖创新人才培育的重要途径，介绍了优势学习理念引领学术性高中创建任务以及指向拔尖创新人才培育的学术性高中创建实践。
>
> **作 者：** 董君武，上海市市西中学校长

党的二十大报告描绘了国家2035年的宏伟蓝图，要把我国建成教育强国、科技强国、人才强国，强调"教育、科技、人才是全面建设社会主义现代化国家的基础性、战略性支撑。必须坚持科技是第一生产力、人才是第一资源、创新是第一动力，深入实施科教兴国战略、人才强国战略、创新驱动发展战略"，"我们要坚持教育优先发展"，"坚持为党育人、为国育才，全面提高人才自主培养质量，着力造就拔尖创新人才，聚天下英才而用之"。这对当前中国教育提出了一个重要命题：如何为拔尖创新人才的培育和脱颖而出，探索一条教育高质量发展实践路径。

上海市市西中学多年持续推进课程教学改革，开展了一系列项目实践与研究，有效促进了学生能力素养培育和高阶思维发展。例如：2012年，首创思维广场、扩建创新实验室，撬动教学深度变革，开展高阶思维和创新素养培育的探索性实践；2016年，以数学学科为先导，指向深度学习，通过网学平台的研发，再造教学流程，并逐渐拓展到理化生地等学科；2019年，借鉴思维广场的教改成果，创建漫思实验室，展开多种学习方式相结合的教学研究……其中，"思维'广场'撬动教学深度变革，实践'优势学习'的研究"荣获第二届全国基础教育教学成果一等奖。

我们认为：学校在10余年课程教学改革研究与实践中提出并凝炼的"优势学习"理

念,及其指导下的学生优势学习与发展,一定程度上回应着拔尖创新人才培养这一时代命题。2021年3月,学校公开发布创建学术性高中第一轮发展5年办学规划,致力于学生学术性素养的培育,进一步深化拔尖创新人才培育的教改研究与实践探索。

一、文献综述

本研究主要涉及优势学习与发展、学术性高中两个核心概念。相关文献概述如下。

(一)"优势学习与发展"的理念诠释

先讨论一个问题:做出工作成绩或者作出社会贡献的优秀人才,他们在哪些方面或什么领域,更可能取得成功?是这些人的短处或弱势的方面,通过教育使得他们的短处"补"高了,弱势"转"强了,他们在这些方面做出了成绩可能性大?还是这些人的长处或优势的领域得到了充分的发展,并转化为志趣与特长,成为他们的专业和职业方向,他们是不是更可能在这些领域作出更大的贡献?作为教育工作者,相信每个人从自己的生活经验和教育经历中,都会有自己的答案。我们认为:学生在自己擅长的优势领域方面,投入更多的时间和精力,展开更加丰富的学习与体验,并逐渐成为自己志趣所在的专业方向,更有利于自己的学习与发展,未来更可能在这些方面取得成功,为社会和人类作出贡献。

其实,教育学和心理学等领域的不少研究成果支持了这一经验性判断结论。

霍华德·加德纳多元智能理论告诉我们:每个人都具有不同方面的智能,而且在不同智能上表现出相对强势(优势)或弱势(劣势);对于不同人而言,在某一智能上的表现同样存在相对优势或劣势,而且某一智能方面相对具有优势的人,更容易在相关知识学习和能力培养上表现出色。这表明每位学生都存在相对容易取得优秀成绩的优势学习内容。

心理学家对学习风格有诸多研究成果,例如:席尔瓦和汉森将学习者分为掌握型、理解型、自我表达型和人际型[①],科尔勃确定了发散者、顺应者、同化者和聚合者四种学习风格,赫尔曼·威特金根据对环境信息的依赖将学习者分成场依存性和场独立性,杰罗姆·卡将知觉与思维方式划分为冲动型与反思型[②],也有专家将感觉信息的偏好方式,归纳为视觉型、听觉型和触觉型等。尽管,学习风格理论纷繁复杂,然而,有一点可以说是共同的,那就是不同的人具有各自偏好的学习方式。因此,我们可以大胆假设:每个人运用自己偏好的学习方式,更容易激发自己的学习动机和学习内驱力,更可能引发学习兴趣和爱好,从而使学习效率更高、效果更好。这种个体偏好的学习方式,我们称之为优势学

---

① 哈维·席尔瓦,等.多元智能与学习风格[M].张玲,译.北京:教育科学出版社,2003:22.
② 陈琦,刘儒德.当代教育心理学[M].北京:北京师范大学出版社,2007:56—63.

习方式。

生命具有周期性，人的生理机能同样具有周期性，每个人都存在自己独特的生命节律"节拍器"，这种生命节律对学生学习状况会产生周期性影响。而且，在人的生命历程中，某些知识与能力的培养存在学习关键期，或称为"机会窗口"。皮亚杰和埃里克森分别研究取得的成果，揭示了人在不同年龄阶段必然会经过若干个并不连续的成长阶段，现代脑科学也证实了个体是以复杂的形式进行生长，具有上升和下降的循环周期。这告诉我们：学生在学习过程中存在各自偏好的优势学习时间。

另外，学生的学习状态还会受到空间环境的制约和影响。空间宽敞与否，光线明亮和柔和，座椅高与低，适合站立或坐着甚至躺着，这些空间环境都会对学生学习产生不同的影响，每位学习者对空间与环境都存在各自的偏好。

因此，我们将学生偏好的、最适合自己的学习，称为优势学习，包括优势学习内容、学习方式、学习时间、学习空间四个要素，以及与之相关的优势学习评价。优势学习内容是指体现学生优势智能、通过学习表现出兴趣或爱好、满足自己个体需要、更适合自己的学习内容；优势学习方式是在不同的内容学习过程中偏好的学习方式；优势学习时间是指学生针对特定的学习内容或过程中偏好的学习时间；优势学习空间是学生特定内容或过程中自己偏好的或学习效率更高、效果更好的学习空间和环境；优势学习评价，即通过对学生学习过程中所表现出来的个体特质、行为偏好、心理倾向等方面的定性比较和定量分析，以确定学生优势学习内容、方式、时间和空间。优势学习内容、方式、时间和空间四个要素，其中，优势学习内容是核心、优势学习方式是根本、优势学习时间是关键、优势学习空间是基础，它们相互联系、相互影响（见图1）[①]，支撑着优势学习的推进和落实，从而有效促进拔尖创新人才早期培育，更好地实现学生个别化的优势发展。

（二）学术性高中相关概念理解

科技是第一生产力，人才是第一资源，科技与人才的基础在于教育。教育是为未来社会培养人才，需要将教育放在优先发展的战略地位，以前瞻性的思考、创造性的谋划，指向创新素养和实践能力的培养，促进高阶思维的培育和创造力的激活。在当前世界百年未有之大变局中，如何培养适应未来社会发展需要的优秀人才，已经成为急需破解的时代命题。为了更好地推进高精尖科技发展，加大基础理论的专业人才培养力度，国家推出"强基"计划。由此，如何为"强基"计划的高质量实施输送优秀生源，成为优质高中必须回应的现实问题。中华民族伟大复兴第二

---

① 董君武,方秀红."优势学习"视域下的拔尖创新人才培养——以上海市市西中学为例[J].上海教育科研,2023(06)：15—18.

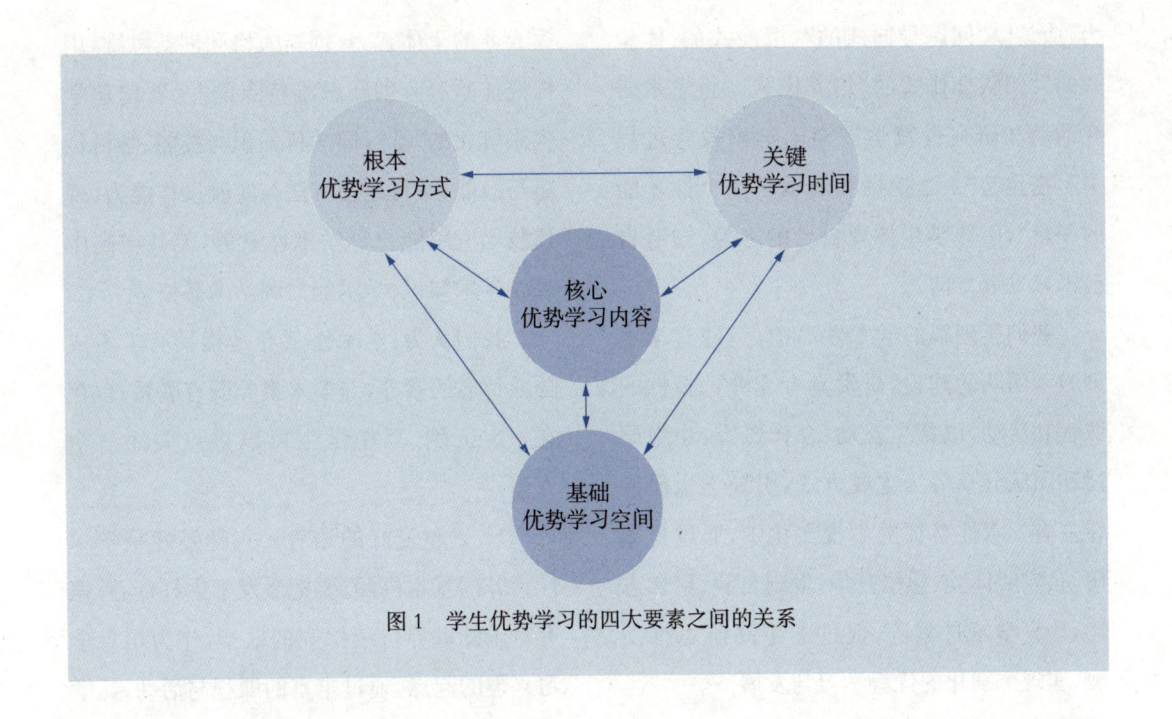

图1 学生优势学习的四大要素之间的关系

个百年奋斗目标呼唤优质高中,以创建学术性高中为途径,特别关注优秀学生的培养,通过学生兴趣发现、志趣聚焦,逐渐培育学生学术性素养,为后续成为不同学术领域的顶尖人才奠定基础。可以说,创建学术性高中是时代赋予优质高中面向未来的一项教育责任与历史使命。①

1 对学术性高中的理解。

学术性高中的概念从研究型或学术性大学迁移而来。学术教育源于古希腊柏拉图学园,奠定于洪堡创办的柏林大学。柏林大学认为,大学的首要任务是追求真理,科学研究应该与教学相结合,创造了习纳明(Seminar)教学法——一种研讨式的教学方法,由此,开创了现代研究型大学的新范式。②

龚胜强认为,"学术性高中的培养目标是学生的学术素养、专业精神和审美情趣,奠定其成为拔尖创新人才的坚实基础"。③ 李建民提出,学术性高中应该"全面体现学术导向","聚焦基础学术素养的培养","提供丰富的学术实践活动载体","拥有一支学术型教师队伍",成为学术性研究型人才从基础教育过渡到高等教育的"过渡人"。④ 莫丽娟认

---

① 董君武.创建学术性高中的探索与实践[J].人民教育,2023(02):51—52.
② 周光礼.走向高等教育强国:发达国家教育理念的传承与创新[J].高等工程教育研究,2010(03):66—77.
③ 龚胜强.教育现代化进程中建设学术性高中的思考[J].中学课程辅导(教师教育),2015(18):6—7.
④ 李建民.新时代学术性高中建设的实然困境与应然向度[J].现代教育,2021(05):61—64.

为,应该以"问题导向式的""沉浸式的、体验式的""团队合作式的"培养模式,"将学术研究活动和研究性教学贯穿于学校教育过程中",搭建起"一个挖掘和展示学生个性才能的平台",引导学生体现自己的志趣,知道自己未来发展方向。①

我们所理解的学术性高中,是通过学术型教师团队的建设,研发具有充分选择性的课程和活动,以师生互动、合作探究、小组研讨和团队分享等为主要方式,引导学生浸润在具有学术性特征的学校文化中,通过自主研习、实践体验、感悟升华,发现自我,聚焦志趣,培育学术性素养,促进学生高阶思维发展,实现个别化的优势学习与发展。②

2 高中生的学术性素养。

《辞海》释义:学术指具有专门、系统的学问,素养指经常修习的涵养。牛文涛等将学术素养归纳为"学术意识、学术知识、学术能力、学术伦理道德"四个要素,安静等强调"无畏的精神、独立的意识、批判的思维和热爱的情感",张克军等关注"知识要素、思维、技能"。国外强调"在特定领域的竞争力和知识"及"综合能力",加利福尼亚大学和华威大学分别增加了批判性思维和迁移能力。③

黄朝晖等认为,高中阶段能发展未来优秀人才的个体智力、创新人格和创新思维,用探究体验等有创新思维特点的"术",构建学生系统化的"学",即学科知识与技能、学科优势与潜能、学科创新方法与实验操作能力、现代技术应用能力等学术性素养,使其在高中成就学术知识、学术能力和学术品格。④

我们认为:学术性素养是指具有学术成分或特质的素养,与学术素养既有联系,也存在一定区别,高中学生可以重点关注三个方面。⑤

1. 兴趣爱好的培育。兴趣爱好是学术性素养的基本内涵,要把激发学生好奇心,葆有对未知世界持续探究的欲望,作为培育学习兴趣的起点,通过丰富的课程与活动,让学生在积极、主动、广泛的参与中,逐渐发现自己优势所在,并投入更多时间和精力展开学习,引导学生在持续学习中,将这种优势转化为学习兴趣和志趣、爱好和特长,甚至成为自己未来专业和职业选择方向。

2. 意志品质的锤炼。顽强的意志、坚忍不拔的毅力,是一个人取得成功至关重要的非智力因素,更是学术性素养不可或缺的关键要素。在学术人才培养与发展中,在智力相当的条件下,是否能够在失败中一次次坚强地站起来、坚定地走下去,常常是走向成功

---

① 莫丽娟.学术性高中公平性的质疑与反思——基于差异公平理论的视角[J].当代教育科学,2015(16):3—8.
② 董君武.创建学术性高中的探索与实践[J].人民教育,2023(02):51—52.
③ 孙婷,孙欢.科教协同育人模式下大学生学术素养与创新能力提升[J].渭南师范学院学报,2022,37(07):31—36.
④ 黄朝晖,刘旭东.基于实验的普通高中学术性拔尖创新人才培养策略研究[J].教育理论与实践,2022,42(14):11—15.
⑤ 董君武.创建学术性高中的探索与实践[J].人民教育,2023(02):51—52.

的决定性因素。而这种不畏艰难、不怕失败，勇于挑战而坚定探究未知世界的理想与信念，是高中阶段可以培养的。

3. 社会责任感的形成。一方面，强烈的社会责任感可以有力推动优秀人才科技创新，更好地服务社会，造福人类；另一方面，科学技术新发现、新成果，常常既可以造福人类，也可能损害人类，甚至毁灭人类，掌握前沿科学与高新技术的研究人员，将直接决定科技成果造福人类还是破坏社会。所以，可以说社会责任感是学术性素养的核心内涵。

学生的兴趣爱好、意志品质和社会责任感既是高中阶段可以培养的学术性素养的核心内涵，也是拔尖创新人才的基本素养和要求，因此通过创建学术性高中，全面提升学生的学术性素养，是拔尖创新人才早期培育的重要任务和实践路径。

二、优势学习：拔尖创新人才培育的重要途径[①]

通过优势学习评价，引导学生发现并运用自己的优势，即在优势学习空间，选优势学习时间，用优势学习方式，学优势学习内容，可以有效促进学生的优势发展，这是拔尖创新人才培育的一条重要途径。为此，市西中学开展了一系列的实践与研究。

(一) 聚焦志趣培养，发现优势学习内容

对于拔尖创新人才培养而言，学校应该通过丰富的课程活动，为学生提供选择各种学习内容的可能，让学生在参与学习与实践过程中，逐渐发现自己的优势智能及其相关的优势学习内容，并在学习过程中投入更多的时间与精力。这样不仅使学生在这些内容上学习得更好，钻研得更深，而且逐渐内化为自己的学习兴趣和特长，转化为自己的学习志趣，成为未来专业和职业的基本选项，可以说是拔尖创新人才培养的核心内涵。

为此，市西中学将必修课程、选必课程、选修课程、学生社团、社会实践等课程和活动系统整合，统整为以哲学为核心的方法思辨课程群、以工程为核心的综合理科课程群、以健康为核心的身心修炼课程群、以服务为核心的卓越公民课程群等四个课程群（见图2）。四个课程群的侧重点分别为：关注高阶思维培育，培养学生好学钻研的精神，提升人文修养和质疑思辨能力；增强探究意识和动手实践的能力，培养科学技术创新能力；丰富学生的志趣，提升艺术修养，增强学生的健康意识，培养体育锻炼的习惯和积极乐观的心态；增强社会责任意识和服务意识，培养包容开放的心态和团队合作精神，针对学生的思维发展，全面提升学生的学习力、领导力和创造力。通过四个课程群的统整与实施，全面

[①] 董君武,方秀红."优势学习"视域下的拔尖创新人才培养——以上海市市西中学为例[J]. 上海教育科研,2023(06)：15—18.

促进拔尖创新人才的培养。

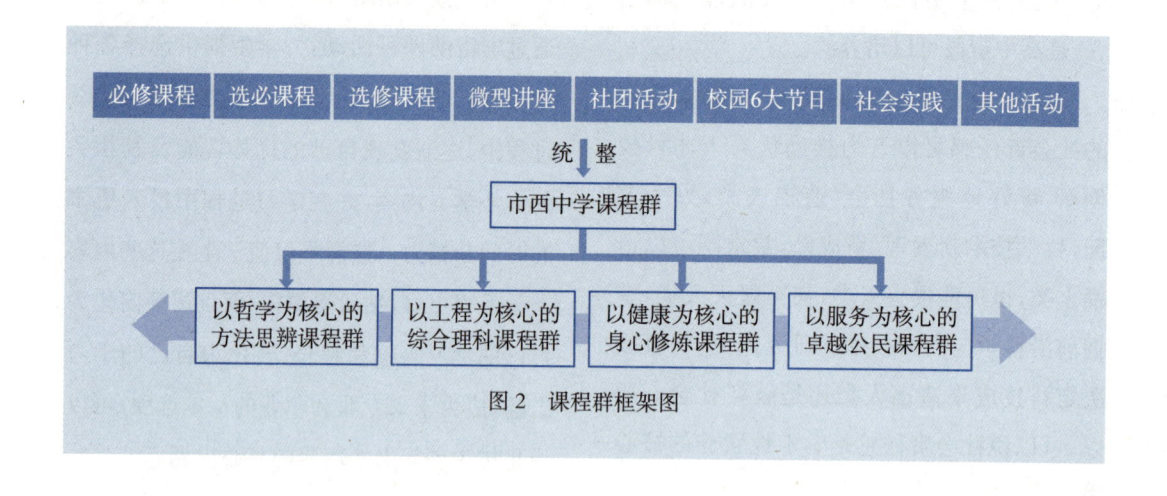

图2 课程群框架图

(二)聚焦思维发展,运用优势学习方式

在拔尖创新人才培养过程中,教师应该充分关注学生的优势学习方式,在教学设计和实施过程中应该体现学生运用各种学习方式的可能,使具有不同学习方式偏好的学生具备选择并运用自己独特的优势学习方式的条件,从而更好地促进学生的深度学习,指向学生高阶思维的发展和创新素养的培育。

为此,2012年市西中学首创思维广场,以3个班级、3门学科、3节课连排等方式的教学实践,建构了"目标引领—自主研习—合作研讨—思辨提升"的教学流程,进而开展语文、英语、历史、地理等学科,4门学科、4节课连排,6—8位教师参与主题讨论,学生在思维广场可以自主学习,可以参与教师主持的主题讨论,也可以自己提出主题邀请其他同学共同研讨。2016年,数学学科率先开展信息技术融入教学的研究,通过将高中数学知识点细分并结构化,制作指向若干末端知识的视频与题库,形成网学平台,建构目标引领下课前预学基础上的"反馈评价—释疑拓展—合作探究"的教学流程,有效促进了基于学生自主选择的"课前预学—课中研学—课后巩固"的更加高效学习。2019年,学校建成漫思实验室,实现与传统的理化生实验室的统整,在物理、化学、生物、地理等4门学科,通过3—4节课连排,积极探索独立学习与合作学习、自主学习与教师导学、接受性学习与探究性学习、线上学习与线下学习、做中学与书中学、课内学与课外学等多种学习方式结合的教学。这些教学方式的变革,为学生提供了选择适合自己的学习方式的更多可能,促进了学生学习能力与素养的培育,有力地推动了拔尖创新人才的早期培养。

(三)聚焦学业效能,配置优势学习时间

人类的学习具有关键期和"机会窗口",

即在大脑发育和思维发展的不同时期,对于知识的获取和能力的培养具有一定的差异性。而且,每个人都具有自己独特的生命节律,处在不同的生命周期中,人的身体状况、心理状态和认知能力都具有差异性。在拔尖创新人才培养过程中,应该重视对于学生学习时间的科学配置与指导,促进学生更好运用优势学习时间展开相应学习。优势学习时间既指学生在不同时间学习同一内容的相对优势,也指同一学生学习同一内容在生命历程中或某一生命周期中的相对优势,还指同一学生在同样时间中学习不同内容的相对优势。学生更多地选择优势学习时间学习相应内容,可以有效提升学生学业效能,为学生思维发展和创新素养培育提供更加充裕的学习时间。

为此,市西中学将时间的科学配置提高到课程的高度来研究安排与落实。学校对高中三年学习时间进行整体配置,对每个学年学习时间进行周期性安排,并认真研究每天作息时间,设置了大、中、小课,以满足不同学习内容的教学需要。从时间的纵向维度,根据不同年级学生身心特点确定教学目标和进度,不允许简单地将高三综合能力的要求和习题难度下放到高一、高二,同时,鼓励学有余力的学生超前学习,建立了免修制度;从时间的横向维度,我们坚持"因班级授课制而造成的学习分化,很难再用班级授课来解决",坚决反对整班集体补课,鼓励和倡导分层与个别辅导,从而避免学生在整班补课中的低效学习,为学生高阶思维和创新素养的培育提供更加充裕的学习时间。

(四)聚焦真实问题,拓展优势学习空间

学习空间对于人的发展具有重要影响。学生对于学习空间的选择同样具有个性化要求的倾向,不同的人在学习过程中可能会选择完全不一样的学习空间。优势学习空间既反映着学生个体偏好,也体现着学习特定内容的特殊需要。在拔尖创新人才培养过程中,要充分关注学习空间的差异对于不同人群的影响,关注适应特定学习内容的空间建构与拓展,为学生提供不同类型的学习空间,以满足对学生创新素养培育的需要。

为此,市西中学突破传统教室,首创思维广场,扩建20多个创新实验室,改建图书馆,建设新型学习空间,逐渐建构满足学生从结构化的正式学习过渡期到非结构化的非正式学习的校园学习空间连续体(见图3)。在此基础上,学校将学习空间向虚拟网络学习空间和真实社会学习环境拓展:一方面建构网络学习平台,使学生的学习无处不在,无时不有,实现泛在学习;另一方面,拓展学生实践学习基地,积极开展寻访校友、文化游学、见习居委主任、进楼宇看企业、南京考察、学工、学农、学军等社会实践,让学生更多面对真实问题。通过学习空间的充分拓展,更好地满足学生学习不同内容对空间与环境的差异性需要,促进学生创新素养和实践能力的培养。

图3 校园学习空间连续体

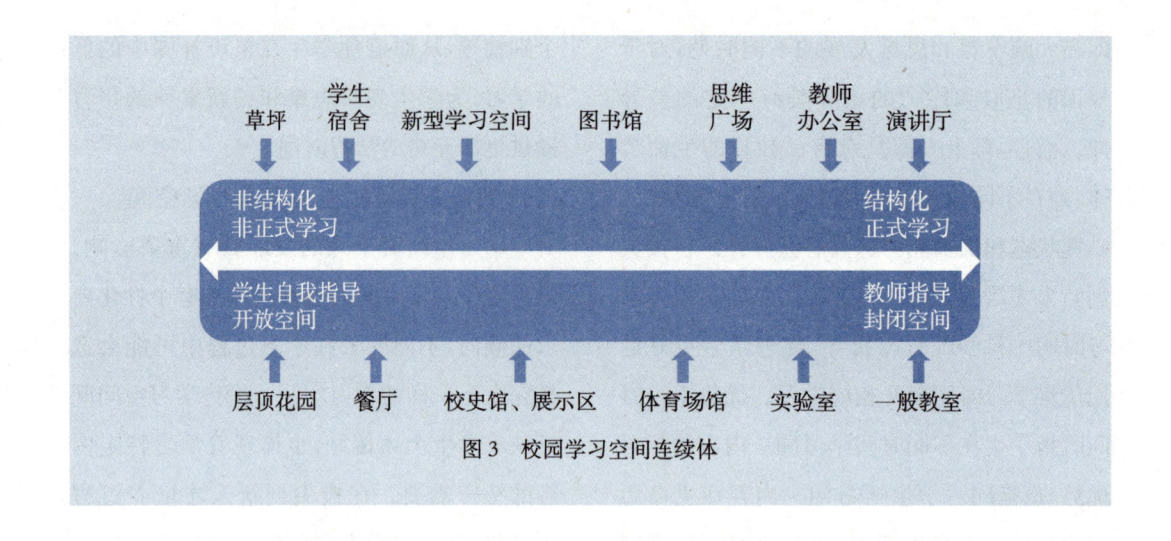

三、优势学习理念引领的学术性高中创建任务[①]

围绕"培养什么人""怎样培养人"和"为谁培养人",立足学校"好学力行"文化传统和"海派教育"特质,为将学生培养成"尊重规则会选择,合作包容有爱心,实践创新善质疑,身心健康全人格,胸怀天下担责任",具有学术性素养和领袖气质的优秀高中毕业生,学校确定了学术性高中创建目标:在"优势学习理念"引领下,对标"强基"计划,依托"双新"实验,通过变革学校组织结构,深化课程教学改革,创新志趣培育机制,整合优质教育资源,加强教师队伍建设,完善管理评价制度,着力培育学生学术性素养,彰显学校学术研究特征,全面提升学校学术性内涵,形成学术育人文化氛围。由此,明确提出创建学术性高中的八大任务。

(一)彰显学术研究特征,变革组织结构

学校创建数理、生化、智能、天地、文史哲等研究院,分设若干探究馆或研究所,以研究院为单位,组织协调活动设计、资源整合、导师研修以及学生管理等,指导每位学生针对某门学科或跨学科内容提出一个问题,根据研究规范和程序,完成一篇"拓展性论文"。由导师团队负责研究活动的设计与实施,负责对学生学习与探究活动进行全程、全方位的引领指导、咨询跟踪和记录评价等。

(二)指向学术性素养,建构课程体系

坚持五育并举,优化学校课程体系,科学配置学习时间,创设"学术探究日",研发指向学术性素养的课程与活动。立足国家课程的校本化实施,依托研究院,将必修课程、选修

[①] 董君武. 创建学术性高中的探索与实践[J]. 人民教育,2023(02):51—52.

课程、微型讲座、学生社团、校园节日和社会实践等系统整合成课程群,以充分选择性的课程内容,广泛多样性的实施路径,高度开放性的学习空间,兼顾全面与个性,实现学生差异性的学术性素养培育与发展。

(三) 培育学术性素养,变革教学方式

聚焦学术性素养的培育,指向能力培养和思维发展,优化教学环节,加强教学设计,关注问题导向、真实场景,注重学生自主研习、思辨探究和合作研讨。针对学科特点,以项目化方式推进教学变革,融合信息技术,重构教学流程,突破时空限制,实现全学科的教学深度变革,提升课堂教学价值,激发学生持续学习与探究的内驱动力,促进学生深度学习,实现优势学习与发展。

(四) 从兴趣到志趣,建构导航系统

依托研究院,探索兴趣发现、培养和跟踪机制,合理规划"兴趣萌芽期""兴趣发展期"和"志趣形成期",引导学生通过自我了解和评价,从兴趣发现走向志趣形成。完善生涯导师、拓展性论文导师和免修生导师等制度,实现导师全员化、全程化,保证早期进入、持续跟踪。探索校友学长制、学生社群制,挖掘学长引领价值,发挥学长与学生之间的同伴互助与教育作用,浓郁校园学术性氛围。

(五) 对标"强基"计划,探索长距离培养

对标"强基"计划,以传家书院为载体,探索通过下接初中,横连高中,上承大学,初步形成资优学生的长距离培养链。针对资优学生的特点、优势和需要,以混龄、走班等形式,鼓励学生自主选择学习内容、安排学习进程,通过免修制、可转换学分制等,充分释放学习空间,依托研究院,为学有余力学生提前进入某一领域的专业基础课程学习提供可能,鼓励和支持学生个别化优势学习与发展。

(六) 融入学术内涵,建设学术文化

打造凸显学术特征的学校环境,完善师生学术性活动文化,建立支持学术性发展的制度文化,营造具有学术性内涵的校园文化。创办每年一届的"学术节",展示师生应对学术性挑战的智慧与勇气,浓郁追求学术精进的学校文化氛围。建立"学术讲坛""学术专递""学术专报"等平台,鼓励师生分享学术思考与探究成果,活跃学术思想,拓展学术视野,使合作探究与切磋交流成为校园常态。

(七) 提升学术培育能力,建设高素质队伍

强化党建引领,加强师德锤炼,聚焦学术培育能力,提升教师育人价值追求。引入大学、科研机构等高端优质教育资源,加强与各类学校合作交流,提供更多学术浸润与学习机会,完善教研训一体化制度和评价激励机制,以项目驱动,鼓励教师积极寻求发展空间和路径,努力提升自己的学术素养和专业水平,并在实践与研究中提升培育学术性素养的专业能力。

(八) 整合教育资源,优化评价机制

立足研究院建设,统整校园各类学习空间,建设若干学术特征鲜明的探究馆。持续研发和升级网学平台,丰富资源库结构化内容,全面整合教育资源,满足突破时空限制的

教与学的需要。完善学科免修制,优化绩点评价制、可转换学分制,运用《个性化学习实践与指导手册》,引导学生自主安排自己学习,更加灵活地参与课程学习与实践活动,保障学生个性化定制学习与个别化优势学习。

四、指向拔尖创新人才培育的学术性高中创建实践[①]

根据2021年学校的办学规划目标与任务,2021学年开始以项目方式有计划、分步骤推进创建工作。立足学校课程教学改革成果,指向拔尖创新人才培育,继续深化思维广场跨学科融合式教学(语英政史),优化基于网学平台的教学流程(数英理化生地政史),探索漫思实验室目标分层、多种学习方式结合教学(理化生地),全面推进探索技术与教学融合的新型教学范式。在此基础上,学校重点推进下列五个项目,指向学术性素养的培育,推进拔尖创新人才的培育。

(一)"人人"拓展性论文

2021学年开始,每位学生围绕一门学科或跨学科内容,提出一个问题或主题,根据学术研究基本规范,经历并体验一个完整的研究过程,完成一篇拓展性论文,直接指向学生学术性素养的培育。学校坚持逐一评审,按月推进。一年多时间,在导师指导下,已有200多名学生顺利开题,20多名学生完成了中期论证,9名同学完成结题答辩。学生在经历系统规范的学术性研究过程中,初步领会基本的、通识的学术性研究知识,切实体会学术研究的艰辛,明确学术规范,严守学术诚信,学术性素养与思维都得到了提升。

(二)"每周"学术探究日

学校将每周五下午设立为"学术探究日",充分释放学习时空,以分层的目标、开放的内容、自主的时间、多样的方式、自由的环境,营造师生学术浸润中多元发展的常态化氛围。每周学术探究日,教师突破学科界限、年级界限,研发74门选修课与社团活动,一学年开设讲座62场;学生或选修课程,或自主探究,有的参加社团活动,有的聆听各类讲座,还有的走出校园开展实践活动。在积极、主动、广泛的参与中,发现自己的优势,并逐渐转化为学习的兴趣和志趣、爱好和特长。

(三)"每天"早晚锻炼

顽强的意志、坚忍不拔的毅力,常常是走向成功的决定性因素。学校把体育作为培养学生顽强意志、坚忍毅力的基本途径。在2016年建立的体育"月月赛"基础上,2021学年全面展开早晚锻炼:每天,男生跑1000米,女生跑800米,由学生自主组织管理,认真做好准备运动和放松运动。越来越多学生开始养成锻炼习惯,纷纷表示,早晚锻炼不仅强身健体、增强体质,有助于振奋精神、调节情绪,而且在不断挑战并超越极限过程中,可以锤

[①] 董君武.创建学术性高中的探索与实践[J].人民教育,2023(02):51—52.

炼自己的意志和品质。

(四)"每年"学术节

学校每年举行"学术节",总结、交流学术性素养培育的成果,为广大师生搭建分享平台。2022年举行的第一届"学术节"中,组织了学生"拓展性论文"、"学术探究日"选修课程与社团活动、"早晚锻炼"成果展示,教师实践推进项目成果展示、课堂教学研讨与交流等活动,70多位教师、100多位学生参与交流展示,全体师生通过自主选择,进行观摩学习。其间,学校还组织了面向全市学生的"数学学术展评活动"和"STEM科创邀请展评活动"。通过"学术节",活跃了学术思想,浓郁了全校师生追求学术发展和学术精进的氛围,学校文化的学术性内涵更加凸显。

(五)"多方"合作联动

学校引入多方资源,在复旦大学、华东师大等高校大力支持下,上海市教师教育学院委托市西中学与多所学校合作联动,组织了第一届数学学术展评活动,共有16所学校25支队伍参加,经专家评审,16支队伍100多位学生参加现场展评,在开放、探索、学术的数学活动中,迈出了数学学术研究的第一步。在同济大学、静安区教育基金会的支持下,组织了第七届STEM科创邀请展评活动,来自全市28所中小学200余名学生参加活动,同场竞技。在追求学术、创造学术的活动中,参与师生纷纷表示对学术研究、团队合作有了更深刻的理解和感悟。同时,学校围绕创新实验室迭代升级和研究院建设,与复旦大学、同济大学、华东师大等大学相关院系,以及航空航天八院等单位合作,分别建设生命科学、化学、环境科学、数学和空间科学等创新实验室,由大学教授和科研机构研究员等专家领衔,研发指向拔尖创新人才培育的高校(研究机构)与高中阶段的贯通课程,以2年为周期,为学有余力的学生提供提前进入某一专业领域及专业基础课程学习的可能,在学生学术性素养培育过程中,实现拔尖创新人才的甄别与早期培育。

比较与调研

1. 高中多样化的可能路径：英国综合中学的变迁与透视

郅庭瑾　陈悠然

> **提　要：** 高中阶段教育在全面普及后，如何以多样化有特色发展实现人才培养质量提升成为关键。英国的综合中学从一种特定类型的"综合学校"，经历萌芽、扩张、重整发展成为中等教育阶段的"综合教育"，为所有学生提供个性化的教育选择。一系列特色制度与配套措施，包括综合中学内部招生、课程体系、教学方式，以及外部的考试评价体系、中学特色发展政策等成为支撑综合中学发展的制度系统。英国综合中学的发展变迁中透视出实现高中多样化的可能路径：以顶层设计与地方试点相结合探索综合高中办学模式与培养方式；以课程多样化实现高中办学格局内涵的多样化；以考试与评价制度改革建立两种类型教育之间学业成果互认转换机制。
>
> **作　者：** 郅庭瑾，华东师范大学教育学部教授、博士生导师
> 　　　　　陈悠然，华东师范大学教育管理学系硕士研究生

高中教育是国民教育的重要环节，肩负着为学生终身发展奠基和培养高素质技能型人才的使命。截至2023年，全国高中教育毛入学率已达91.8%，[①]高中教育的公共性、普及性和普惠性特点愈益彰显。后普及时代，以多样化有特色发展为目标的高中阶段教育改革深入推进。《中国教育现代化2035》指出，要"鼓励普通高中多样化有特色发展"，"探索举办附设职教班的综合高中"；《高中阶段教育普及攻坚计划（2017—2020年）》提出

探索发展综合高中，以推动学校多样化有特色发展，推进普职融通，为学生提供更多选择机会。2023年8月，《关于实施新时代基础教育扩优提质行动计划的意见》进一步提出"实施普通高中内涵建设行动"，通过建设特色普通高中、积极发展综合高中等途径促进高中"优质特色发展"。

综合高中是推动高中多样化发展的一条途径，但如何建设综合高中，如何以综合高中为切入口推动高中阶段学校多样化有特色发

[①] 中华人民共和国教育部. 介绍2023年全国教育事业发展基本情况[EB/OL]. (2024-03-01)[2024-03-27]. http://www.moe.gov.cn.

展,在我国尚缺少比较成熟的模式。在国际范围内,英国的综合中学(Comprehensive Secondary School)已有悠久历史,指面向所有11—18岁儿童开放、实施非选拔性入学政策的学校,对应其学制体系中的KS3—KS5阶段。英国综合中学的发展和实践受到了学界关注,并积累了一定研究成果。英国学者致力于综合中学的历史研究,不仅系统详细地梳理了其发展历程,而且聚焦其发展的关键时期进行了具体描述。罗宾斯坦(Rubinstein)和西蒙(Simon)的著作是目前最全面的历史研究成果,他们划分了英国综合中学产生与发展的三个阶段——三轨制阶段的综合中学方案(1926—1952年)、综合中学运动的扩张与深化阶段(1953—1962年)、综合中学制度的确立阶段(1962—1965年),并详细描述了各阶段的时代背景、教育政策、学校改革等事件和举措。[1] 学界普遍认为两党政治是英国综合中学发展中的关键影响因素,如马丁(Martin)从政党内部、两党斗争和社会舆论等层面,分析了政治因素对综合中学发展的影响。[2] 易红郡以政党政策为视角,梳理了英国中等教育综合制改组中两党的主要政策、政治主张和行动,揭示了综合中学如何在政党的较量之中成为主流中学的过程。[3] 英国综合中学发展至今,形成了比较完善的办学制度体系,孔凡琴和邓涛将其实践特色归纳为非选拔性招生制度、"升学""就业""全人"统一的培养目标、共同课程+分流课程+转换机制的课程体系、学术与职业两大资格证书体系四个方面。[4] 就国内外研究视角而言,相较于对英国综合中学进行专门研究,国内学者更多是从普职融通视角对其进行探究,如余晖认为,英国高中教育普职融通的经验之一是在综合高中同时开设普职两套课程体系,并以普职教育证书框架实现两类证书的互认转换。[5] 彭虹斌和贺芳认为,建立综合中学是英国高中阶段普职融合的早期实现方式,其未来发展应从综合学校内部改革向综合教育的区域化改革转变。[6] 当前,学界在英国综合中学的评价乃至存废方面尚且存在争议。有学者认为,80年代以来英国中等教育以竞争、选择和多样化为导向的改革在根本上背离了综合中学的价值导

---

[1] RUBINSTEIN D, SIMON B. The evolution of the comprehensive school: 1926 - 1972 [M]. London: Routledge & Kegan Paul, 2007:1 - 3.
[2] MARTIN J. Telling stories about comprehensive education: hidden histories of politics, policy and practice in post-war england [J]. British Journal of Educational Studies, 2020,68(5):649 - 669.
[3] 易红郡.英国中等教育综合制改组政策研究[C]//纪念《教育史研究》创刊二十周年论文集(17)——外国教育政策与制度改革史研究.湖南科技大学教育系,2009:1362—1367.
[4] 孔凡琴,邓涛.英国综合高中探析[J].外国教育研究,2013,40(12):84—91.
[5] 余晖.英国高中阶段教育普职融通的基本经验与现实挑战[J].湖南师范大学教育科学学报,2015,14(02):70—74.
[6] 彭虹斌,贺芳.20世纪以来英国高中普职融合的政策逻辑与路径方向[J].比较教育学报,2023(01):3—16.

向,意味着综合中学走向了灭亡。① 综合中学自身也存在诸多局限性,如办学模式模糊、学生教育机会不平等、教育质量低下等。② 拥护者则认同综合中学推进教育机会均等、促进学生个性选择的理念和历史贡献,如库克(Crook)认为尽管"综合中学"这类学校消失了,但是"综合教育"的理念和理想仍然存续。③ 基于此,要反思综合中学的概念内涵、实现方式、与综合教育的区别和联系等问题,审慎思考综合中学的办学模式和改革路径。④ 综上,现有关于英国综合中学的研究大多聚焦于其发展历史,对其实施现状、制度体系和举措的分析相对较少且尚存争议,同时国内少有对英国综合中学的专门研究,也鲜有从高中教育多样化的视角对其进行分析。本文立足于后普及时代高中教育多样化发展的视角,梳理英国综合中学的历史变迁,探析其综合中学教育的内外部制度体系,以期为我国推进高中多样化发展提供可能的借鉴与思考。

一、英国综合中学的历史变迁

综合中学是英国中等教育领域推进教育均等、促进学生选择和自由发展的一项改革举措,对其发展历程的回顾需要立足于中等教育改革的视域中。本文立足于英国中等教育综合化(Comprehensivisation)的视角,将综合中学的发展历程划分为三个阶段:综合思想的萌芽阶段(1902—1944年)、综合中学运动的扩张阶段(1945—1979年)、综合中学制度的危机与重整阶段(1980年以后),探究其在各个阶段的改革背景与动因、改革举措和发展样态,进而探寻其中学综合化改革如何由建立一种特定类型的"综合中学",发展至在整个中等教育阶段推动"综合教育"。

(一)综合思想的萌芽阶段(1902—1944年)

1 改革动因:社会经济发展对中等教育普及化的要求。

20世纪以后,英国工业革命的深入发展对劳动力的素质和能力提出了更高要求,工薪阶级愈发需要接受更高水平的教育,这迫使原有的双轨制精英教育制度进行变革,以推动中等教育普及化、民主化。《巴尔福教育法》(*Balfour Education Act*)、《费舍教育法》(*Fisher Education Act*)的颁布及免费学额制度的实施,虽在一定程度上扩大了工薪阶级

---

① HAYDN T. The strange death of the comprehensive school in England and Wales, 1965 - 2002 [J]. Research Papers in Education, 2004, 19(4):415 - 432.
② HARGREAVES C D H, LACEY C, STRATTA E, et al. The challenge for the comprehensive school [J]. British Journal of Sociology of Education, 1983, 4(1):71 - 84.
③ CROOK D. Missing, presumed dead? What happened to the comprehensive school in England and Wales? [A]// FRANKLIN B M, MCCULLOCH G. The Death of the Comprehensive High School? [C]. New York: Palgrave Macmillan US, 2007:147 - 167.
④ 孔凡琴. 英国综合中学:"后综合化"理念及其改革举措[J]. 外国教育研究, 2013, 40(08):12—19.

接受中等教育的机会,但由于双轨制度并未得到根本改变,中等教育的普及化程度极其有限。1922年,工党教育委员会主席罗伯特·托尼(R. H. Tawney)发表了《全民中等教育》(Secondary Education for All),提出要将中等教育纳入国民教育体系,以满足工薪阶级的受教育需求,为所有儿童提供适合的中等教育,这成为当时英国中等教育改革的口号。[1] 社会经济发展对英国中等教育普及化的影响遵循人文和经济两条路径:[2]一方面,随着工薪阶级社会地位和生活水平的提升,教育愈发成为其满足精神和自我发展需求的关键途径;另一方面,面对竞争日益激烈的经济环境,教育愈益被认为是提升国家人力资本和经济竞争力的重要手段。为了实现"全民中等教育"、强化教育的个人发展功能和经济效益,英国开始思考中等教育改革的路径,提出了选拔制和综合制两种方案。

2 发展样态:从多边思想到综合构想。

在选拔制和综合制的辩论中,虽然前者最终得以确立,但综合中学与综合教育的思想已经有所萌芽。20世纪20年代,一线教师与专业人士(如助理校长联合会、全国工党教师联合会)开始提倡多边主义(Multilateralism)思想,实施多边学校(Multilateral School)实验,[3]作为推动中等教育普惠公平的一种方案。他们反对将儿童隔离于壁垒分明的不同类型学校,主张建立统一的多边学校——这种学校向所有适龄学生开放,并设立包含文法、现代和技术三类学科的多样化课程,实际上形成了综合中学的雏形。多边主义思想在30年代斯宾斯委员会的调查中得到重视,其结果是《斯宾斯报告》虽仍沿用三轨选拔制,但支持"综合教育"的发展方向,"尽管它不一定要通过建立综合学校来实现";提倡以一种渐进的方式发展综合制度,在人口偏少或新建的地区开展多边学校试验。《1944年教育法》则没有规定中等教育的学校类型,这实际上使地方当局的多边学校计划得以合法化,有助于各地综合中学制度的发展。[4]

(二)综合中学运动的扩张阶段(1945—1979年)

1 改革动因:社会经济、政党政治、学术研究的共同影响。

英国综合中学运动的快速扩张受到教育系统内外因素的共同影响,包括社会经济、政党政治、社会舆论,以及学校实践和学术研究等因素。战后英国经济的快速增长进一步提

---

[1] JUDGES A V. Tradition and the comprehensive school [J]. British Journal of Educational Studies, 1953, 2(1): 3-18.
[2] MANDLER P. Educating the nation I: Schools [J]. Transactions of the Royal Historical Society, 2014, 24: 5-28.
[3] HYNDMAN M. Multilateralism and the Spens Report: Evidence from the archives [J]. British Journal of Educational Studies, 1976, 24(3): 242-253.
[4] RUBINSTEIN D, SIMON B. The evolution of the comprehensive school: 1926-1972 [M]. London: Routledge & Kegan Paul, 2007: 15-32.

升了工人阶级的受教育需求,但在三轨体制下,高质量的文法学校仍然只是精英阶级的专属权利,工薪阶级的儿童往往只能进入质量较差的现代中学或技术中学,被称为一种"精英选拔制"。同时,20世纪40年代的婴儿潮使得学龄儿童人数激增,中等教育出现了供不应求的局面。在经济、社会和人口因素之外,专业意见进一步打击了选拔制的理论基础:心理学家和中央教育咨询委员会的调查证明智力既不完全由遗传因素决定,又不具备恒常性,而是在很大程度上受到教育等环境因素的影响;且11岁选拔考试作为智力的主要测量工具是缺乏信效度的;社会学研究揭示了选拔制成功背后的阶级差异,即进入文法学校的学生中有很大的比例来自中产阶级和富人家庭,工人阶级子女在1953年进入文法学校的比例是13%,这与20世纪30年代的10%相比并没有显著差异;教师和教育专业人员也都意识到选拔带来的错误和不公正。①②

在这一时期,社会公众对中等教育的关注达到一个顶峰,对三轨选拔制的批评愈益增加。为回应选民诉求,中等教育综合化问题被上升到两党的政治议题。一方面是工党极力推崇综合制度,将其作为重要的政策宣言,并领导与支持各地开展综合中学实验;另一方面则是保守党坚定维护精英阶级的利益,积极维护选拔制度和文法学校的地位。在此意义上,综合中学的改革过程实际上是两党为了回应选民诉求的政治斗争过程,政党内外部的冲突和矛盾是综合中学螺旋式发展的关键因素。

2 发展样态:从地方试验到国家政策。

20世纪50年代,工党领导与支持各地开展了综合中学实验,逐渐形成了一系列综合中学办学的地方方案,如建设大规模学校以提供面向不同学生的各种课程(伦敦和考文垂等)、在小规模学校提供统一的综合课程(米德尔塞克斯)、改组文法学校以面向所有学生(温德米尔)、将文法与现代中学合并建校(安格尔西)等。③ 然而,由于保守党坚定维护文法中学,其在1951年上台后即明确反对工党的综合中学政策,限制乃至否决地方当局所提交的综合中学发展计划,将50年代的综合中学限制于人口稀少或新建地区内的试验。到20世纪60年代初,英格兰的5 400所中学中仅有106所综合中学,300万中学

---

① MANDLER P. Educating the nation I: Schools [J]. Transactions of the Royal Historical Society, 2014, 24: 5 - 28.
② CROOK D. Missing, presumed dead? What happened to the comprehensive school in England and Wales? [A]. FRANKLIN B M, MCCULLOCH G. The Death of the Comprehensive High School? [C]. New York: Palgrave Macmillan US, 2007: 147 - 167.
③ RUBINSTEIN D, SIMON B. The evolution of the comprehensive school: 1926 - 1972 [M]. London: Routledge & Kegan Paul, 2007: 44 - 66.

生中仅有 25 万人(占比 8%)就读于综合学校。[1]

60 年代,面临着愈益扩大的对选拔制的不满,不仅更多的地方当局(如曼彻斯特、利物浦)通过了综合制改革方案,而且保守党对地方综合学校运动的限制也有所放宽。1964 年,工党在大选中胜出,教育大臣安东尼·克罗斯兰(Anthony Crosland)在次年发布第 10 号通告《中等教育的组织》(*The Organization of Secondary Education-Circular 10/65*),宣布废除 11 岁选拔考试,以"消除中等教育中的分离主义",在保留文法中学与公学的前提下把其余中学改造为综合中学,提出了六种组建形式,供各地方当局选择执行。[2] 以此为标志,综合中学运动从地方试验转变为国家政策,综合中学在 10 年间增加了 883 所,接收了 31% 的学生就读。[3]

70 年代,两党轮流执政虽在一定程度上致使综合中学发展时快时慢,但综合中学运动已经迅速扩张,综合思想也逐渐深入人心。即使是在 1970—1974 年保守党执政、10/65 通告被废止的时期,仍有大量地方当局提交了综合中学改革规划,综合中学的数量增加了 1 427 所,接收了 62% 的学生就读。1976 年《教育法》从法律层面正式确立了综合制的中等教育制度。[4] 1980 年,公立学校中有 88% 的学生就读于综合中学,中等教育综合化改革基本完成。[5]

(三) 综合中学制度的危机与重整阶段(1980 年以后)

① 改革动因:对综合中学教育质量和成效的质疑。

综合中学虽成为英国中等教育的主流形式,其教育质量却越来越受到批判,所谓"为所有儿童提供最适合的教育"的承诺也越来越受到质疑。由于综合中学改革是自下而上推进的,且建立在保留文法学校的前提下,再加之两党轮流执政,真正的综合学校系统从未建立起来;[6]在国家和地方层面上,都缺少统一的对综合中学办学模式、培养方式、课程与教学的重新设计,大多数学校仍存在追随和模仿公学与文法学校的倾向,其实质是"将

---

[1] GILLARD D. Education in the UK: a history[M/OL]. Glasgow: Queen's Printer For Scotland, 2018:232 – 236 [2023 – 12 – 22]. www.educationengland.org.uk/history.

[2] Department of Education and Science. The organization of secondary education (Circular 10/65) [EB/OL]. (1965 – 07 – 14)[2023 – 12 – 22]. London: DES. https://education-uk.org/documents/des/circular10-65.html.

[3] RUBINSTEIN D, SIMON B. The evolution of the comprehensive school: 1926 – 1972 [M]. London: Routledge & Kegan Paul, 2007:65.

[4] MANDLER P. Educating the nation I: Schools [J]. Transactions of the Royal Historical Society, 2014, 24:5 – 28.

[5] CROOK D. Missing, presumed dead? What happened to the comprehensive school in England and Wales? [A]// FRANKLIN B M, MCCULLOCH G. The Death of the Comprehensive High School? [C]. New York: Palgrave Macmillan US, 2007:147 – 167.

[6] SIMON B. The politics of comprehensive reorganization: a retrospective analysis [J]. History of Education, 1992, 21(4):355 – 362.

分流从学校层面下移到了课程层面"，①更遑论为千差万别的学生提供最适合的教育。无论是政党、公众舆论还是利益集团、专业人士都给出了消极评价——"选拔制的回归""综合制度的瓦解""全民中等教育的死亡"等。②面临前所未有的危机，综合中学亟需思考新的发展方向，探索新的改革路径。

2 发展样态：从综合中学到综合教育。

在此背景下，20世纪80年代新右翼民主党和新工党的中等教育方针均从综合中学的数量扩张向中学质量提升转变，强调标准、选择、竞争与市场导向的改革，具体措施包括：开发国家课程并提高标准，强化中央对学校课程与教学的管理与评估；③推进个性化为导向的教学改革，如混合能力分组、跨学科研讨课、团队教学等；④实施统一考试，建立标准化的资格和学分认证系统；通过择校、教育委员会、学校理事会等途径加强家长参与；学校设置更加强调专业化，建立与发展了私立学校、城市技术学院、专科学校、灯塔学校、学院、自由学校，形成了包含20余类学校的多样化中等教育体系。⑤从学校类型来看，传统意义上的强调"统一""全面"的综合中学愈加减少，这似乎意味着综合中学的灭亡；但从改革的底层逻辑来看，这实际上是从"综合"形式向"综合"实质的深化，是从"综合中学"这一具体、单一的教育机构形式，走向"综合化"这一指导各级各类学校发展的普遍原则。改革的实质是在"综合"理念下重整中等教育系统，依托综合中学制度与学校委员会制度、家长选择制、学生中心教学、专科学校等理念与制度的相互补充，⑥打造多样化与高质量的学校系统，实现为所有学生提供个性化教育的综合理想。

二、英国综合中学教育的制度体系

经历一个多世纪的发展，英国的综合中学已经从狭义上的学校类型，发展成为广义上的以"综合教育"为主旨的中等教育发展模式。这种综合教育的发展模式要求重塑整个中等教育系统，涉及教育观、学习观、学生观，

---

① CROOK D. Missing, presumed dead? What happened to the comprehensive school in England and Wales? [A]// FRANKLIN B M, MCCULLOCH G. The Death of the Comprehensive High School? [C]. New York: Palgrave Macmillan US, 2007:147-167.
② MANDLER P. Educating the nation I: Schools [J]. Transactions of the Royal Historical Society, 2014, 24:5-28.
③ MANDLER P. Educating the nation I: Schools [J]. Transactions of the Royal Historical Society, 2014, 24:5-28.
④ RUBINSTEIN D, SIMON B. The evolution of the comprehensive school: 1926-1972 [M]. London: Routledge & Kegan Paul, 2007:115-125.
⑤ GILLARD D. Education in the UK: a history [M/OL]. Glasgow: Queen's Printer For Scotland, 2018:318-325 [2023-12-22]. www.educationengland.org.uk/history.
⑥ CROOK D. Missing, presumed dead? What happened to the comprehensive school in England and Wales? [A]// FRANKLIN B M, MCCULLOCH G. The Death of the Comprehensive High School? [C]. New York: Palgrave Macmillan US, 2007:147-167.

以及教育内容、教学组织形式和方法、学习评估、学校管理、学校与社区的关系、教育的社会目的等各个方面的变革,是对教育进行彻底的重新想象。① 当前,英国综合中学教育已经形成内外结合的制度体系,不仅在学校内部打造了包含招生制度、课程体系、教学方式等在内的学校教育体系,形成具有特色的综合中学育人模式;而且在外部教育系统内,通过建立考试评价体系和强化中学分类特色发展,为综合中学教育提供保障和支持。

(一) 综合中学内部的育人制度体系

综合中学作为英国中等教育的主流形式,具有特有的学校育人制度和鲜明的办学特色,主要包括非选拔性的入学政策、国家统一课程与学校选修课程相结合的课程计划、多样化的教学分组和分流方式三个方面。

1 非选拔性的入学政策。

在入学方面,英国通过定期颁布《学校招生守则》(School Admission Code),确保公立学校和学院(包括所有综合中学)在招生入学上的公平公开。根据 2021 年《学校招生守则》,所有中学及其受管当局必须完整、明确地公开招生政策,包括入学要求、申请方式、超额录取标准等,且学校还需公开课程计划、行为准则、教育标准局评估与绩效报告、往届学生成绩、特殊儿童政策等信息,供学生和家长选择。每位学生最少拥有 3 项平行志愿,且不受其居住地限制。学校必须接收所有申请的学生,只有当申请人数高于招生人数时才能对学生进行选择,且禁止公立中学(除文法中学或法律规定的情况)按能力或才干选拔学生。② 研究发现,所有综合中学都遵循这一法令,且大部分在超额录取上更倾向于考虑由地方当局照顾的儿童、特殊儿童等,"非选拔性"原则在入学层面得到更好执行,③从根本上保障了所有儿童的入学机会均等。

2 国家统一课程与学校选修课程相结合的课程计划。

英国综合中学实施国家课程框架下"共同核心课程"与"个性选修课程"相结合的课程体系,以兼顾学生的通识教育和个性发展。根据 2014 年版国家课程框架,综合中学的 KS4 阶段必须开设英语、数学、科学 3 项核心科目和信息技术、体育、公民教育 3 项基础科目,并提供有关人际关系、性、宗教等的教育;同时,学校需在艺术、设计与技术、人文、现代外语每个领域中至少各提供 1 项课程,并确

---

① MARTIN J, YARKER P. Editorial [J]. Forum, 2021, 63(1):4-10.
② Department of Education, Great Britain. School admissions code [EB/OL]. (2022-03-11)[2023-12-22]. https://assets.publishing.service.gov.uk/government/uploads/system/uploads/attachment_data/file/1001050/School_admissions_code_2021.pdf.
③ WEST A, HIND A. Selectivity, admissions and intakes to 'comprehensive' schools in London, England [J]. Educational Studies, 2006, 32(2):145-155.

保学生拥有自由选课和获取资格证书的机会。① 国家课程的实施,有利于确保综合中学内共同课程的标准与质量,提升学生的通识素养,为后期选课与分流提供基础。

在国家课程的总体框架下,各综合中学精心设计其课程体系与教学计划,致力于为学生提供广泛的课程选择权利和个性化的发展支持。以富尔福德综合中学(Fulford School)为例,该校 KS4 学习计划包括英语、数学、科学、体育、宗教、个人发展 6 项必修课程,2 项英语学士学位课程和 2 项选修课程(从艺术与设计、商业研究、戏剧、工程、纺织、音乐等 15 项课程中选择),并开展各种课外活动和学习支持,从而为学生提供全面与个性化的教育。同时,该校分别在学术与职业两轨内设计了完整系统的教学和管理计划,以确保学生充分了解所有可能的分流选项,并支持他们选择最适合的轨道:一方面,在 KS5 学习计划中提供 3—4 项学术或应用选修课程,辅之以升学支持计划、暑期实习、课外活动,从而帮助学生为接受更高水平的教育或培训做好准备;另一方面,开发全面的职业教育、信息、建议和指导计划,包括个人发展课程、学徒与实习、一对一职业面试、职业博览会等,从而为学生选择职业和提高专业技能而助益。② 通过将统一标准与个性选择相结合,在国家层面以统一课程保障教学质量,在学校层面为两类轨道分别开发系统的课程、教学与管理计划,综合中学为其学生提供了充分有效的信息与体验,以帮助他们选择个性化的发展道路。

3 多样化的教学分组和分流方式。

在教学层面,综合中学制度的理想是取消任何形式的分流或分组,实施彻底的混合能力教学(Mix-ability/Mix-attainment Teaching),③从而维护教育机会公平原则、促进儿童积极自我效能的发展。④ 在实然层面,综合中学越来越少地采用单一能力分流(General-ability Streaming)方法,而是采取宽泛能力分组(Broad-ability Banding)、学科式分组(Subject-based-ability Setting)、混合能力组或综合运用各种教学组织方式。⑤ 尽管混合能力教学的可行性历来受到质疑,仍有一些综合中学成功实行了教学改革,提供了参考方案。例如,建立"校中校"(Schools-within-schools),开展项目式学习(Project-base Learning),即每半个学期由教师团队和

---

① Department of Education, Great Britain. National Curriculum in England: Framework Document [EB/OL]. (2014 - 12 - 02)[2023 - 12 - 22]. https://assets.publishing.service.gov.uk/government/uploads/system/uploads/attachment_data/file/381344/Master_final_national_curriculum_28_Nov.pdf.
② Fulford School [EB/OL]. [2023 - 12 - 22]. https://fulford.york.sch.uk.
③ WHITE J, HOLT M. The Common Curriculum [J]. British Journal of Educational Studies, 1981, 29(1):86.
④ MARTIN J. Two views from the forum archive [J]. Forum, 2021, 63(1):86 - 99.
⑤ CAPSADA-MUNSECH Q, BOLIVER V. Education system, reforms, trends and empirical evidence for the 1970 Birth Cohort Study (BCS70) [R]. London: DIAL, 2019.

学生组成学习社区,在某一主题下进行研讨;①在课堂中设计多种学习任务,供具有不同需求和能力水平的学生选择,并实施差异化教学;②通过课堂观察和学生调查,结合学习评估,深入了解学生的需求和个性特征;③转变教师的学生观、教育观、教学观,确保他们以发展的态度看待学生能力与成就,对所有学生抱有高期望;组建教师教学团队,加强家校沟通等作为支持等。④ 总结而言,混合能力教学不是不加区分地向所有学生提供完全相同的教学,也不单是综合中学在教学组织层面的改变,而依赖于学校组织管理改革、教师观念与专业素养乃至家长和社会的观念等各个方面,需要与分组学习、差异化教学、项目式学习、导师制、发展性学习评价和教师专业发展等措施协同实施,构建起面向不同学生发展需求、扩大学生选择权和促进学生多样化发展的学校教学模式和育人体系。

(二) 综合中学外部的配套制度体系

在整体规划和建设综合中学内部的育人制度体系之外,英国还在其外部教育系统内建立了考试评价和中学分类发展的支撑制度与政策,其实质是从综合中等教育这一更高的视角分析综合中学与其外部环境的关系,内外联动促进综合教育理想的实现。

1 统一考试与资格认证相互对照融通的制度体系作为保障。

为保障综合中学内部不同轨道的平等地位,维护教育公平的宗旨,必须通过考试与评价制度改革,建立起普通和职业两条轨道的对应关系。从1951年的普通教育证书(General Certificate of Education, GCE)考试,到1965年的中等教育证书(Certificate of Secondary Education, CSE)考试,再到1984年被誉为"综合原则的一项胜利"的普通中等教育证书(General Certificate of Secondary Education, GCSE)考试,英国逐步建立起向各级各类中学学生开放、统一标准的考试制度,从而保障了综合中学内不同轨道课程与学生的平等地位。此后,英国又相继推出普通教育证书高级水平补充考试(GCE AS-Level)、普通国家职业资格证书(General National Vocational Qualifications, GNVQ)、T-Level等考试制度,逐渐完善多样化的考试和证书体系,为具有各种需求和能力水平的学生提供了具有针对性的考试方式和发展途径。

---

① DAVIES M. A world we never had: the forgotten quest for a comprehensive school curriculum [J]. Forum, 2017, 59(3),361-372.
② JØRGENSEN C R, ALLAN J. Free and comprehensive? Admissions and mixed attainment teaching in an English free school [J]. Forum, 2021,63(1):29-38.
③ THOMAS J. The case for alternative creative curricula, and what we did at Stanley Park [J]. Forum, 2018,60(1): 51-56.
④ YARKER P. Moving beyond fixed 'ability' assumptions and practices [J]. forum, 2022,64(1),97-102.

在统一考试的基础上，教育评价部门还致力于打通学术和职业教育的界线，建立并完善普通和职业教育之间相互对照和转换的资格证书系统，通过将各种资格、证书和文凭置于同一体系之中，进一步强调学术、职业等教育轨道的同等地位，促进不同类型教育成果之间的相互联系、对照与融通。自1997年起，英国的资格证书制度经历了国家职业资格证书（National Vocational Qualifications，NVQ）、国家资格框架（National Qualifications Framework，NQF）、资格与学分框架（Qualifications and Credit Framework，QCF）三轮改革，①于2015年正式启用规范资格框架（Regulated Qualifications Framework，RQF）。RQF由纵向的九个资格等级（8个正式等级和入门级，后者包括3个子等级）和横向的三种资格类型（证明、证书、文凭）组成，由总资格认证时间和指导学习时间作为计量单位，从而不仅囊括学术和职业等各级各类教育，而且为实习、在职学习、研究、在线学习等各种新的学习方式授予认可（见表1）。②③

表1 英国监管资格框架（RQF）

等级	普通教育	职业教育
8级	博士学位	/
7级	硕士学位、研究生证书/文凭	7级国家职业资格、学位学徒
6级	学士学位	6级国家职业资格、学位学徒
5级	高等教育文凭（DipHE）	基础学位、职业资格5级、高级国家文凭（HND）
4级	高等教育证书（CertHE）	4级国家职业资格、高等学徒、高级国家证书（HNC）
3级	A Level、AS Level	3级国家职业资格、高级学徒、T Level、Tech Level
2级	GCSE（9—4级/A*—C级）、CSE 1级	2级国家职业资格、中级学徒、O Level（A—C级）
1级	GCSE（3—1级/D—G级）	1级国家职业资格
入门级	/	

资料来源：Government of the UK. What qualification levels mean [EB/OL]. (2020-10-27) [2023-12-22]. https://www.gov.uk/what-different-qualification-levels-mean/list-of-qualification-levels.

---

① LESTER S. The UK qualifications and credit framework: A critique [J]. Journal of Vocational Education & Training, 2011, 63(2): 205-216.
② Great Britain. Office of Qualifications and Examinations Regulation (Ofqual). After the QCF: A new qualifications framework [J]. (2015-09-17) [2023-12-22] https://assets.publishing.service.gov.uk/government/uploads/system/uploads/attachment_data/file/451887/2015-08-06-ro37-after-the-qcf-a-new-qualifications-framework.pdf.
③ Government of the UK. What qualification levels mean [EB/OL]. (2020-10-27) [2023-12-22]. https://www.gov.uk/what-different-qualification-levels-mean/list-of-qualification-levels.

实证研究表明,随着英国不断改革完善其横向贯通、纵向延伸的资格证书体系,越来越多的学生得以在学术和职业轨道之间相互转换,以及获得更高的职业资格或学历水平,①这有利于维护普通和职业教育的平等地位,为综合中学学生自由选择与组合两类轨道的课程、决定未来发展方向提供了保障,并与综合中学制度共同致力于实现学生多样化个性化发展的教育理想。

2 以强化中学特色发展构建综合中等教育的学校教育格局。

英国的综合中学从来不是千篇一律的,既有地方当局所开发的各具特色的地方模式,又有在10/65通告框架下产生的各种组织形式,且综合中学内部也因学生个性选择而发展了多样的培养方式,从而形成了综合中学的多样化办学格局。② 随着综合中学制度从学校内部扩展至整个中等教育系统,"综合中学"的政策话语逐渐为"综合教育"和"中学多样化"所取代,教育改革愈益关注学校特色建设,在选择和多样化、提高标准与质量、学校内涵建设和协同发展等多重导向下,重点实施了四个方面的路径或举措:其一,通过下放学校管理权与向社会分权,促进多元化主体参与学校办学和管理,在由地方政府主管的社区学校之外设立了由民间资本投资的基金会学校(Foundation School)、志愿学校(Voluntary School)、自由学校(Free School)、私立学校(Private/Independent School)等,这些学校具有更大的办学自主权,且通过学校理事会、家长择校、校企合作等制度促进社会参与管理。③ 其二,相继建立凸显专业特色的城市技术学院(City Techonogy College, CTC)与专科学校(Specialist School),为学生提供某一学科领域内的专业课程。截至2003年,已有1 443所专科学校,涵盖科学、工程、语言、体育、商业、计算机、人文、音乐等多个专业科目,④供学生及其家长选择。其三,树立一系列示范学校,如教学质量优异的灯塔学校(Beacon School)、专精于教师培训的培训学校(Training School)、实施教学改革实验的发射台学校(Launchpad School)等,旨在依托这些学校的改进创新和特色发展,不仅组成多样化的学校体系,而且通过校际合作共享带动社区内学校的共同发

---

① VIDAL RODEIRO C, VITELLO S. Progression to post - 16 education in England: the role of vocational qualifications [J]. Research Papers in Education, 2023,38(2):164 - 186.
② RUBINSTEIN D, SIMON B. The evolution of the comprehensive school: 1926 - 1972 [M]. London: Routledge & Kegan Paul, 2007:97 - 115.
③ TAYLOR C., FITZA J, GORARD S. Diversity, Specialization and Equity in Education [J]. Oxford Review of Education, 2005,31(1):47 - 69.
④ LEVACIC R, JENKINS A. Evaluating the effectiveness of specialist schools [M]. Centre for the Economics of Education, London School of Economics and Political Science, 2004:1 - 5.

展。① 其四,大力实施学院(Academy)计划,这些学院由私人信托基金自主经营、中央政府资助与管理,起初是为了改进薄弱学校,满足处境不利学生的需求;②《2010年学院法案》(*2010 Academies Act*)颁布以来,随着学校能够自由申请转换为学院,实行学院制的中学迅速增加;③《学校白皮书(2022年)》(*School White Paper 2022*)则提出"到2030年,所有学校或学院都将加入多学院信托基金(Multi-academy Trusts, MATs)并由其运营和管理"的目标,④进一步加大了学院化改革的力度。以英格兰为例,其现有中学体系中包含近20种类型各异的学校,各自拥有不同的办学主体、生源类型、课程计划、教学方式、管理体制。⑤

中学多样化改革无疑改变了综合中学占据中等教育主体地位的局面。但这究竟是背离了综合中学制度的宗旨,还是推动了综合中学制度的再发展,学界至今仍处于争论之中。反对者主张,中学特色化、专门化和多样化发展体现了教育中的竞争和个人主义立场,这是对综合中学"统一""均等"和"融合"理想的侵蚀,意味着"综合学校走向了灭亡";⑥支持者则认为中学特色化发展是综合中学教育在内涵和路径上的优化、重整与跨越发展,因为其愿景仍然遵循综合中学教育的宗旨,即在"保留机会平等的综合原则"的基础上,"将多样性和自主性作为满足每个儿童需求的手段"。⑦ 在此意义上,中学特色化发展可谓"后综合化(Post-comprehensive)时代"教育改革的一部分,是以"有差异的平等"代替"绝对平等",⑧实质是重新思考综合中学与其外部教育系统的关系,从整体视角思考综合中学在中等教育系统中的定位和角色,分析其与各级各类学校和教育制度之间

---

① GILLARD D. Education in the UK: a history [M/OL]. Glasgow: Queen's Printer For Scotland, 2018:318-325 [2023-12-22]. www.educationengland.org.uk/history.
② LEVACIC R, JENKINS A. Evaluating the effectiveness of specialist schools [M]. Centre for the Economics of Education, London School of Economics and Political Science, 2004:1-5.
③ WEST A. School choice (and diversity) in the UK since 1944: continuity, change, divergence and school selectivity [J]. Journal of School Choice, 2023,17(1):15-34.
④ Department for Education, Great Britain. School White Paper 2022 [EB/OL]. (2022-03-28)[2023-12-22]. https://www.gov.uk/government/publications/opportunity-for-all-strong-schools-with-great-teachers-for-your-child.
⑤ Department for Education, Great Britain. Find and check the performance of schools and colleges in England [EB/OL]. (2022-03-14)[2023-12-22]. https://www.gov.uk/school-performance-tables.
⑥ HAYDN T. The strange death of the comprehensive school in England and Wales, 1965-2002 [J]. Research Papers in Education, 2004,19(4):415-432.
⑦ CROOK D. Missing, presumed dead? What happened to the comprehensive school in England and Wales? [A]// FRANKLIN B M, MCCULLOCH G. The Death of the Comprehensive High School? [C]. New York: Palgrave Macmillan US, 2007:147-167.
⑧ 孔凡琴. 英国综合中学:"后综合化"理念及其改革举措[J]. 外国教育研究,2013,40(08):12—19.

的关系,依托中学特色化发展,推动综合中学教育从"综合形式"向"综合实质"跨越,从"'一刀切'式的综合学校"走向由多样化学校所共同组成的"综合家庭",即特色多样、优质均衡的综合中等教育的学校教育格局。这一过程的关键是使改革始终立足于综合教育的价值追求和教育理想,确保各种特色中学共同服务于学生的多样化教育需求和个性化发展需求,"要为所有公立学校制定一个共同框架和规则手册,以确保学校在入学、教学等方面的机会均等,维护综合教育的原则"。①

三、对我国高中教育多样化改革的思考

随着高中阶段教育的全面普及,尤其是"双减"政策实施后中考"普职分流"所引发的社会焦虑备受关注,推进高中阶段学校多样化有特色发展,深化普通高中育人方式改革,探索实现高中普职融通延缓分流等,愈益成为我国高中阶段教育改革必须回应的政策议题。梳理分析英国综合中学的历史变迁与制度体系,为我国高中教育多样化改革的可能路径带来以下几个方面的思考。

(一) 厘清综合高中教育的内涵要义与战略宗旨

观念变革是教育变革的重要前提,英国综合中学在理念上"是一个永久性的贡献,代表了教育发展的一种进步方向,对一代家长和儿童的思想产生了深刻的影响"。② 英国综合中学的理念一开始就是多视角的,具体包括:其一,消除在社会阶级和等级制度影响下的中等教育的选择、分类与隔离,为不同社会经济地位、种族和宗教信仰的儿童提供均等的教育机会;其二,立足于儿童具有无限潜力和内在学习动力的儿童观,反对用所谓的"能力"给孩子贴上标签,而是向各种类型和需求的儿童提供优质和充分的教育;其三,建立一种学校社区,依托统一的课程框架和共享的学习体验,增强社区凝聚力、促进社会整合。③④ 随着综合中学的内部学校改进和中学多样化重整改革的推进,综合中学的理念也得到进一步深化:不再是简单地将文法和技术中学组合成"综合中学",在机构和形式层面上建立"综合学校",而是致力于在更广义和深层的意义上,构建各种教育轨道相互补充、深度融合的"综合教育系统","依据学生的需求和选择提供更加丰富而充实、优质

---

① WEST A, DAVID W. Reforming the school-based education system in England: a common framework, rule book and a new structure for schools [J]. forum, 2021,63(1):20 – 28.
② SIMON B. A seismic change: process and interpretation [A]//Pring R. & Walford G. Affirming the Comprehensive Ideal [C]. London: Falmer Press, 1997:13 – 28.
③ RUBINSTEIN D, SIMON B. The evolution of the comprehensive school: 1926 – 1972 [M]. London: Routledge & Kegan Paul, 2007:173 – 178.
④ YARKER P. Going their own ways: educational developments in Scotland and Wales [J]. Forum, 2023,65(1):4 – 8.

而个性化的教育"。①

厘清综合高中教育的内涵与宗旨,是举办综合高中、推动高中多样化发展的前提。结合英国综合中学发展经验,审察我国有关高中多样化发展的各项政策,必须明确举办综合高中不是简单地新建高中学校、不是为了办综合高中而办综合高中,而须立足于高中多样化发展、高中教育普职融通两项重要议题,根本出发点是满足受教育者多样化的教育需求和发展需要。因此,我国既需要积极发展兼有学术与职业教育的综合高中,也需要在整个高中教育的视域中,推动学校发展和育人方式的综合化、多样化、优化化,从而帮助学生依据自身需求选择学校与组合课程、探索与决定未来发展方向,真正实现"综合"的教育理想。

(二)顶层设计与地方试点相结合驱动综合高中办学模式变革

2023年8月,教育部、国家发展改革委、财政部三部门联合发布《关于实施新时代基础教育扩优提质行动计划的意见》,提出"实施普通高中内涵建设行动,促进优质特色发展",要求"积极发展综合高中",展现了比以往"探索发展综合高中"更强的改革意愿。英国的综合中学源于地方教育当局和社会组织的学校试验、形成一定规模、确证其可行性和有效性之后才发展成为国家政策,进而快速扩张成为主要的中等教育制度。这种自下而上的发展模式有助于地方结合其现实条件和社会背景,设计地方化和多样化的综合中学办学方案,从而积累办学经验和方法。然而,由于两党轮流执政、分权式教育体制等因素,英国的综合中学改革一直处于摇摆与波折之中,且始终缺少国家层面的关于综合中学的发展规划、课程和学校建设标准、对学校教学和管理的调查或研究,进而导致其综合中学一直存在着简单模仿文法学校的倾向,办学质量参差不齐,②严重制约了其综合中学的可持续发展。

目前,我国虽明确了建设综合高中、推进高中多样化发展的目标,但政策落实和管理支持仍不到位,③综合高中与高中多样化的内涵界定与发展目标不明确,发展路径和保障政策尚不具体。④应在中央统筹下,通过顶层设计与地方试点相结合,以渐进的方式推广综合高中教育模式。首先,在国家层面制定综合高中发展的中长期规划,初步构建包含概念、育人理念、建设目标、基本原则等在内的理论体系和发展框架;其次,选定试点区域建设综合高中,政府向地方、学校及社会放权,辅以规划指导、资源支持和考查监管,

---

① YARKER P. Editorial: A fully trust-led system? [J]. Forum, 2022,64(3):4-10.
② HAYDN T. The strange death of the comprehensive school in England and Wales, 1965-2002 [J]. Research Papers in Education, 2004,19(4):415-432.
③ 余凯,谢珊.普通高中教育多样化发展的问题分析与政策建议[J].中国教育学刊,2020(02):40-45.
④ 张宝歌,韩嵩,焦岚.后普及时代普通高中多样化制约机制及对策思考[J].教育研究,2021,42(01):83-95.

充分发挥各方办学活力,打造综合高中办学的地区方案和学校案例,积累可供推广的经验与方法;最后,在逐步扩大综合高中办学区域的基础上,国家出台综合高中学校建设、课程教学、组织管理等的标准,归纳综合高中办学的多样化方式,从而在全国范围内指导综合高中规范化、多样化发展。

(三)以高中课程体系多样化助推高中多样化特色育人格局构筑

高中多样化、特色化,归根结底是育人方式的多样化、特色化,核心在于课程体系的多样化,根本目标是为具有不同教育需要的学生提供多样化的选择机会和个性化的发展机会,要将特色办学聚焦于高水平、个性化的课程与教学本身,并以此为切入口推进学校育人方式的整体变革,使学校特色建设致力于追求高质量、个性化的教育供给。[①] 从学校层面来看,要基于现有条件、生源特征、历史传统和社会需求,按照"培育特色项目—打造学校特色—建设特色学校"的路径,逐步推进高中育人模式多样化和内涵发展。具体而言,应以课程建设为重心,首先围绕学校优势学科或领域打造并夯实一项特色课程或项目;其次,以该特色课程或项目为核心和主线,基于多样化的学生发展需求和社会需求,在横向扩展至人文、社科、理工、艺体、职业等多个领域,在纵向延伸为基础性课程、拓展性课程、研究性课程等多种层次,并强化课程的综合性、研究性、实践性,逐渐形成类型多样、层次递进的多样化、有特色的学校课程体系,为具有不同发展需求的学生提供多样化的课程选择,形成个性化的学生培养方式;最后,围绕课程体系多样化,在教学、师资、管理、资源等方面建设与完善学校育人模式多样化的配套制度体系,如探索选课走班制、弹性学分制、导师制、职业生涯规划等适应学生个性化培养的教学管理制度,以教研为重心促进教师专业发展,通过学校集团化或校际联盟、校企合作、高中—高校合作等方式扩大资源共享,推动人才培养模式的开放化和立体化,等等,逐步扩大优质高中资源供给,最终推动高中育人模式的多样化和优质内涵发展。

(四)以考试与评价制度改革为高中多样化综合化发展提供支撑

高中多样化不只是普通高中的多样化,而是包含普通高中、职业高中、综合高中等多种教育模式在内的整个高中阶段教育的多样化,这使得举办综合高中、推进高中多样化与实现高中阶段普职融通这几个重大问题相互依赖和相互支撑。英国综合中学制度和中等教育发展的经验表明,必须建立涵盖学术、职业等各种教育轨道的统一考试及资格转换制度,在多样化的培养方式中建立统一标准,才能保障各种教育成果之间的平等地位,为综合中学学生自由选择和组合课程、决定未来发展道路排除顾虑,也为具有多元需求的学

---

① 武秀霞. 多样、特色与高品质教育:关于普通高中特色发展若干问题的反思[J]. 教育科学研究,2019(12):26—31.

生提供横向贯通、纵向延伸的发展渠道。

我国现行考试招生制度制约了多样化高中教育的开放性。① 中考和高考招生制度仍以统一招生为主流模式、以考试分数为主导标准,这既不利于学生的自由选择和个性发展,又导致了学校、学生及其家长对普职教育的不同态度。同时,普职教育的招生考试相互独立,其学习成果难以对接和匹配,进一步增加了普职教育的隔离。我国有必要在持续推进中考和高考改革的同时,完善职教高考制度、职业资格证书等职业教育的考核方式,健全执业资格认证体系;以学分、学习时间等为中介,构建普通教育与职业教育文凭、资格等学习成果相对应与转换的统一体系,推动两类教育在平等基础上的互认互通。以考试和评价制度改革维护高中阶段普通与职业教育的平等地位、促进两类教育的相互融通,既有利于引导社会用人导向和教育观念,使学生真正依照其兴趣、能力与需求自由选择和组合课程和发展路径,又有利于加强普通教育与职业教育的课程共建、资源共享、管理双向,以两大轨道的协调融通发展助推高中阶段教育的多样化综合化发展。

（原文《高中教育多样化的可能路径:英国综合中学的变迁与透视》,发表于《比较教育学报》2024年第2期）

---

① 余凯,谢珊. 普通高中教育多样化发展的问题分析与政策建议[J]. 中国教育学刊,2020(2):40—45.

2. 人是学校高质量发展的最关键要素

白振华

> **提　要：**"教育家"型校长，是新时代对每一位校长担当的眺望，更是一个民族强大的教育基因。只有找到支点，才可能有教育的可持续性发展，才会培根铸魂，培养德智体美劳全面发展的社会主义建设者和接班人，造就更多可堪大用、能担重任的栋梁之才，才真正担得起"教育家"的责任。纵有良方无数，最终还是从个体的"人"入手，才能让思想的形而上变成扎扎实实的措施落地。我结合自己履职校长二十载的沉淀，探寻撬动教师发展的内驱力，寻找深潜的动力源。一是沉心静气把脉，历史深处点星火；二是调节制度温度，决胜人情话冷暖；三是找准利害权重，真民主向下扎根；四是成仁人之美，遵循马斯洛需求。
>
> **作　者：**白振华，山西省太原市第三十六中学校党总支书记兼校长

"教育家"型校长，是新时代对每一位校长担当的眺望，更是一个民族强大的教育基因。"一所学校高质量发展最关键要素是什么"，我追问核心。只有找到支点，才可能有教育的可持续性发展，才会培根铸魂，培养德智体美劳全面发展的社会主义建设者和接班人，造就更多可堪大用、能担重任的栋梁之才，才真正担得起"教育家"的责任。

"以人育人"，这是我思考的起点，亦是我答案的终点，朴质却精辟。教育就是从一个又一个相同又不同的"人"出发，邂逅、唤醒、同频、校准、再出发……最终再次回归到"人"的成长的过程。学校的阵地是课堂，课堂的核心是传道，传道的对象是学生，学生的解惑在老师。几千年来，无论是孔子杏林讲学弟子三千，还是如今集团化办学异军突起，教育的基本规律从未改变，连其外显形态古今仍可互相参鉴。那我们作为学校的管理者究竟该如何在现实中与时俱进，突围固有观念的壅塞，凸显时代的旋律，兑现教育的使命？

我认为，纵有良方无数，最终还是从个体的"人"入手，才能让思想的形而上变成扎扎实实的措施落地。没有对"人"的观照，怎能有憧憬照进现实的惊艳？"人"，在学校里的核心主体主要体现在管理层、教师、学生以及外围的家长。关于对待学生立德树人、以人

为本等理念已经在学校乃至社会得到广泛认可,笃行不怠。对管理层以及家长的分析不作为本文的研讨内容。但对于教师群体的引导,推动其健康发展,在当今时代成了一个值得探究的话题。年轻的00后走进教师队伍,自媒体时代汹涌澎湃,家长对教师权威质疑,教师自我意识觉醒,社会竞争高压、躺平与内卷同时撕扯的流派都使新时代教育呈现出与众不同的特性。基于以上现状,我就自己履职校长二十载的沉淀,探寻撬动教师发展的内驱力,寻找深潜的动力源。

一、沉心静气把脉,历史深处点星火

一所学校有一所学校的气质,无论年轻还是沧桑,优质还是普通,城市还是乡村,因为有人就有了温度,也因为有人才有了学校的文化,有了管理者顺势而为、乘势而上的智慧。用学校的文化涵养一方教师,找准突破口。慢慢读懂,共情融汇沟通,才是做好"人"工作的土壤。

1980年,太原市第三十六中学校成立。创办之初,"第二工读学校"的绰号疯传,学生中打架、抽烟的不乏其数。就在这样的大背景下,三十六中拓荒者夙兴夜寐,殚精竭虑,他们筚路蓝缕启山林。1992年中考成绩狂飙,随后十四年蝉联全太原市第一。雄鸡一唱天下白,教育部司长、省委书记、市委书记、省长、市长多次莅临,三十六中一时成为太原教育的标杆。老师们心知幸福是奋斗出来的,桂冠是自己加冕的。这是融进三十六中人血液深处的记忆基因,更是生命基因。

2014年太原市公参民学校掐尖式点位招生,三十六中优质生源连续几年釜底抽薪。2016年我履职三十六中,招生人数不足300,老师闲置,元气大伤。虽初来乍到,我却分明感到有种力量在酝酿、集结。无论如何都要守住前辈们打拼的品牌,历风雨屹立不倒是他们内心对这所学校的坚守。"这所学校的优秀与我息息相关,这所学校的口碑,是需要用一生去捍卫的。"耳畔边,频频浮现这样的宣言。

如今,公民同招,三十六中人靠砥砺齐心,低谷又反超。七年级新生近千人。曾经打江山的老教师虽逐渐隐退江湖,但新入职的年轻人亦是毫不逊色。"钟鸣鼎食之家,诗书簪缨之族,切不可败于尔等手中",在老教师的谈笑间,新教师沉浸式感受着老教师们对这片土地的热爱与自豪。捍卫三十六中的声誉和尊严逐渐内化为一代代教师的信仰。我是幸运的,我常常暗自思量。实在不敢想象,如果当初我没有多方走访、实地调研,如果没有静心揣摩、寻脉问根,只是武断决定重找契机、再定理念、邀请专家、抢占时间,后果会是什么模样。表面看似乎所有的决定都理所当然,做校长的我也是竭尽所能,将所有的炽热投入到这片土地,才发现原来一厢情愿都是南辕北辙。

43年征程,三十六中过谷底,临险峰,在跋涉远足中顿悟:享誉太原的美名、口碑成为激励每个教职工自我约束、自我加压、自我激励的不竭动力源泉。以心制境，万事可成。从初心、真心、苦心、用心，老师们用岁月诠释"不负我心"。

二、调节制度温度，决胜人情话冷暖

古有"凡将立国，制度不可不察也"，今有习近平总书记要求我们坚定中国特色社会主义"制度自信"。其间都涉猎到一个核心词"制度"。回观今日之学校，我想没有一个校长不重视制度建设，从教学到教研，从后勤到政教，从党务到校办决不乏制度的林立。那么一问制度的缘起究竟何因，它的刚需性何在？二问制度的指向性在何方，它的受益面在何处？我们仅仅是因制度而制度吗？答案当然是否定的。

制度应该是全员信仰，是信念的共同体，是全体教职工眼里的世界观和价值观的折射定格。与信念共同体不匹配的工具性规则很难获得真正的生命力，草草誊抄、移花接木地获取，都有悖于制度设计的初衷。

2023年7月中旬，全校师生进入假期。我却固执地将管理层悉数留下，工作只有一项，就是修改各自分管区域的规章制度，为教职工所用，而不是单纯上墙。当我指着疫情期间出台的通风制度、消毒制度等和已经泛黄的请假制度一条一条读给大家听时，在座的二三十位领导起初还是屏息凝神，后来多少有点尴尬与不安。各科室负责人很快发现疫情期间的各项制度简约明了，实际操作性极强，为疫情防控把好了关隘，真正服务于人。制度终究是帮助构建人的价值观的，面对突如其来的疫情、恐慌焦灼的心理，我们在条分缕析、言简意赅的制度前多了几许从容和淡定，更多的是温度。我们不能用制度来拒绝师生犯错误，我们制定制度的目的是师生更好地保重身体的健康。

再看学校的请假制度，看似严丝合缝，却与现实的操作嫌隙频频。请假一天找科室主任审批，两天找副校长审批，三天以上找校长审批；一天扣几分，两天扣几分，三天以上如何扣，惩罚成了制度的指向，似乎只为激发人性深处的戾气。这样的制度在现实的实操中仅剩下管理者的凉薄和层层审批的加码。堆叠的不是日子，而是权力；观照的不是老师本身的困难诉求，而是责任的摊派。这样的制度深层的信念共同体是什么？所以，制度的缘起就承载着教职工对某一具体工作的指向性安排。校勘旧制度，出台新制度；废止旧制度，解读新制度。学校始终在对待"人"的工作中心怀虔诚。看似无感的制度，实则是对"人"最大程度的引导规范。好的制度就是要鼓励促进人积极向善、向上，制度是用来唤醒"天使"的，也是保护"天使"的。

三、找准利害权重，真民主向下扎根

一提起民主，更多管理民主停留在办学理念上，一切以人为本，以学生为本；停留在管理结构上，教职工代表大会制度、教代会；停留在对服务对象的权利尊重上，一般学校都会成立学生会、家长委员会，让学生和家长适度参与学校的管理、评价教师和学校。其实民主不是简单地体现在形式上，当学校管理在潜意识深处将真正的民主下放到教学管理的每一个角落时，是会有意想不到的收获的。

"双减"实施以来，学校淡化考试排名，不向学生家长和老师公布排名分数，家长学生启动了盲盒状态。原本学校还担心教师会因此躺平，但我们的各科任老师却非逼着教务处一如既往进行年级排名、学科排名，想要明了班级内自己所任学科与本班其他学科名次上的距离。这一切动力源与真正民主构建的以班主任牵头的各科任教师自主组合密切相关。目前学校有一批教师因为没有班主任组合而无法上岗，只能从事纯行政工作。

从1990年以来，在初三中考结束一周内，学校将是否有担任班主任工作意向的问卷调查表向新七年级所有任课教师发放。如果报名人数超过学校需要人数，那么就启动竞聘上岗。上岗的标准参照教务处和政教处对班主任工作的具体要求。竞聘上岗的评委则是七年级所有任职教师和所有行政人员，最终唱票统计，产生大家推荐的值得信赖、配合各科室工作的班主任。随着时代的发展，政策制度的改变，任职班主任的标准也会随之产生变化。

在产生班主任后，学校采用双向组合原则，班主任填写心仪的学科老师；科任教师填写选中的班主任，这是一场双向奔赴的信赖之旅，更是美美与共的相互明媚。信赖彼此的人品、管理能力、教学能力，甚至在价值观上都有诸多相似。因为信赖，所以选择；因为选择，所以默契；因为默契，所以众志成城，无坚不摧；因为众志成城，无坚不摧，所以所向披靡。班级任课教师戮力同心，这样的队伍不鸣则已，一鸣惊人，他们心往一处想，劲往一处使。如果你不够优秀，碍于情面，勉强被组合一次，结果成效躺平，管理拉胯，下一轮再组合时也自觉无趣，淘汰出局。

最难安排的人事工作就这样被成功破解，效果之好出其不意。其实这一切起源于2000年前后学校设置的"红花奖"，用正向的评价激励和制度设计，牵引导向班级之间、学科之间、教师团队之间，既相互竞争又相互学习、相互促进。若班级集体获奖，大家感到是荣誉，更是对团队的认可。每当红花榜张榜，往往几家欢喜几家忧，班主任责任重大，选人要准；科任教师眼光独到，投奔要对。但竞争和奖励并非真正的目的，真正的价值在于找到了教师和学生发展的内驱力，班级与班级之间，学科与学科之间，同一班级不同学科之间，同一学科不同小组之间，谁都不甘示弱，相互比学赶帮超。优秀带后进，薄弱学先进，学校里充满了教育教学工作高效有序、师生同事相处和谐有爱的文化与氛围。直至今日"双减"背景之下，学校积极落实国家政策导向，研究教育改革发展趋势，淡化成绩和排名,甚至在学校管理和教师工作评价中隐去成绩排名,但老师们依然躬耕教学、教研,在课堂质量和育人标准方面从不懈怠。

真正的民主,让班主任与科任教师之间形成教育合力,即使班主任和任课教师在工作角度、工作目标、任务、教育方法、个性特点以及对教育对象价值认识上存在差异,但由于他们的民主组合越过沟通磨合的千山万水,直通彼此,默契度极高。给教师创设情境,让其成为学校管理的主角,让民主之光照亮学校管理。这或许会削弱校长及学校管理层人员的权力,或许会有这样那样的转型时期的阵痛,但其有利于将教师的成长与学校乃至教育的发展统一起来,诠释新基础教育改革的一大目标:在成事的基础上成人,成人的基础上成事。真正民主之后的权力分散与权力集中,虽矛盾重重,但繁冗优劣,自在分明。

四、成仁人之美,遵循马斯洛需求

一个人想要成就大事,靠天时,靠地利,但最重要的是靠"人和"。管理,凝聚人心很重要,只有做到"人和",别人才愿意追随你,帮助你,你才能成事。美好的愿景,是团队里的每一个人都有守得云开见月明的守望。在这所学校中工作的老师,总是能够体会到成长的喜悦、拔节向上的满足。不论是后生晚辈还是疆场老将,育人的园地中大家彼此照亮,相互成就。初出茅庐的新秀和中流砥柱的宿将,在鼓舞和激励中一路前行,为党育人、为国育才的信念在团结进取和携手同行的历程中日益坚定。新秀期待卓越的师长是自己明天的样子,老将晓得今天的身体力行将持续传承辉煌。他们总是在一份份习题的演练中、一篇篇文章的诵读中体验到情的真切和爱的美好。在春夏秋冬的转圜中,在光阴流转的岁月里,体会孩子们成长带来的幸福,品味自身收获的丰盈。艺体特色的氤氲、五彩缤纷的社团、火花碰撞的课堂、生龙活虎的赛场……老师们在校园里成就着梦想,在纸笔中描绘着希望。有未来,有奔头,校园是他们躬耕不辍的理想园田。

踏实的感觉,是整个团队有拥着红泥小火炉的温暖。把温暖带给同事,把热情送给同事,把关心真正放在彼此心上。在这所学校,每一个同仁能视彼此为兄弟姐妹,每一个伙伴能视他人为亲朋好友,每一次举手投足都关注到他人的感受,每一句话语都想待人周全。孩子入托入学有问题吗?家里老人身体还好吗?新人落户有困难吗?中秋春节的福利需要帮您送回家吗?贴心的问候、暖心的关怀有的来自校领导,有的出自还不熟络的同事。绿意葱茏的校园里,温馨和恬静、仁爱和关怀俯拾皆是、满目欣怡。这就是我们的校园,一个处处充满爱和欣赏的所在。

悦纳可能的芥蒂,是团队"三人行必有我师"的彼此欣赏。这所校园里,成人成己是彼此的价值认同,悦己悦人是公认的道德准绳。这里是一群为共同理想和一致追求相互鼓励、彼此扶持的同行者，他们为了培育社会栋梁、为了回报社会各界、为了学校集体荣誉，在前行的路上扬长避短、自信满满。课题研究、教学课改、集体备课，育人的田野里，大家你追我赶，争先恐后。更多的是不甘人后，更多的是博采众长。在追逐梦想的征程中，在推进学校优质发展的进程中，毫无保留分享心得，共享智慧，课题研究成果一路高歌猛进，成为省级、国家级重点支持的项目。

其实，管理的本质就是激发人的善意和潜能。只有顺应人性，激发人性中的善意，才能带好团队。让每一位老师来到校园有奔头、有温暖，还有被认可的骄傲。这样就创设了"人和"的磁场，也是学校能凝心聚气打胜仗的根本保障。

学校高质量发展是值得教育者研究的永恒课题，2023年7月太原三十六中完成集团化办学的整合，承担更广阔更厚重的社会责任。期待每一所学校在融合之后互相吐纳、主动生长，四个校区将同步运行、共同拔节。我们将始终行走在撬动教师走向卓越成长的路上，唤醒个人内驱动力，达到生命的高度觉醒。愿得一"人"心，待他日，三十六中集团校从容展卷，赋能"新未来"！

3. 农村薄弱学校改造提升的现实路径：
兼谈学校管理的"高""低""进""退"

范　刚

> **提　要：** 连续38年奋斗在我国基础教育第一线，从"两基"达标到"双高普九"，从均衡发展到优质均衡，从"有学上"到"上好学"，每一个历史阶段都体现了党和国家对基础教育事业的高度重视，都蕴含一次难得的发展机遇。我工作过的学校恰好就是这每一个历史阶段的缩影，成为乡镇农村学校从"薄弱"走上"优质"的示范，甚至成为当地教育的标杆。回首过往，由衷感觉到农村薄弱学校的改造提升，离不开"高""低""进""退"的办学实践。"高"指的是办学理念站位高，站在全面贯彻党的教育方针的高度定位学校的办学理念。"低"指的是学校管理"低"重心，着眼于教师的专业发展上、落实在推动课堂改革上、以体育艺术为切入点。"进"指的是学校治理进一步，党建引领进一步、民主建设进一步。"退"指的是权力面前退一步，行政管理退一步、评优奖惩退一步。
>
> **作　者：** 范　刚，海南省定安县实验中学校长

我从事基础教育事业38年，其中26年是在中小学校长岗位上度过的。从普通的农村中学校长成长为县市省的名校长、骨干校长，我先后获得过省优秀教师、省先进工作者称号，并被中华人民共和国国务院表彰为"全国'两基'工作先进个人"。同时被聘为省基础教育课程改革专家咨询委员会委员、省教师培训专家库专家、省教育督导专家库专家。2017年，海南省实施"好校长、好老师"引进工程，经过海南省教育厅考核，我被聘为定安县平和思源实验学校校长，并把内地成功的办学经验融入到海南的办学实践中，被评为海南省中学骨干校长、海南省拔尖人才、南海育才计划——"海南省乡土人才"，两度成为"海南省中学卓越校工作室主持人"。

在校长的任职经历中，我先后担任过4所学校校长，其中，2所九年一贯制学校、2所初中学校。这4所学校中有2所是农村乡镇学校、2所是县镇学校。此外，我还有3年省级示范高中挂职和9年乡镇中心学校校长的经历。连续38年奋斗在我国基础教育第一线，使我亲历并见证了我国基础教育事业日新月异的迅猛发展，从"两基"达标到"双高普九"，从均衡发展到优质均衡，从"有学上"到

"上好学",每一个历史阶段都体现了党和国家对基础教育事业的高度重视,都蕴含一次难得的发展机遇。而我工作过的学校恰好就是这每一个历史阶段的缩影,成为乡镇农村学校从"薄弱"走上"优质"的示范,甚至成为当地教育的标杆。回首过往,一路走来,且思且行且珍惜,由衷感觉到农村薄弱学校的改造提升,离不开"高""低""进""退"的办学实践。

一、"高"——办学思想站位"高"

首先,办学理念站位高,就是要站在全面贯彻党的教育方针的高度定位学校的办学理念。古人云:取法乎上得乎其中,取法乎中得乎其下。1997年底,我出任安徽省太和县胡总中学的校长,我提出"德育立校、特色兴校、质量强校、创办名校"的治校方略,以"德能并进"为校训,前瞻性地研究国家的教育方针和教育规划,和全校教师一道打造了胡总中学留守儿童教育、校园环境文化、教师校本培训、课堂教学改革、未成年人思想道德建设、教育均衡发展六大名片,多项成果在全市、全省推广。学校先后获国家级表彰3项、省级表彰12项、市级奖励30项,全省各地的600多所学校5000名教育工作者参观考察了我管理的学校。其次,学校文化品位高。一流的管理靠文化。2017年9月,我开始了海南省定安县平和思源实验学校校长的任期,这所学校是海南省委省政府为改善民生、促进社会经济发展、保障农村贫困孩子享受优质教育的一项重点工程。我在深入调研、集思广益的基础上,形成以"十大办学理念"为系统的学校文化体系,即"和·合"核心文化、"家和校和师生和和衷共济创名校,心合力合知行合合作包容赢未来"的文化战略、"和谐发展、因材施教"的办学思想、"平安教育、和谐教育、优质教育、幸福教育"的办学目标、"饮水思源,静美向善"的校训、"和而不同"的教风、"合作善问"的学风、"和谐合作、善言善行"的校风、"生态花园、祥和家园、儒雅学园、文化圣园"的学校愿景以及"为美好新海南育才,为复兴中国梦树人"的育人目标。3年多的时间取得明显成效,学校获全县教学质量提升第一名,均衡发展提升第一名,获得海南省文明校园、海南省校园足球特色学校等称号,2名学生在全省青少年科技创新大赛分获一、二等奖,其中1名学生获全国第34届青少年科技创新大赛一等奖;我本人也3次被授予"定安县优秀校长""定安县凤凰引领读书分享会优秀推广人"等荣誉称号。其三,学校规划起点高。2015年我调入太和县经济开发区中心学校工作,这是一个全省闻名的省级经济开发区,但落后的教育现状对经济和社会发展的影响十分突出,构建与开发区"十三五"规划相适应的现代教育体系、促进开发区社会事业又好又快发展成为当务之急。面对"零"起点的教育现状,我在反复调研的基础上,结合区域优势,确定学校工作的三年规划思路:第一年(2015)科学规划、夯实基础、高位起步、打好开局;第二年(2016)科学布局、文化引领、创新发展、争先进位;第三年(2017)巩固均衡成果,促进质量提升。三年的时间,学校以立德树人为根本任务,以推进公平为基本要求,以规范办学为主要导向,以教研管理为可靠保障,以信息技术为常规手段,以教师成长为目标追求,积极实施高校共建、名校对接、研究机构借力的三轮驱动发展战略,成功地把安徽师范大学的资源引入太和经济开发区共建实验小学,这是安徽师范大学首次设立在县级的实验学校。

二、"低"——学校管理"低"重心

物理学上有物体的重心越低其稳定性就越好的原理,学校管理也是如此。教师是学校的第一资源,学校低重心管理首先要着眼于教师的专业发展。我工作过的安徽省太和县胡总中学(2004年更名为胡总中心学校),坚持"笔记培训+反思培训+交流培训"的校本培训方式,从落实集体备课制度、自学制度、课题研讨制度、集中学习制度等方面下功夫,配套教职工教学基本功考核办法以及教职工校本培训量化考核细则,真正使校本培训做到了"四个落实、四个到位",即制度落实、活动时间地点落实、检查评估落实、奖惩措施落实;宣传发动到位、组织学习到位、资料建设到位、效果检测到位。学校每周进行学习心得交流、课程标准交流以及课堂教学

的交流;分析教学个案、分析教材重难点、分析课堂得失、研究教学策略。推动以教师"六本笔记"——教学笔记、读书笔记、学习笔记、交流笔记、作业批改笔记、反思笔记为抓手的"笔记培训法",使学校形成了民主、开放、有效的校本培训机制。老师们人人参与,共同发展,快速成长,办学质量快速提升,成为老百姓真正喜欢的家门口优质学校。我在管理中坚持把校本培训和校本教研有机融合在一起,搭建普通教师和骨干教师之间相互交流的平台,重视集体备课,加强备课指导,以年级学科组为重点,落实公开课、示范课、活动课多形式的教学研究活动,推进教学叙事研究,降低研究重心,坚持"周周有反思""课课有反思",形成了反思培训的良好习惯。我管理的学校一直坚持书香校园建设,常年开设青年教师读书班。在太和开发区中心学校,我积极推动全体老师读书"2266"(每年读2本教育教学专著、2本师德师品专著,撰写6千字的读书笔记、6千字的教育叙事)工程。在海南省定安县平和思源实验学校,我结合全县读书工程活动,推出教师读书"111"(每位教职工每学年常读1本专业杂志、精读1本专业书籍、深读1本经典名著)工程,给每位教师的成长添加"燃料",提供学校可持续发展的动力之源。

其次低重心管理要落实在推动课堂改革上。2003年起,以全面推进素质教育、培养学生的创新精神和实践能力为主要目标的新一轮基础教育课程改革的序幕全面拉开,课

堂教学作为课程改革的主战场备受广大中小学校的关注,尤其广大的农村初中,面对师资状况落后、教学资源不足、学生素质不高的制约,传统的教学方式受到前所未有的挑战,对课堂教学组织形式的研究应运而生。我和老师们在研究江苏省洋思中学、山东省杜郎口中学等校课堂改革经验的基础上确立了我校课堂教学的改革方向,通过对课堂教学组织形式的创新与实践,提高课堂教学效率,培养学生自主学习、合作学习的能力,减轻学生过重的课业负担,减少教师的无效劳动,全面提高教学质量,提升学生综合素质,为新课程改革注入生机和活力,为广大农村初中办学质量的提高探索有效途径。历经 8 年的探索,我校的"农村初中课堂教学组织形式的创新与实践"获得安徽省基础教育课程改革优秀成果一等奖,并多次在省市县各种类型的课改经验交流会上进行推广。如今随着义务教育课程方案(2022 版)和义务教育课程标准(2022 版)的实施,在新课程理念指导下,我工作的海南省定安县实验中学构建了"大单元教学设计 + 随堂分层练习 + 小组自主合作学习"课堂新样态,落实以"延时服务 + 社团活动"为主要模式的"双减"举措,教育教学质量快速提升,探索了海南省当地薄弱学校高质量发展的课堂改革之路。

低重心管理要以体育艺术为切入点。"完全人格,首在体育。"一段时期以来,一些学校作为未成年人生活学习的主要场所,对孩子们健康成长责任的担当不足。青少年是祖国的未来,体育素养和体育精神的缺失将直接影响到国家和民族的未来。在海南省定安县平和思源实验学校我一直坚持"健康第一"的办学理念,探索体教融合之路,加强与定安县武术协会的合作,以学校为阵地将传统武术和拳击运动作为体育特色项目培育,把武术课纳入日常课堂教学当中。在保障体育课程教学的基础上,学校在全体学生中开展武术操普及活动,成立武术操训练队和拳击训练队,积极参与太极拳普及和传承工作。在定县安文体旅游局支持下,学校建设 130 平方米的拳击训练馆和 400 平方米的武术训练馆,成为海南省散打搏击协会培训基地、海南省武术协会段位考评点、海南省武术协会培训基地、体育行业国家职业资格培训基地。2018 年 8 月,1 名学生获海南省第五届运动会男子少年组 52 公斤级比赛亚军;2019 年 4 月,2 名学生在第二届全国青年运动会拳击预赛重庆站比赛中打进前八名;2019 年 11 月海南国际旅游岛亚太武术公开赛中我校代表队荣获 13 金、2 银、3 铜的优异成绩。体教融合带动了学校特色发展,3 年的时间学校甩掉了薄弱落后的帽子,教学质量稳居全县农村学校首位,同时获得海南省中小学校园足球特色学校、海南省文明校园等多项省级荣誉。

三、"进"——学校治理"进"一步

"进一步柳暗花明。"其一是党建引领进

一步。以往的学校管理都是"上传下达"型的,决策总是出自最高层,经中层的传达,由基层一线教师具体执行。我在管理中摈弃传统的校长—副校长—主任—学科组长—教师的管理模式,建立党支部领导下的"一部、三会、六中心"的学校领导机制,在当前加强党的建设新形势下,构建了党支部集体领导下的校务委员会、教职工代表大会、家长委员会的管理新机制,设立行政服务中心、教师发展中心、学生成长中心、艺术体育中心、信息中心、保障中心。实现学校管理向学校治理的转变,领导型管理向服务型管理的转变。其二是民主建设进一步。教师是学校的主人,教师自己的事情要由他们自己做主,学校应该把方案的制订、修改、决策权交给教师自己,在公开透明、公平合理的民主氛围中让政策有效落实,让教师成为学校管理的主人。我于2017年9月来到定安县平和思源实验学校工作,结合学校当时的状况,我着力调动广大教职工参与学校管理的积极性,有针对性召开座谈会、评议会、征求意见会,查找问题,分析原因,教职工们主动建言献策,为学校化解多年来积压的突出矛盾贡献智慧。经过反复多次征求意见和协商,教职工代表大会通过了《学校专业技术职称、岗位竞聘积分方案》《班主任绩效考核办法》《中层干部考核办法》《学科组长考核办法》《教职工奖励性绩效工资考核方案》,困扰学校多年的绩效考核工作得以理顺,教师职称评审及岗位升档有条不紊地推进,绩效奖金顺利发放。学校关心困难教职工的生活,开展节假日的慰问活动,落实全体教职工的健康体检,力所能及地改善教职工的办公、生活和教学环境,广大教职工工作的积极性得到激发。2018年11月,学校成立第一届家长委员会,设立了首个家长委员会奖励基金会,拓宽家长委员会参与学校管理的途径,在学校的质量检测、大型集会、社团指导、节日庆典、志愿者服务等活动中都留下家长们的身影,更多家长真正成为"学校的一员"。民主建设让自己摆脱教职工在升职、奖金、评优等方面的矛盾性事务羁绊,以更高位、更理性的视野统筹学校全面发展。

四、"退"——权利面前"退"一步

"退一步海阔天空。"其一是行政管理退一步。我坚持不当"行政型"校长,精简管理层级,追求管理的简单化,推进"级部管理"和"学部管理",日常工作让中层干部充分发挥自身职能作用,冲锋在前、放开手脚工作。坚持"身正为范、无欲则刚"的做人准则,用行动示范、用思想引领,少一些上传下达、少一些工作安排、少一些校长讲话,多一些指导、多一些服务、多一些提醒。我工作过的学校每月只召开一次全体教职工会议,而每次会议都做最充分的思考,表扬学校工作中的亮点、指出学校工作中的问题、提出改进的思路和方法,我把更多的时间留给教师,也有更多的时间做自己喜欢的工作。其二是评优奖惩退一步。我坚持不当"权力型"校长,尤其面对众多教师关注的奖惩考核工作,围绕学校发展确定好奖惩考核的方向,让部门协同工作、互相配合、阳光操作,自己从评优、评先、评级、评职的矛盾中解放出来,把更多的精力投入到自身专业发展上,投入到对学校发展的深度思考中。多年来我一直坚持"六个一"的校长工作目标,即"每年听课一百节、每年考察一所特色名校、每年参与一次办学理念的学术交流、每年在省级以上专业刊物发表一篇学术文章、每年参加一期校长提高班培训、每年创新一项学校管理办法"。我两次成为教育部中学校长培训中心的学员,已工作了38年、做了26年基础教育阶段学校校长的我仍然坚守教学第一线,每周上课7节以上,每天和同学们一起跑操,周末和老师一起家访,假期与工勤人员一道守护着美丽的校园,见证学校在点点滴滴中进步与发展。

我很喜欢陶行知先生的一句话:"国家把整个的学校交给你,要你用整个的身心去做整个的校长。"我今后的校长之路仍会坚守"高""低""进""退"的"四字经",不断超越,努力演绎未来学校管理的精彩故事。

区域探索

1. 教育强省建设的战略目标与实现路径

章 平

> **提　要：** 党的二十大报告把教育科技人才单独成章一体部署，吹响了加快建设教育强国的号角。教育之重体现在教育是国之大计、党之大计。第一，教育是党长期执政的根基，必须把立德树人作为根本任务。第二，教育是经济高质量发展的底座，必须在战略层面重视教育。第三，教育是守民心顺民意的重要依托，必须努力办好人民满意的教育。教育之难在于多重目标、多维标准。一是教育问题折射社会问题。二是认知偏差异化教育评价。三是治理能力不强影响教育发展。教育之责在于支撑发展、引领未来。我们要建设的教育强国，是中国特色社会主义教育强国，其历史使命就是要为强国建设、民族复兴作出支撑性、引领性贡献，培养一代又一代可堪民族复兴大任的时代新人，用教育之力推动中华民族站在世界民族之巅。教育之强在于服务大局、造福人民。安徽提出打造"三地一区"、建设"七个强省"的战略目标，明确要求到2035年建成人民满意的教育强省。
>
> **作　者：** 章平，安徽省教育厅发展规划处处长

教育是国之大计、党之大计。党的二十大报告把教育科技人才单独成章一体部署，吹响了加快建设教育强国的号角。2023年5月29日，习近平总书记在中央政治局第五次集体学习时发表重要讲话，科学回答了"建设什么样的教育强国、怎样建设教育强国"这一重大时代课题，为加快建设教育强国指明了前进方向、提供了根本遵循。安徽坚定不移地沿着习近平总书记指引的方向前进，明确到2035年建成人民满意的教育强省，以教育之力厚植人民幸福之本，以教育之强夯实现代化美好安徽建设之基，为教育强国建设贡献安徽力量。

一、教育之重：国之大计、党之大计

教育有多重要？对共产党执政规律、社会主义建设规律、人类社会发展规律认识得越深刻，对教育重要性的认知就越深刻。在2018年的全国教育大会上，习近平总书记提出了一个重要论断，教育是国之大计、党之大计，集中揭示了教育的政治属性和全局地位。

以前,对教育属性有过很多讨论,有政治属性说、经济属性说、社会属性说,等等。到底什么属性,还是要从"两个大计""四为使命"和教育强国的战略定位中寻找答案。教育的功能是综合的,奠基千秋伟业、赋能千行百业、造福千家万户,发挥的是基础性、战略性、先导性作用。

第一,教育是党长期执政的根基,必须把立德树人作为根本任务。习近平总书记强调,"培养什么人、怎样培养人、为谁培养人"始终是教育的根本问题。从历史和现实的角度看,任何国家、任何社会,其维护政治统治、维系社会稳定的基本途径无一不是通过教育。从这一重要论述中,可以看出教育具有鲜明的政治属性。我们党要长期执政,最根本的问题是要解决后继有人的问题;我们是社会主义国家,培养的只能是社会主义建设者和接班人,而不是旁观者和反对派。没有什么比培养建设者和接班人更重要,没有什么比这个方面出问题更危险。在培养人问题上的失败,那就是最根本的失败;在教育方向上的失误,那就是最彻底的失误。教育是长周期的关键变量,在培养人的问题上一旦出现偏差,那就是颠覆性的。我们更要看到,敌对势力与我争夺下一代的斗争一刻也没有停止,必须旗帜鲜明、坚决彻底有效地斗争,确保红色江山永不变色。能不能坚定社会主义办学方向,能不能培养出一代又一代听党话、感党恩、跟党走的时代新人,是事关党的长期执政和社会主义道路、理论、制度延续的根本大计。

第二,教育是经济高质量发展的底座,必须在战略层面重视教育。习近平总书记指出,支撑引领中国式现代化是教育强国的核心功能。这一重要论断极具战略穿透性,直击教育本质。教育是提升人力资本的主渠道,科技创新策源的主动力,促进共同富裕的主途径,高等教育、职业教育更是直接面向经济主战场,对经济发展具有基础性、先导性、决定性意义。教育的很多功能在底层起作用,深度融入了新发展格局、高质量发展、高水平科技自立自强、共同富裕等几乎所有宏大课题。教育本身不能产业化,但不可否认教育具有促进经济发展的强大功能。美国商务部丹尼森的一项研究表明,实际国民收入增加部分的23%,是由于教育投资的增加使劳动力质量得以提高的结果。人是生产力中最活跃的因素,其他要素都是通过人起作用,人口素质是提高全要素生产率的核心。高端化、智能化、绿色化、融合化是现代化产业体系的发展趋势,特斯拉上海超级工厂不到40秒下线一台整车,华为20秒从无到有生产一部手机。没有高素质的人才支撑,就没有高水平的科技自立自强,就没有产业的现代化,也就不可能有经济的勃勃生机。

第三,教育是守民心顺民意的重要依托,必须努力办好人民满意的教育。习近平总书记指出,坚持以人民为中心发展教育,以教育公平促进社会公平正义。这一要求是党的性质宗旨和人民立场在教育领域的生动体现。

这要求我们,发展教育必须得到人民的认可,不断满足人民群众日益增长的美好教育需要,把提供更好更优质教育作为庄严的教育承诺。当前,我国已经建成世界上最大规模的教育体系,"有没有"的问题已经历史性解决,但"好不好"的问题仍然在路上。与人民群众对美好教育的需要相比,教育发展仍不平衡不充分,区域、城乡、校际、群体之间的差距还不小。如何优化教育资源配置,是群众关切的重大民生问题,教育公平的底线绝对不能失守。安徽全省在校生数1311万,直接利益相关者超过安徽一半的人口。一旦教育公平出现问题,社会就会不稳定。一方面,要做大优质教育资源的蛋糕,把建设高素质专业化教师队伍作为根本手段,重塑教师培养培训体系,建强卓越校长和优秀教师队伍,打造一大批百姓家门口的好学校。另一方面,要切好分好蛋糕,创设面向人人的公平教育环境,完善以促进公平为基本导向的资源配置机制,构建优质均衡的基本公共服务体系。健全完善制度机制,保障起点公平、机会公平、规则公平,努力让教育更加公平惠及所有学生,提高群众对教育的获得感和满意度。

二、教育之难:多重目标、多维标准

教育总是牵动人心,因为它总是和孩子、未来、希望联系在一起。一千个人心中就有一种对教育的期待。社会上对教育的议论很多,特别是在互联网时代,涉教问题高热高敏。要办好教育,本身就极为不易;要办好人民满意的教育,更是非常之难。因为教育从来就不是一个单纯的业务问题,更不是一个纯粹的技术问题,既关系千家万户,也事关千秋万代,涉及政治、经济、社会和教育科学等各个领域,总是在多重目标、多方博弈、多维评价中争论、反思、前行。听到一些不悦耳的声音,我们没有必要生气,更不必拍案而起。但确有必要对这些争论进行深刻的反思,于管理者、教育者而言,必须有自己的立场、目光和胸怀,虚心听取意见,探求问题根源,找出解决之道。

一是教育问题折射社会问题。在教育的身上,寄托着无数家长望子成龙的希望。北京师范大学的赵玉平教授给子女教育起了个形象的名字,叫闭眼工程。人这一辈子干什么事都干成了,只要有一件事没干成,死的时候都闭不上眼,这件事就是子女没有教育好。同理,人这一辈子干什么都不成,只要有一件事干成了,死的时候就闭得上眼,这件事就是子女教育好了。这背后既有中国文化传统的影响,又有复杂的社会原因。

社会上往往把教育焦虑归因为中考、高考。从根子上看,人力资本及其附着的文凭是用人单位筛选职员的主要手段,一张好文凭往往意味着更好的就业、更高的收入,孩子未来的经济地位、社会地位可以通过高考获得改变。于是,在不让孩子输在起跑线上的心理驱使下,教育的压力普遍前移,学前教育和义务教育普遍存在超前教育、过度教育现象,既有损学生身心健康成长,也加重家庭经济和精力负担。

应当承认,优质教育资源的稀缺必定会引起需求方的竞争。因为优质高等教育资源有限,不得不通过考试竞争的方式来决定教育资源的分配。高考就是一个选拔人才的工具,至少到目前为止我们还找不到一个比高考更公平的人才选拔制度。真正的原因是社会用人制度。但如果竞争的结果是考试变得至高无上,教师为考而教,学生为考而学,最终"异化"为与素质教育相对立的应试教育,这才是我们要坚决反对的。

二是认知偏差异化教育评价。对教育要有一个准确的认知,前提是要搞清楚教育的本质。考古学和人类学研究证明,在原始社会教育活动就已经存在了。我国教育一词最早见于《孟子·尽心上》:"得天下英才而教育之。"西方教育来源拉丁语 educare,意思就是通过一定的手段,把某种本来潜在于身体和心灵内部的东西引发出来。但如何定义教育,还真不是件容易的事。一般来说,可以从社会、个体两个不同的角度定义。苏联和我国一般是从社会角度定义,而英美等国一般是从个体角度定义。从社会角度来定义教育,有广义、狭义、更狭义三个层次。广义的教育,即凡是增进人们的知识和技能、影响人们的思想品德的活动都是教育,它包括了学校、家庭、社会等多位一体。狭义的教育,指个体精神上的升华。更狭义的教育,主要是指学校教育。对教育的评价,业内和社会反差极大,这往往是对教育不同的认知造成的。

第一类,以全压偏。将广义的教育等同于学校教育。有不少家长把孩子往学校一送,认为教育就是学校的任务,没有认识到父母才是子女的第一任教师,特别是在人格塑造和习惯养成上。孩子一出现问题,包括心理健康、成绩下降、安全事故等等,就会指责学校教育没有搞好。在社会层面,本该由学校之外来营造的良好社会环境,也有不少将责任转嫁于教育系统和学校身上。

第二类,以偏概全。以泛化的抽象掩盖真实的具体。有一位学者曾专门写了一本书,其中不乏"师德滑坡,从为人师表到为钱努力""教育体制官僚化""教育过程冷漠缺乏过程爱意"等激烈言论。不可否认,这些现象或多或少存在。全国大约有学校 51.85 万所,在校生 2.93 亿、专任教师 1880 万。这么大的体量,难免有个别害群之马,而且学校教育有着丰富的内涵,专业性很强。很多评论者,往往一叶即天下,抓住一个问题进而质疑整个教育。

第三类,刻舟求剑。以精英的理想评价普及化的现实。当下的教育,内外形势都发生了深刻的变化,我们应该用发展的、辩证的眼光看待教育。比如,很多人质疑高等教育质量,认为现在的研究生相当于过去的大专生,大学生不如当年的中专生。现实是,2002年,我国高等教育进入大众化阶段;2019年进入普及化阶段。普及化阶段的大学,高校也正在分层分类,既有清北这样的高大上,更有众多以培养技能型人才的高职,质量标准日趋多元。我们不能拿精英化阶段的质量标准来要求普及化阶段的质量。

三是治理能力不强影响教育发展。教育是历史的、社会的,也是复杂的。新中国成立以后,我国教育事业取得历史性成就,发生格局性变化。但在发展过程中,也存在一些问题。

其一,执行有偏差。党中央对教育的要求十分明确,这需要数以千计的教育局长、数以十万计的校长、数以千万计的教师去最终落实。但在执行落实方面还存在不够到位的问题。比如,习近平总书记特别关心思政教育,亲自召开思政课教师座谈会,提出了"六要八统一"的要求。这实际上是大国领袖在亲自教我们怎么当好思政课教师、怎么上好思政课,其战略意图就是要培养听党话、跟党走、能担大任的时代新人,为党育人、为国育才。但现实中,还有个别高校连思政课教师都没有配齐,质量更是有差距。中小学的思政课教师大多是兼职。

其二,治理有落差。教育治理能力和治理现代化水平普遍不高。有的习惯于管理,不擅长服务。有的习惯于老套路,以不变应万变,适应不了不断变化的形势。管理不精细、不科学,大而化之。在疫情防控期间,有一个学校组织学生核酸检测,只是简单地通知学生下楼,全然没有想到学生要在烈日之下暴晒半个多小时,这就是典型的懒政。一个好校长就是一所好学校。对校长来说,就

就业业是不够的,要有自己的教育思想、要有治校能力,还要有社会协调能力,对内能引领方向、带好队伍,对外能协调各方、整合资源为校所用。干教育工作没有情怀干不了,因为教育内外是不一样的,为了教育事业发展,就得调和内外,甚至有时要委屈自己。

其三,保障有温差。教育事业的发展与要素保障并不总是匹配。教职工编制的问题、教师职称岗位的问题、教育投入的问题、学校自主权的问题,都是老大难问题。教育之难,还难在两难、多难的问题增多,越来越考验我们的党性、智慧、担当。比如,理想和功利之间的矛盾,长周期与快变量的矛盾,普及教育与英才教育的矛盾,等等。

三、教育之责:支撑发展、引领未来

党的二十大报告强调,到本世纪中叶,把我国建设成为综合国力和国际影响力领先的社会主义现代化强国,以中国式现代化全面推进中华民族伟大复兴。从强国的本质特征看,我们要建设的是社会主义强国,而不是别的什么强国;基本路径是中国式现代化;强国使命是实现中华民族伟大复兴。强国之强,是全方位的强,各领域、各区域都要强,综合国力、国际影响力要在全球领先。

党中央作出了两步走的战略安排,到2035年基本实现社会主义现代化,到2050年建成富强民主文明和谐美丽的社会主义现代化强国。党的二十大报告把教育、科技、人

才作为现代化建设的基础性、战略性支撑，单独成章，一体部署，要求到2035年建成教育强国、科技强国、人才强国。这也意味着要比其他领域提前15年建成强国。这充分体现了以习近平同志为核心的党中央对强国崛起规律、新一轮科技革命和产业变革时代特征、未来世界发展大势的深刻洞察，坚持把优先发展教育事业作为推动党和国家各项事业发展的重要先手棋。2023年5月29日，习近平总书记在中央政治局第五次集体学习时发表了重要讲话，对教育强国建设作出了全面部署。

为什么建设教育强国。从强国崛起规律看，教育是先导、科技是关键、人才是核心。世界强国无一不是教育强国，教育特别是高等教育始终是强国兴起的关键因素。16世纪以来，全球先后形成5个科学和人才中心，分别是意大利（1540—1660）、英国（1660—1730）、法国（1770—1830）、德国（1830—1920）、美国（1920— ）。而近现代世界高等教育中心的变迁表现为：意大利（1210—1530）、英国（1550—1650）、法国（1750—1810）、德国（1810—1890）、美国（1910— ）。这表明，世界高等教育中心的出现一般超前于科学中心的出现。与科学中心繁荣期相比，教育繁荣期超前30—100年不等。一个国家、一个民族能否抢占发展先机、赢得发展主动，关键取决于教育发展和国民素质水平。唯有加快建设教育强国，才能为建设科技强国、人才强国涵养源头活水，释放科技"第一生产力"，培养人才"第一资源"，激活创新"第一动力"。

从国际竞争态势看，世界之变、时代之变、历史之变正以前所未有的方式展开。世界百年未有之大变局加速演进，世纪疫情、乌克兰危机爆发影响深远，单边主义、保护主义明显上升，和平赤字、发展赤字、安全赤字、治理赤字不断扩大。特别是经济实力对比"东升西降"趋势更加明显。根据国际货币基金组织统计，2001年至2021年，新兴市场和发展中经济体占世界经济总量比重从21.15%上升到40.92%，对世界经济增长的贡献率已经达到80%。2021年，按照美元现价计算的中国经济总量相当于美国经济总量的77%以上。2022年，因汇率变化，占比为71.1%，若海峡两岸暨香港、澳门相加，则为75.6%。经济实力此长彼消，对世界经济、政治、科技、文化、安全格局等都产生深刻影响。西方对我竞争、斗争、遏制的一面在上升，我国面临更为严峻的国际环境。我们既要坚持改革开放不动摇，又要坚持独立自主、自力更生发展自己，这就必须发挥教育的综合功能，确保红色基因的赓续，夯实科技、人才底座，把发展的战略基点和自主权牢牢掌握在自己手上，确保中国特色社会主义巨轮行稳致远。

建设什么样的教育强国。我们要建设的教育强国，是中国特色社会主义教育强国，其历史使命就是要为强国建设、民族复兴作出支撑性、引领性贡献，培养一代又一代可堪民族复兴大任的时代新人，用教育之力推动中华民族站在世界民族之巅。建成教育强国的标准是什么，个人认为主要是"五看"：一看教育底色红不红。中国特色社会主义教育强国，定语是中国特色社会主义，这是教育强国的本质特征，必须坚持党的全面领导，必须坚定不移走中国特色社会主义道路，必须坚持以人民为中心发展教育，最核心的是立德树人，培养好一代又一代社会主义建设者和接班人。二看教育自身强不强。生命线是教育质量，就是要增强教育自信，全面深化教育领域综合改革，加快建设高质量教育体系。三看教育贡献大不大。中国式现代化是强国建设、民族复兴的唯一正确道路。教育强国的核心功能是支撑引领中国式现代化。怎样才能称得上支撑、引领？意味着要培养能够有力支撑国家参与并引领全球竞争所需要的人才，产出一大批能够引领人类文明发展的重要思想和科技成果。这就要求跳出教育看教育，通过"教育强"支撑和服务"国家强"，以教育之力厚植人民幸福之本，以教育之强夯实国家富强之基。四看群众满意不满意。要站稳人民立场，顺应群众美好教育需要，扩大优质教育资源供给，让人民群众"上好学"，提升人民群众的教育获得感、满意度。五看世界认不认。我国的教育模式、质量、成就世界公认，成为全球典范，全球教育治理的话语权、规则制订权大大增强，中国教育的道路、理论、制度、模式为他国接受、借鉴。

怎样建设教育强国。习近平总书记在中央政治局第五次集体学习时发表的重要讲话，全面阐述了建设教育强国的"六个方面任务"：培养担当民族复兴大任的时代新人，加快建设高质量教育体系，全面提高教育服务高质量发展的能力，在深化改革中激发教育发展活力，增强我国教育的国际影响力，培养高素质教师队伍。指向清晰，要求明确，我们要深刻理解和把握教育强国建设的主攻方向和重点任务，全面应对科技革命、产业变革和人口结构变化给教育带来的挑战，有针对性地解决在教育强国建设上存在的差距、短板和弱项，实现教育新的系统性跃升和质变，有力回答好"强国建设、教育何为"的时代课题。

四、教育之强：服务大局、造福人民

教育强国建设，对长三角区域的要求，就是要率先实现教育现代化，成为全国教育高地、世界教育高地。对安徽来说压力很大，要倍加努力，尽快达到长三角平均水平，为强国建设贡献安徽力量。安徽省委、省政府对教育极为重视。2023年7月26日，省委召开了十一届五次全会，提出了打造"三地一区"、建设"七个强省"的战略目标，明确要求到2035年建成人民满意的教育强省。

第一，教育强省建设的总体思路。

一是坚持正确方向。坚持以习近平新时代中国特色社会主义思想为指导，深入贯彻落实党的二十大精神和习近平总书记关于教育的重要论述，坚持党的全面领导，全面贯彻党的教育方针，坚持以人民为中心发展教育。

系统贯彻落实党中央及省委明确的目标、政策、工程项目、改革举措及工作要求,既突出近期需要推进的重点,又考虑长远发展的需求,切实把中央的要求转化为推动安徽教育高质量发展的实际行动。

二是坚持服务大局。坚持教育是大局的组成部分,把服从大局、服务大局作为谋划教育强省建设的底层逻辑,在支撑引领现代化美好建设中作出教育贡献、推动教育发展。紧扣打造"三地一区"、建设"七个强省"战略目标,充分发挥教育核心功能,突出前瞻性、引领性、创新性,坚持教育、科技、人才互为支撑、协同提质,全面推进教育理念、体系、制度、内容、方法、治理现代化,全面提升教育引领科技创新、赋能产业发展、自主培养人才、增进人民福祉的能级,全面深化教育改革、扩大教育开放、优化教育生态,全力凝聚人心、完善人格、开发人力、培养人才、造福人民。

三是坚持系统谋划。突出教育与科技、产业、人才等协同联动,整体谋划落实大局对教育的要求。围绕服务全省区域布局,推进高校群紧密对接城市群;围绕服务产业布局,推进学科集群对接产业集群、专业集群对接企业集群,一产一策提供教育支撑;围绕优化教育规划布局,推进结构优化,推进优质教育资源扩容、前瞻应对学龄人口峰谷变化。全面提高教育治理体系和治理能力现代化水平,逐步缩小区域、城乡、校际、群体四大差距,着力提升服务发展能力,建设一批世界一流大学和一流学科,推动职普融通、产教融合、科教融汇,加快形成具有重要影响力的优质教育资源富集地。

四是坚持改革开放。把深化教育综合改革作为推动高质量发展的冲击钻,谋划科技创新、人才体制、教育治理等改革。切实打破教育内循环思维,树立开放发展的导向,从教育对外开放、对内开放和提升整合社会教育资源等维度谋划具体措施。突出守正创新,系统谋划加强党的全面领导、强化资源保障、优化教育生态等保障措施。

第二,教育强省建设的总体布局。

一是主动服务区域战略,适应重大生产力布局。充分发挥教育综合功能,围绕推动全省各区域各板块协调共进,推进高校群服务城市群,主动构建"一极两带多组团"高等教育发展格局,着力在有组织推动重大科技创新、关键技术攻关、高端人才供给、促进区域协调发展、服务城市功能品质活力提升等方面取得更大进展。"一极":围绕服务支撑合肥都市圈提质升级,推动在肥高校集群化发展,参与全球全国教育竞争合作,辐射带动全省高校发展。"两带":围绕赋能安徽长江城市带高质量发展,重点打造芜湖省域副中心高教高地,推动沿江城市高校联动发展,承载皖南片区教育中心枢纽功能;围绕支持服务皖北全面振兴,新增高校资源向皖北倾斜,扩大皖北高校数量,提升皖北高校质量,服务淮河生态经济带跨越发展。"多组团":围绕大黄山世界级休闲度假旅游目的地建设、大别山革命老区振兴发展、省际毗邻地区、县域经济发展,推动区域高校组团式发展。

二是主动融入产业布局。坚持产业发展到哪里、人才培养就跟进到哪里,推进学科集群服务产业集群、专业集群服务企业集群,推动创新链产业链资金链人才链深度融合,切实提高学科专业与产业企业的适配性。主动服务十大新兴产业特别是首位产业发展,一产一策、一链一策组建10个以上教产合作共同体。用好"羚羊"等工业互联网平台,健全快速响应匹配产业专班、头部企业、行业商协会需求机制。围绕产业发展需求布局学科专业,推动专业谱系对接产业图谱,分类推进锻长板、补短板、填空白三大行动。学科集群、专业集群由实力最强的学科专业所在高校牵头组建,统筹全省高校同类学科专业资源,引入国内外优质资源,在科研技术攻关、人才供给、解决实际问题等方面为产业发展提供支撑。推动各地高校主动面向当地首位产业、主导产业,与当地政府、工业园区、头部企业等开展多层次合作。

三是前瞻规划教育布局。适应现代化美好安徽建设对高端人才的需求,统筹职业教育、高等教育、继续教育,推进职普融通、产教融合、科教融合。积极扩大研究生教育规模,稳定本专科办学规模,重点推进结构优化,做强做大一批头部高校,引进一批高品质教育资源,持续扩大优质高教资源供给,缩减低品质教育规模。适应学龄人口峰谷变化和区域流动新形势,前瞻性研究应对方案,建立适应新型城镇化发展和学龄人口变化趋势的学位供给调整机制,学龄人口净流入城镇重在扩容提质,学龄人口净流出城镇和农村地区重在调整布局,提升办学质量。统筹规划、分区域规划各学段学校布局调整、结构优化、师资配置。

第三,教育强省建设的战略任务。

一是落实立德树人根本任务。习近平总书记指出,我们建设教育强国的目的,就是培养一代又一代德智体美劳全面发展的社会主义建设者和接班人,培养一代又一代在社会主义现代化建设中可堪大用、能担重任的栋梁之材,确保党的事业和社会主义现代化强国建设后继有人。说到底,就是我们教育培养出来的人要又红又专,既要政治过硬,听党话、感党恩、跟党走;又要本领高强,可堪大用,成为国之栋梁。最核心的是要坚持育人的根本在于立德。要让习近平新时代中国特色社会主义思想在孩子们的心中扎根,要让社会主义核心价值观成为主流价值,培养学生的家国情怀。最关键的是要推进大中小学思政课一体化,现在高校抓得紧,中小学抓得还不够实。中学阶段是孩子的价值观形成阶段,必须下决心加强中小学德育,真正扣好第一粒扣子。

二是加快建设高质量教育体系。习近平总书记指出,要坚持把高质量发展作为各级各类教育的生命线。我们要牢固树立教育质量观,切实把资源配置和学校工作重心集中到教育教学上来,放到促进人的全面发展上来,全面提高各级各类教育的质量。要发挥基础教育基点作用。适应学龄人口峰谷变化和区域流动新形势，统筹规划各区域、各学段学校布局调整、结构优化、师资配置。推进学前教育普及普惠安全优质发展，推进义务教育优质均衡发展和城乡一体化，坚持高中阶段学校多样化发展。到2030年，实现学前教育普及普惠的县和义务教育优质均衡发展的县要实现全覆盖，切实解决好县域内的城乡、校际、群体三大差距。市级政府要推动所辖各县区之间的均衡，省级政府要着力缩小区域之间的差距。安徽正在实施皖北地区基础教育优质资源扩容工程，办好老百姓"家门口"的好学校。要构建现代职业教育体系。优化职业教育类型定位，完善"一体两翼"发展格局，加快省部共建技能安徽，探索省域现代职业教育体系建设新模式。实施职业院校办学条件达标工程，提升职业学校关键办学能力，加强"双师型"教师队伍建设，深化"三教"改革和"岗课赛证"融通育人，稳步发展本科职业教育。要发挥高等教育龙头作用。教育之强，最鲜明的标志就是高等教育强。要把教育看作国家安全的一部分，看作国家竞争力的主抓手。要赋予高校科研特区功能，加快培育参与并能够赢得全球教育竞争的世界一流高校集群，提高高层次拔尖人才自主培养能级，为国家重大战略实施和经济社会发展提供强有力的支撑，使我国成为"世界主要科学中心和创新高地"。安徽也要进一步加大优质高等教育资源布局，在新一轮部省合建高校、"双一流"高校培育、理工农医类高校设置等方面主动作为、积极布局。要推动各类教育协调发展。落实政府举办义务教育主体责任，巩固规范民办义务教育发展成果，引导规范民办教育发展，健全普特融合全纳教育体系，强化专门教育保障机制，深化继续教育改革，推动老年教育事业发展，建设全民终身学习的学习型社会。

三是建强教师队伍。习近平总书记强调，要把加强教师队伍建设作为建设教育强国最重要的基础工作来抓。在第39个教师节前夕，习近平总书记专门致信全国优秀教师代表，强调要大力弘扬教育家精神，并深刻阐述了教育家精神的丰富内涵和实践要求。我们要坚定不移实施人才强教战略，让最优秀的人从事教师职业，培养更优秀的人才。坚持师德师风第一标准，构建高水平教师培养培训体系，深入实施新时代基础教育强师计划，深化教师教育改革，完善教师管理机制，促进教师职业发展和专业成长。大力弘扬尊师重教社会风尚，完善教师荣誉激励制度和待遇保障机制，不断提高教师政治地位、社会地位、职业地位，推动形成优秀人才争相从教、优秀教师不断涌现的良好局面。

四是深化教育综合改革。习近平总书记指出，从教育大国到教育强国是一个系统性跃升和质变，必须以改革创新为动力。教育是一个大系统、大生态，改什么、怎么改，都要前瞻性思考、全局性谋划、整体性推进。要深化教育"指挥棒"的改革，持续深化学校治理和教育评价改革，稳妥推进高考综合改革。

要深化省以下教育管理体制改革,完善义务教育管理体制,进一步明确市级政府、乡镇政府职责,深化职业教育分级管理、市统筹、县整合管理体制改革,完善省属高校省市共建管理体制。数字化绝不仅仅是一个工具、一种手段,而是一种理念、一种思维、一种革命性的力量。未来的教育理念、教育形态、教育模式、教育治理都会因数字化而发生深刻变化。要积极识变应变,深入推进教育数字化变革,深化国家智慧教育平台整省试点,夯实数据底座,围绕满足重大教育教学和科研需求谋划多跨场景,提升师生数字化素养,赋能教育治理,以教育数字化支撑引领教育现代化。

五是优化教育生态。树立"人人都是教育者、人人都是受教育者"的完整教育观,完善学校家庭社会协同育人机制,构建良好教育生态。充分发挥家庭教育的基石作用,落实家长"第一任老师"职责,重言传、重身教,教知识、育品德,帮助孩子扣好人生的第一粒扣子,迈好人生的第一个台阶。充分发挥学校教育的骨干作用,履行教书育人职责,系统落实立德树人根本任务。鼓励学校开放办学,发挥家长委员会等组织作用,完善公众参与学校管理、监督和意见反馈的制度。鼓励各级各类学校与社区建立互助互利、共同发展的合作关系。充分发挥社会教育的引领作用,支持服务全面育人。用好社会育人资源,建立相对稳定的社会实践教育基地和资源目录清单,联合开发社会实践课程。健全网络综合治理体系,着力打造有利于青少年健康成长的清朗社会文化及良好网络生态。

第四,教育强省建设的战略支撑。

一是坚持和加强党对教育工作的全面领导。持续加强各级各类学校党的领导和党的建设,坚持和完善高校党委领导下的校长负责制,全面建立中小学校党组织领导的校长负责制,加强民办学校、中外合作办学、校外培训机构党建工作,增强党组织政治功能和组织功能,推动党建工作和业务工作深度融合。健全教育系统全面从严治党体系,锲而不舍落实中央八项规定精神,理直气壮抓好意识形态工作,推进从严办学治校,推动形成党风正、校风清、学风好的良好校园生态。

二是强化资源保障。办什么层次的教育,必须匹配什么层次的要素。要下决心解决投入、编制、干部管理等问题。要把教育经费作为战略性投入,巩固完善以政府投入为主、多渠道筹集教育经费的体制。各级党委和政府要落实"两个只增不减"政治责任,确保各学段生均经费水平逐年上升。要强化教职工编制保障,完善定期核编等基本制度安排,深化编制制度改革,推动各级各类教育编制尽快全面达标。要强化用地保障,对纳入规划的重大教育项目优先供地。把教育行政主管部门纳入市、县国土空间规划工作协调机构,实行教育设施与城市基础设施同步规划、建设、验收。明确教育部门管理或前置审核下一级教育行政部门主要负责同志和学校书记校长职务任免的职能,切实解决看得见的管不着的问题。

三是营造良好环境氛围。建设教育强省是全社会的共同责任。完善教育"民声呼应"快速响应长效机制,建立"接诉即办"制度,制定教育惠民清单,增强人民群众教育满意度和获得感。改进教育传播方式,大力宣传科学教育观,讲好教育强省故事,引导全社会形成合理的教育预期,营造全社会共同关心支持教育强省建设的良好氛围。

号角已经吹响,奋斗正当其时。我们要坚定中国特色社会主义教育道路自信,踔厉奋发,勇毅前行,以奋斗者的姿态和教育人的担当,为全面建成教育强国作出更大贡献。

2. 中原县域高中创新发展的实践探索

周 剑

> **提　要：** 县域高中在应对高考竞争压力的同时，还要不断追赶与城市高中在硬件设施、师资力量、教育资源等方面的差距，以满足广大乡村学生对接受更好教育的美好期盼。平原外国语学校是一所地处县域的公办寄宿制完全中学。建校之初，学校的管理团队面临着诸多困难和压力，为了从新学校起步建设和教育薄弱地优质发展的双重困境中突围，学校管理团队带领全校师生，在政府、教育主管部门的关心支持下，展开了一系列卓有成效的改革和创新实践，使学校一跃成为学生综合学业质量较高、广大家长充分信任、社会各界高度认可的优质学校。其经验在于以下六个方面，绘一张蓝图：分阶段主动规划学校发展；铸一脉品质：校园文化的守正与创新；树一种担当：以教育家精神塑造高素质教师队伍；守一方阵地：在精与变中实现轻负高质；育一园桃李：五育并举提升学生综合素质；搭一个平台：引入优质资源发挥辐射作用。
>
> **作　者：** 周　剑，郑州外国语学校副校长，平原外国语学校党委书记、执行校长

教育是国之大计、党之大计。当前，我国发展已进入全面建设社会主义现代化国家新阶段，必须坚持优先发展教育，深化教育领域供给侧结构性改革，优化教育资源布局，加快培养创新人才。处于中原腹地的河南，黄河流域生态保护和高质量发展、新时代推动中部地区高质量发展两大国家战略叠加，省第十一次党代会提出锚定"两个确保"、实施"十大战略"，都离不开教育提供的人才支撑和智力支持，对教育事业发展提出了新的更高要求。

河南是教育大省，教育人口 2 878.59 万人，约占全省人口的 28%，各级各类学校 4.99 万所，是中国教育的一个缩影。河南省委、省政府先后出台《河南省国民经济和社会发展第十四个五年规划和二〇三五年远景目标纲要》《河南教育现代化 2035》《河南省"十四五"教育事业发展规划》，明确提出要着力补齐短板、铸造长板，提高质量、促进公平，不断完善德智体美劳全面培养体系，加快推进教育现代化，建设教育强省，办好人民满意的教育，服务支撑"十大战略"实施，确保高质量建设现代化河南、确保高水平实现现代化河南。

然而，要实现由"教育大省"到"教育强省"的跃升，助力实现现代化，还面临很多新形势新挑战。河南现有普通高中970所，其中县域高中582所，占据了"半壁江山"。2023年，河南高考人数以120余万再次居于全国首位，县域高中在应对高考竞争压力的同时，还要不断追赶与城市高中在硬件设施、师资力量、教育资源等方面的差距，以满足广大乡村学生对接受更好教育的美好期盼。平原外国语学校就是一所地处县域的公办寄宿制完全中学。

平原外国语学校所处的平原示范区由新乡市原阳县的五个乡镇规划而成。原阳县是省级贫困县，教育基础比较薄弱，大量学生外出求学，增加了家庭的经济负担。2010年划镇设区后，区内有13所初中，但只保留了1所县级三类高中。随着区内人口增长和城市化进程的加速，高中的数量质量都难以满足学生需求。面对教育相对落后、群众对高质量教育又有强烈需求这一现实矛盾，平原示范区政府与郑州外国语学校教育集团开展合作，于2015年创办了平原外国语学校（郑州外国语学校平原校区），力求打造一所优质中学，进而带动提升区域教育事业的整体水平。

建校之初，学校的管理团队面临着诸多困难和压力：资金短缺，校园建设尚未完工，师资力量严重不足，招生面临挑战，管理体制有待建立……为了从新学校起步建设和教育薄弱地优质发展的双重困境中突围，学校管理团队带领全校师生，在各级政府、教育主管部门的关心支持下，展开了一系列卓有成效的改革和创新实践，使学校从"一穷二白""不见经传"一跃成为学生综合学业质量较高、广大家长充分信任、社会各界高度认可的优质学校。

一、绘一张蓝图：分阶段主动规划学校发展

规划对学校的发展至关重要，尤其对郑外托管的新学校来说更加重要。我们深知，制定发展规划，是对学校依法自主办学能力的一种释放，同时，也是对学校依法自主办学意识的一种提炼和考察，它是学校可持续发展的灵魂，是学校师生集体的行动纲领和"施工蓝图"，是办学的行动指南。

办学之初，学校就确定了"一年站稳，两年成规，三年知名，六年成名"发展目标，结合郑外主动发展规划，谋划平外发展愿景与使命，并制定相应阶段的具体实施策略。八年来，"六中心三基地"已经完成建设并发挥着关键作用。它们分别是区域教研中心、图书阅览中心、科学实验中心、艺术教育中心、体育与健康中心、学生自我探索与发展指导中心，教育部"未来教育行动计划"示范基地、河南省青少年科技创新教育示范基地和河南师范大学教育科学研究实验基地。

2021年，学校启动了新一轮的六年规划，本次规划拟定的整体考虑是：让规划的

拟定成为一个学校上下重新审视自我的过程，成为一个学校上下集中思考工作、集中谋划发展的过程，成为一个学校上下凝聚智慧、振奋精神的过程。通过这一过程，让这个规划成为一个可持续的、可循环的整体，从而推动学校的发展和进步。借助规划，来梳理我们发展学校的智慧和思想，来彰显平外具有独立价值的态度立场，给如此充满活力的平外再注入一股新的发展动力。规划分为"环境分析、使命和愿景、攻坚方向和重点举措、条块工作目标和规划、规划实施与保障"五部分，整体上按宏观（第一、二、三、五部分）和微观（第四部分）两大块来操作。宏观部分是整个规划的基调，是制定微观部分具体条款的依据；而微观部分则是宏观部分落实的保障。宏观部分由学校层面把握，微观层面由各处室紧紧围绕学校宏观思路具体量化。规划核心部分为第三部分，即"攻坚方向和重点举措"，体现了规划的主要内容：7大行动计划、25个重点项目，以此彰显学校发展特色和优势，设计学校今后六年的"初高中一体化人才培养行动计划"。作为六年发展规划的主干线，其基本策略是：以课程体系建设为基本载体，以学科高地建设为主要途径，以体验实践为重要激活方式，以强大的社会资源为助推力，以德育人文浸润为有效支撑，以一流的教师队伍为重要保障，这也构成了平外第二个六年的基本办学策略。

二、铸一脉品质：校园文化的守正与创新

校园文化是学校教育的重要组成部分，是全面育人不可或缺的重要环节，是展现校长教育理念、学校特色的重要平台，是规范办学的重要体现，也是德育体系中亟待加强的重要方面。

作为集团校之一，平外首先要坚持和传承好郑外文化和郑外精神。我们将郑外的"四干精神"（肯干、能干、多干、干好）、"五字管理作风"（严、细、深、实、快）、三项文化认同（四干精神、教师职业定位、培养目标认同）、两个服务（服务教学、服务师生），还有学校愿景与使命、办学特色（文理兼长、外语突出、全面发展）、培养目标（中西文化融合，智慧人格并重，本土情怀与国际视野兼备的高素质预备人才）、教学特色（重习惯、重方法、重提高、重全面）等核心文化内涵，通过一体化管理和实践深度融入到平原校区、融入到每一位老师和学生灵魂深处。

作为郑州外国语学校教育集团唯一一个在郑州市以外异地办学新学校，面对当地的生源质量、政策、资金保障等教育生态环境，我们实事求是地提出首次创业的精神和具体要求。在坚守郑外文化和精神的同时，结合实际制定一系列规章制度，知规则、守规矩、成习惯。在制度文化基础上，逐渐打造学校的"三广场、六园、七路"生态文化，以"思悟"

为核心的课程课堂文化,以"跨学科听课、跨学段教研、请学生评课"为核心的教研文化,以"三维细目表命题、等级呈现考试结果"为核心的重诊断与改进的考试文化,以"思、源、悟、道"为核心的科学探究文化,以"主动探索,志在卓越"为核心的学校发展精神和文化等。守正与创新的结合,不断交融激荡出更加丰富的学校文化和发展内涵,奠定了学校迅速发展、提升品质的基石。

三、树一种担当:以教育家精神塑造高素质教师队伍

《礼记·学记》曾说:"师严然后道尊,道尊然后民知敬学。"教师工作极具个体性和创造性,为培养本土情怀和国际视野兼备的高素质预备人才,学校大力弘扬教育家精神,履行为国造士、立德树人的育人使命,不断开阔教师的视野,创造机会和平台,让教师与国内外同行的思想发生碰撞,尽力调动教师的工作积极性,增强教师的职业幸福感,创新理论和实践相结合的方法,引领教师的专业发展。

平外教师招聘与郑外同步进行。八年来共招聘教师334名,硕士研究生占比近60%,80%师资的来自全国重点大学。我们学校的教师相对较年轻,有活力。但还缺少教学经验,对学校文化和学校精神的认同也需要一个过程。我们提出了教师成长的基本途径,即"明三观""读经典""拜名师"。教师要认同学校的办学思想、办学理念和人才培养目标,教师要善于读一些教育大家著作,学会站在巨人的肩膀上思考,要拜名师名家为师,时刻汲取榜样的力量。学校通过"青蓝工程、头雁培育、阿基米德、T台展示"等项目建设,通过教师分层培养机制,使各层次和各层级的教师明确各自的发展方向和目标;以校级学科高地建设为平台,培育"一超多强"高水平的学科团队;为教师特别是中青年教师找准和提供专业发展的平台和支点,目的是实施个性化教师培养;借助一些全国高端学术会议,全方位、多角度地为教师提供学习、交流、展示的平台和机会。我们通过各类培训,快速促进教师专业化成长,目前已涌现出一大批政治素质高、专业能力强的骨干教师,为平外快速提升提供了坚实的师资保证。

四、守一方阵地:在精与变中实现轻负高质

教育教学的主阵地改革最终发生在课堂,学生的未来取决于课堂。注重培养和考查学生的高阶思维能力,是新课改以及新中考、新高考改革的重要方向之一。平外将探索多年的"思悟课堂"经验和未来课堂发展理念、思维导学理念相融合,坚持"以学为本"原则,持续改进教学方式和学习方式,创新教学手段,探索出一条减轻学生过重课业负担与提高课堂教学质量并行不悖的课改之路。

学校在实践的基础上,提出了"思悟课堂"建设,意在让教师真正理解并建立一个课堂教学理念,即课堂教学是为了"让一个人摆脱对另一个人的依附",教师在课堂教学中所做的一切都是为了让学生尽快"独立",从而达到"教是为了不教"的目的;"独立"的标志是让学生学会思考,提高思维能力,改善思维品质,达到自解自悟。学校2016年将思悟课堂理念与未来发展相融合,引入信息技术支持下的"未来课堂",开展混合式教学模式探索,着眼未来课堂新模式探索与变革。2019年引入"思维导学"教学模式探索。指导教师认真学习思维导学"以学为本"的逻辑遵循,精准落实目标导航、路径导引、问题导向("三导")等课堂教学核心要素,构建思维导学的路径支撑,按要求设计教学方案,做到目标精确、路径精细、问题精准("三精")。依据新课程自主合作探究的要求,把课堂评价的重点放在自主的程度、合作的效度、探究的深度和学习目标的达成度("四度")。以课堂评价标准的改变,促进教师教学行为的转型。

在此基础上,学校强化年级备课组作用,深化教研内容改革,重点突出专题研究,推进"理解为先的单元教学设计"。加强作业管理,学生作业坚持分层次布置的原则,突出选择性和开放性。学校设立学术委员会,重点在课程教学、课题研究、试题研究、质量评价等方面发挥重要职能作用,以提升教师队伍整体业务水平,提高教学质量。

五、育一园桃李:五育并举提升学生综合素质

我们高度重视学生的德育工作,根据《中小学德育工作指南》和立德树人指导思想,围绕学生核心素养创新性开展大德育规划与实施方案。2020年至2022年底新冠疫情持续影响。2021年7月底,中原大地暴雨倾盆而至,疫情卷土重来,在"汛情疫情"叠加的复杂形势中,我们再次看到了许许多多感人的故事,也给我们上了一堂鲜活的"教育大课"和"人生大课",我们及时整理生动的案例,开展"把灾难当教材,与祖国共成长"系列主题教育活动,进一步增强学生爱党爱国爱家乡情怀。

进一步完善体育美育教学条件,建立"健康知识+基础运动技能+专项运动技能"和"艺术基础知识基本技能+艺术审美体验+艺术专项特长"的教学模式,聚焦"教会、勤练、常赛(展)",强化课外练习和科学训练指导,巩固课堂知识和技能,培养学生终身锻炼习惯和艺术兴趣爱好。支持"盘鼓社团""美术社团""合唱团"在市级优秀社团的基础上成为省级优秀社团,聘请"原武盘鼓非遗传承人"和书画家为兼职导师,每学期举办一次师生优秀书画艺术作品展。

把劳动教育纳入学生培养全过程,充分发挥劳动教育综合育人功能。学校研究制定了"日常生活劳动、生产劳动和服务性劳动"

的内容指标。建立校内劳动实践基地,分年级班级管理;强化与"河南省农科院研发基地"和"金水电缆集团"的合作,开发研学与劳动结合课程和实践模式。

利用和华东师大发展与教育心理学研究所合作建设的"学生自我探索与发展指导中心",经过八年探索,学生发展指导工作走过"一依托、二利用、三覆盖、四辐射"的发展过程,形成了"探索中心+智慧平台+层级体系+校家网络"模式。分学段年级开发和完善《学生发展指导手册》《学生自觉性培养手册》《寒暑假生活指导手册》及相关学生发展指导课程,帮助学生自我定位、明确自我奋斗目标,以确保未来发展的持续性和有效性,为学生的未来成功奠定基础。制定《学生发展导师管理办法》,全面实施全员导师制,秉承"教师人人是导师,学生个个受关爱"的理念,重点关注师生之间的"导学"关系。坚持亲情化、个性化、渐进性、实效性等四项原则,针对学生的个性差异进行指导。在学生发展指导中,正副班主任、任课教师、心理教师、生活老师及后勤职工全程参与。根据各年级学生发展特点,构建学生分阶段系列化全场景的指导模式,引领学生主动发展追求卓越。

学校制定《平原外国语学校学生综合素质评定方案》,突出了基于事实的评价,满足客观性的需要;突出了学生高中全过程的实时记录,满足记实性的需求;突出了学生全面发展、健康成长和个性培养的各个方面,满足完整性的需求。下一步要探讨与信息化结合,在建立学生综合素质发展记录的基础上,制定学生综合素质发展电子操作系统,以满足综合素质评价所需要的基本功能和特性。

六、搭一个平台:引入优质资源发挥辐射作用

学校根据国家关于普通高中育人方式改革的指导意见,积极引进国内优质教育资源和平台,如与清华爱学堂合作开展信息化背景下的未来课堂、与华东师大发展与教育心理学研究所合作的学生自我探索与自主发展指导中心、与清华 iCenter 中心合作的科创中心、与北外外研社合作的外语教师能力提升项目、与华东师大普通高中教育研究所教学指导团队合作的教师培训项目、与河南省新华书店合作建设的校园书店等。还有全国著名高校高中联合体项目、全国校园诗会联盟项目、"思维导学"课改实验项目等。这些合作项目极大地促进平外站在全国基础教育最前沿高位发展。

同时,秉承开放发展、共建共享理念,在保证本校发展提升的基础上,率先发起"三名"工程建设,对区内名优教师和管理干部的培养发挥着重要作用;启动"春雨行动"主动结对帮扶薄弱学校,开展联合教研,定期送课,捐款捐物关心帮助贫困家庭学生的学习和生活,不让一名学生因困辍学;成立平外教育集团,通过联合教研、教学观摩、联合考试评价与分析、举办开放性的科技夏令营和科

技嘉年华活动为区内其他学生提供兴趣学习内容和途径。目前,全区基础教育的整体质量在稳步提升。

一系列举措让平外不仅实现了教育薄弱地区新建学校的快速崛起,还蹚出了一条促进县域高中破局提升的新路子,取得显著成效。近年来,学校先后被评为河南省文明校园、河南省中小学校党建工作示范校、河南省青少年科技创新教育示范学校、河南省中小学人工智能教育实验学校、河南省中小学劳动教育特色学校、河南省示范家长学校、河南省学校家庭社会协同育人实验学校,申报的"我国中学化学微型实验的创新研究和教学实践探索(1988—2022)"项目荣获2022年基础教育国家级教学成果二等奖。

大泽龙方蛰,中原鹿正肥。2022年12月14日,河南省教育厅等十部门发布《河南省"十四五"县域普通高中发展提升行动计划实施方案》,全力构建河南县中高质量发展良好生态。当前,核心区位于平原示范区的"中原农谷"建设已上升为河南省委、省政府推进种业创新发展的重大战略项目,社会经济产业的转型发展将持续推动农科教资源的集中布局,也将为县域基础教育带来更多的机遇。发展中的平外将会更加坚定地以习近平新时代中国特色社会主义思想为指导,全面贯彻党的教育方针,深入贯彻落实党的二十大精神,落实立德树人为根本任务,充分发挥"教育、科技、人才"三位一体的基础性战略性支撑作用,紧抓政策机遇,摆脱路径依赖,跳出"县中模式"的怪圈,以推动高中育人方式改革为主题,树立自主发展信心,聚焦多样化特色发展,统筹推进学校育人方式、办学模式、管理体制、保障机制等改革,努力把学校建成中原县域高中创新发展的优质校、样板校,为国家发展、民族振兴培养优秀人才。

3. 乡村学校实现教育强国的现实难题与几点建议

方建江

> **提　要：** 中央教育强国建设的顶层设计振奋人心，教育强国建设号角催人奋进。在乡村教育耕耘24年，有13年乡村校长经历的我，深感教育强国路上一个都不能少，中西部地区、偏远乡村将是教育强国建设的难点和重点。当前，中西部乡村基础教育仍不同程度地存在以下不良倾向：教育功利化倾向严重、教育公平遭遇挑战、县域教育向城化和空心化、非教育教学事务干扰教育发展。聚力攻坚助推教育强国建设，需要：加大中西部地区教育投入、加强城乡区域的教育交流、优化县域学校的布局调整、办好家长学校形成育人合力、做优高校对县中托管服务工作、用好督导利剑切实减轻教师负担。
>
> **作　者：** 方建江，安徽省安庆市岳西县中关教育党总支书记

中央教育强国建设的顶层设计振奋人心，教育强国建设号角催人奋进，今后将成为每一名教育工作者为之奋斗的目标。作为一名来自中部地区偏远农村的基层教育工作者，在乡村教育耕耘24年，有13年乡村校长经历的我，深感教育强国建设还面临诸多困难和挑战，深感教育强国路上一个都不能少，中西部地区、偏远乡村将是教育强国建设的难点和重点。我们要有躬耕教坛、强国有我的使命担当。

一、厘清思路，认清教育强国建设面临的困难

当前，中西部乡村基础教育还不同程度地存在以下不良倾向。

首先是教育功利化倾向严重。思想决定行动，是行动的先导和动力。有正确的思想，才有正确的行动，有积极的思想才有积极的行动，有统一的思想才有统一的行动。当前片面追求升学率，扭曲的成才观、功利的教育观广泛存在于各阶层各群体。上到教育行政主管部门，下到普通家长，甚至教育工作者，升学率仍然是评价学校办学成效的核心指标。以县域为例，党的各级领导干部对教育关注的仍然是清北录取率，县教育局对各类学校的考核指标仍然指向中、高考录取率，老百姓更是唯升学率论学校成败。这样的教育观导致的后果就是学生课业负担沉重，加班

补课成为常态,学生睡眠严重不足,近视率居高不下,体质健康水平上不去,学生心理健康问题突出,五育并举沦为口号,素质教育成为空谈。

其次是教育公平遭遇挑战。城乡之间、发达地区与中西部地区间教育供给差距很大。以生均公用经费为例,2023年调标后安徽农村小学生均公用经费每年720元,初中生均公用经费940元;而上海黄浦区小学生均公用经费每年4 600元,初中生均公用经费每年5 100元。由于欠发达地区政府负债运行,教育经费主要靠国家的转移支付。发达地区拥有更多的教育资源和优秀的师资队伍,中西部农村地区面临师资结构性缺编和质量不优、教育数字化理念和设备滞后等问题。办学资源分配不均,拉大了城乡教育的差距,加剧了教育不公平的发生。

再次,县域教育向城化和空心化。随着城镇化进程加快,人口从乡镇往县城,从行政村往乡镇建成区流动,县城学校大班额现象严重,而村小基本消亡,留下的教学点更是师生比严重失调。以岳西县菖蒲镇为例,集镇区辅导小学最大班额超过50人,而小规模教学点六个年级一共才23人,造成教育资源配置严重失衡。"郡县治,天下安",基础教育的重点和难点均在县域。我国1866个县(含县级市)的教育优质均衡发展事关教育强国建设大局。以安徽岳西县为例,岳西县是安徽唯一的纯山区县,地域面积辽阔,山高岭大,学校点多面广,农村教学点、小规模学校多而散。师生比例严重失调,一方面总量超编,另一方面结构性缺编,音乐、体育、美术、心理健康、信息技术等学科教师严重不足,不能满足开齐课程要求。

最后,非教育教学事务干扰教育发展。在教育领域,教学工作始终是学校的中心工作。然而,随着社会的发展,非教育教学事务逐渐成为了教育过程中的重要组成部分。这些事务涉及各种管理、行政、后勤等方面,虽然它们对教育的发展起到了一定的支持作用,但过度或不当的处理可能会干扰教育教学的正常进行,影响教育质量的提升。以岳西县菖蒲镇为例,教师每天除完成正常的教育教学任务外,还要参与学校营养改善计划的管理(食材的入库出库、系统的填报、监厨陪餐等)、寄宿生夜间的管理,还有各类进校园活动,小手牵大手活动,各类层出不穷的联合发文、征文活动。非教育教学事务往往需要占用教师大量的时间,使他们无法专注于教学工作,影响教学质量;非教育教学事务的复杂性常常导致教育资源的浪费和分配不均,影响教育公平;频繁的会议、报告、检查等非教育教学事务可能给教师带来巨大的精神压力,影响其教学热情和专注度。还教育一方净土,给教师减负已势在必行。教育强国建设需要一批教育家型校长心无旁骛履职尽责、彰显情怀;更需要一批师德高尚、业务精湛的教师队伍钻研教学、潜心育人。

二、靶向施策，聚力攻坚助推教育强国建设

路虽远行则将至，事虽难做则必成。面对这些困难和挑战，只要我们坚持问题导向、目标导向，精准施策、改革创新，教育强国就一定指日可待。

加大中西部地区教育投入。加大中西部地区教育投入是一项长期而艰巨的任务，需要政府、社会、学校和家庭共同参与。只有通过增加投入总量、优化投入结构、拓宽投资渠道等多方面的措施，才能真正解决中西部地区教育投入不足的问题，推动中西部地区教育事业的发展，为我国经济和社会发展培养更多优秀人才。

增加投入总量，通过提高财政性教育经费占GDP的比例，增加教育投入总量。同时要调整教育投入政策，加大对农村地区、贫困地区的教育投入；优化投入结构，在增加投入总量的同时，优化投入结构，确保教育经费的合理分配和使用。例如，加大对教师培训、教育科研、教育数字化的投入，助推教育质量的提升；拓宽投资渠道，鼓励社会资本科学有效地投资教育领域，通过政策引导和优惠，吸引更多的企业、社会组织和个人投资教育。

加强城乡区域的教育交流。加强城乡区域教育交流是促进教育公平、提高教育质量、推动社会发展的重要途径。通过拓宽交流渠道、均衡资源分配、丰富交流形式等措施，可以有效地解决当前存在的问题，缩小城乡之间的教育差距，提高教育公平和教育质量。政府、学校和社会各界应共同努力，为城乡区域教育交流的开展提供保障和支持。

拓宽交流渠道，建立多元化的交流渠道，如网络平台、校际合作、教师互访等，使城乡之间的教育资源能够更加便捷地流动；均衡资源分配，组建城乡教育联合体，城乡学校结成友好合作学校，实现资源共享、师资互派、干部交流等举措，鼓励城市优质教育资源向农村地区流动；丰富交流形式，开展多样化的交流活动，如教师培训、学生夏令营、学术研讨会等，使城乡之间的交流更加深入和广泛；加强政策引导，制定相关政策，鼓励和支持城乡区域教育交流，为交流活动的开展提供保障和支持。

优化县域学校的布局调整。近年来，随着县域经济的快速发展和人口流动的增加，学校布局调整已成为一项重要的教育工作。优化学校布局，不仅能满足学生的学习需求，还能促进学校的教育教学质量，提高县域教育水平。确定办学规模，根据人口变化和区域发展趋势，科学预测学校规模，确保有足够的学位供给；平衡布局，综合考虑交通、环境、安全等因素，合理布局学校，使每个校区都有足够的活动空间，促进学生身心健康；考虑未来发展，学校规划应具有前瞻性，预留发展空间，以适应未来人口变化和经济发展。舒适性，优化教室、实验室、图书馆等场所的布局设计，确保学生有良好的学习环境。开放性，

设计开放式校园,增加学生互动空间,促进交流合作。安全性,加强校园安全设施建设,确保学生安全。

县域学校的布局调整是一项系统工程,需要综合考虑多种因素。通过科学规划、合理设计、充分利用空间等策略,促进县域教育的可持续发展。要高度重视县域内城乡一体化的教师资源配置。既要考虑就近入学原则,也要做到资源优化配置,努力改善乡镇寄宿制学校办学条件,做好县城义务教育规划布局。城区优质学校可以托管农村薄弱学校,开展集团化办学,满足人民群众对优质教育资源的需求,有效干预向城化和空心化的困局。

办好家长学校形成育人合力。针对农村地区留守儿童多、家庭教育缺失的现状,学校要办好家长学校,宣传好《家庭教育促进法》等法律法规以及做好家庭教育的科学指导。在全社会树立德智体美劳全面发展的育人观,建立社会关爱、家庭支撑、学校教育主阵地的协同育人机制。

办好家长学校对于提高家庭教育质量、促进学生全面发展具有重要意义。首先,家长学校的存在可以增强家庭教育的科学性,使家长了解孩子身心发展的规律和特点,掌握正确的教育方法。其次,家长学校的举办可以提高家长的参与意识,促进家庭教育与学校教育的有机融合,形成教育合力。最后,家长学校的建设可以推动家校沟通的民主化进程,促进学校与社区、家长之间的互动与合作。建立组织机构,成立家长学校委员会,负责制定办学计划、组织活动、监督执行等;制定教学计划,根据不同年龄段学生的特点,制定科学、系统的教学计划,确保教学内容的针对性和有效性;加强师资培训,提高教师对家庭教育重要性的认识,培养教师掌握科学的教育方法和理念;丰富活动形式,举办讲座、研讨会、亲子活动等形式多样的活动,提高家长参与度,增强家庭教育与学校教育的融合;建立反馈机制,及时收集家长对家长学校的意见和建议,不断改进办学质量;加强宣传推广,通过家长会、社区宣传、网络平台等方式,提高家长学校的社会影响力。只有家校形成合力,才能为学生的健康成长创造更好的环境。

做优高校对县中托管服务工作。利用高校雄厚的师资力量和卓越的教学质量,提升县级中学的教学水平和管理水平。可以通过派驻校长、交流师资力量、开展高质量培训等方式给县域高中带来实实在在的改变。高校在开展托管服务前,应深入了解县中的教育需求。这包括了解县中的师资力量、课程设置、教学资源、学生的学习状况等。根据对县中的深入理解,高校应提供有针对性的托管服务。这可能包括提供教师培训、教学资源共享、课程设计建议、学生辅导等。此外,高校还可以通过组织讲座、研讨会等活动,提升县中的教育水平。托管服务的成功实施,有赖于高校与县中的有效沟通。双方应建立定期的沟通机制,如定期会议、电话沟通、网络交流等,以确保托管服务的顺利进行。同时,高校还应积极倾听县中的反馈,不断改进服务。为了确保托管服务的有效性,高校应对托管过程进行持续的评估。这包括对托管服务的实施效果、学生的学业进步、教师的反馈等进行定期评估。根据评估结果,高校应及时反馈,调整托管服务策略。例如中国科学技术大学已经成功托管岳西县中,在教师发展、尖子生培优、课程建设、创新师资培养方面全面助力,在科普教育、实验教学、校本培训方面联动发力,并开放部分大学教学资源,积极搭建交流共建平台,带动和促进了岳西县基础教育办学水平的整体提升。

用好督导利剑切实减轻教师负担。教育督导机构要加大对各级政府履行教育职责的督导考核力度,把减轻中小学教师负担纳入督导内容。各级教育主管部门要主动建立减负清单,主动接受社会监督。学校应明确教育教学人员和非教育教学人员的职责,避免职责混淆;对非教育教学事务的流程进行优化,减少不必要的手续和环节,提高工作效率;利用现代信息技术,建立高效的信息管理系统,提高管理效率;为教师提供必要的培训和支持,帮助他们更好地处理非教育教学事务,同时保持对教学工作的专注。对实施国家营养改善计划和寄宿制学校较多的中西部地区,中央机构编制管理机构要创新体制机制,科学设置或者购买服务,有效解决学校后勤管理和宿舍管理难题。

教育是国之大计、党之大计,建设教育强国是党中央的重大决策部署,中西部地区要不断加大教育投入、优化资源配置、提高教师素质、推进信息化进程、促进公平正义、形成教育合力。只有这样,才能不断提高中西部地区的教育质量和水平,为建设教育强国贡献中西部力量。作为新时代的教育工作者,我们要胸怀大局、站位全局,坚持正确的办学方向,落实党的教育方针,坚持立德树人,做到五育并举,加快建设教育强国,办好人民满意的教育。

学校经验

1. 拔尖创新人才早期培养的实践进路
——成都七中的思考与设计

张 翼

> **提　要：** 在实践层面，我国普通高中在拔尖创新人才早期培养方面形成了包括创新的培养模式、多样化的课程体系和灵活的教学组织形式等特点。在理论层面，国外创造力教育提出大脑网络活动、神经可塑性原理、跨学科合作以及技术运用在促进创造力发展中的重要作用。在此基础上，本文系统梳理成都七中拔尖创新人才早期培养的理念和路径，并进一步提出了成都七中拔尖创新人才早期培养的未来方案，包括建构综合性课程体系、提供丰富的实践研究机会，以及利用新技术增强教学体验。这些措施旨在全面提升学生的创新能力、实践技能和个性化发展，为我国未来的科技创新和社会经济发展培育关键人才，展示了面向未来的教育模式的潜力和重要性。
>
> **作　者：** 张　翼，四川省成都七中校长

当前，我国正处于建设创新型国家和推进科教兴国的攻坚期。培养一支高质量的创新人才队伍，直接关乎国家科技实力和经济社会可持续发展。其中，高中阶段的拔尖创新人才培养，一方面，满足了国家在战略科技人才储备方面的迫切需求。通过系统培育高中创新人才，可以为国家重大产业和科技进步提供源源不断的人才支撑。不仅有助于巩固我国科技创新和产业核心竞争力，也是加快建设科教强国、实现中华民族伟大复兴的必由之路。另一方面，高中阶段的拔尖创新人才培养，也将强力促进学生的个性化发展。通过专业指导和丰富体验，学生可以全面激发潜能，拓展视野，提升国际竞争力。因此，从国家需求和学生发展两个维度来看，做好高中创新人才培养工作，意义非凡，关系全局。本文在综合分析国内普通高中拔尖创新人才早期培养典型案例和考察国内外创造力教育相关研究进展的基础上，系统梳理成都七中在拔尖创新人才培养方面已经形成的办学特色和培养体系，并设计创建适应未来发展导向的拔尖创新人才培养模式的实践路径。通过本研究的理论分析与实践探索，旨在为我国普通高中拔尖创新人才的早期培养和成长提供理论支撑与实践借鉴。

一、国内外拔尖创新人才早期培养模式与创造力教育研究进展

(一) 我国普通高中拔尖创新人才早期培养的特点

创新的培养模式是激发学生学习兴趣和创新潜能的关键。各校通过实施如厦门双十中学的"生态圈+课程群+基地班+共同体"、上海市西中学的"思维广场"和"网学平台",以及"漫思实验室"等模式,有效整合资源,促进个性化和因材施教。这些模式通过提供自主学习、合作学习和实践探究的机会,不仅提高了学生的学习效率,也激发了他们的创新思维。

全面且多样化的课程体系是促进学生个性化发展和知识拓展的基础。众多学校通过开设研究性、拓展性校本课程和设置基础课程、拓展课程及创新课程等,为学生提供了广泛的学习选择。这种课程设计不仅帮助学生在各个领域获得均衡发展,还鼓励他们探索新的学科领域,进而培养创新思维。

创新的教学组织形式更好地满足了学生的个性化学习需求。实施导师制、讨论式教学、小班化和走班制的学校,如北京八中,通过这些方法提供了更加个性化的学习环境。这种灵活的教学形式有助于教师更深入地理解每位学生的需求,从而提供更贴合个人的指导和支持。

理想信念和品格的培养是拔尖创新人才培养的重要基石。华东师范大学第二附属中学通过"志向+通识+特长"模式,强调培养学生的家国情怀、志趣和意志。这种培养不仅塑造学生的个人品质,也为他们成为未来社会的有用人才打下坚实基础。

提供丰富的实践平台是培养学生创新和实践能力的关键。通过建立各类实验室、学生社团和组织科技竞赛,人大附中深圳学校为学生提供了展现特长和培养实践能力的机会。这些平台不仅增强了学生的实际操作能力,也激发了他们对科学探索的热情。

家校社的协同合作为学生提供了全面的成长支持。通过家校社的紧密合作,如厦门双十中学的共同体模式,学校能够汇聚更广泛的资源,为学生创造更有利的学习环境和更多的成长机会。

与高校的深度合作为拔尖创新人才培养增添了实质性的支持。通过与高校的合作,南京市第一中学能够在课程设置、教学方法和评价机制上与高等教育接轨,为学生提供更专业、更前沿的学习资源,强化了培养的专业性和针对性。

(二) 国外创造力教育研究的相关进展

大脑默认模式网络(DMN)和认知控制网络(CCN)在促进创造力发展中起着至关重要的作用。理解这些神经网络如何影响创造性思维对于设计刺激学生创造力的教学活动至关重要。例如,引入开放式问题和探索性项目可以激发DMN,从而激励学生进行自由联想和深入思考,进而促进创造力的增长。相对地,通过提供需要认知控制和深度分析

表1 我国代表性普通高中拔尖创新人才早期培养模式梳理

学校名称	培养模式
厦门双十中学	采用"生态圈+课程群+基地班+共同体"模式，强调个性化教学、多样化课程和支持性学习环境。
上海市西中学	实施思维广场、网学平台、漫思实验室和科创活动，强调自主学习、创新能力和实践能力的培养。
武汉市武钢三中	采用"四位一体"的模式，包括自主培养、分层分组、综合课程和志趣+意志的人才培育策略。
华中师范大学附中	实施"三位一体素养结构""学段衔接""课程设置"和"家校社协同"，强调全面发展和素养导向。
北京市第二中学	以学生为主体，教师辅助的模式，重视个性化发展需求和创新社团，培养科技素养和创新能力。
钱学森学校	多元化培养模式，包括科学艺术课程、丰富的艺术活动和科学实验室建设，促进科艺全面发展。
华东师范大学二附中	实施"志向+通识+特长"培养模式，强调多元化学科、通识教育和特长发展。
北京八中	采用多种创新培养模式，如加速式超常儿童培养、充实式智力优秀学生培养等，注重个性化教育。
深圳中学	以实践活动为基础、核心素养教育为主线，强调德育思政性和创新能力的培养。
人大附中深圳学校	强调名师引领、宽厚基础课程体系、融合性和全员导师制，旨在全方位培养创新人才。
巴蜀中学	实施探究式小班化教学，走班制和导师制，激发批判性和创造性思维，强化教学组织管理。
南京市第一中学	通过"生态圈+共同体"的方式和"数理人才贯通培养实验项目"，强调个性化学习和与高校合作。
科技高中	着重个性化发展和因材施教，引导自主学习和探究，采用项目化学习和多元化培养方式。

的挑战性任务，例如复杂问题解决的活动，可以激活CCN，增强学生的创新思维能力。此外，神经可塑性原理为创造性思维教育提供了理论和实践的基础。利用这一原理，教育者可以通过多样化的创意训练和体验，如艺术创作、音乐表演和科学实验，来促进学生大脑结构和功能的发展。这些活动不仅丰富了学生的学习体验，还加强了大脑中与创造力相关的神经网络。对大脑创造力神经机制的深入理解，为制定个性化的教育策略提供了科学依据。通过分析学生的脑神经活动模式，教育者能够精确地确定每个学生的创造

力发展阶段和潜力,从而更有效地规划教学计划和活动。例如,对于在特定认知任务中展现出较高活跃度的学生,可以提供更具挑战性的任务和项目,以进一步激发他们的创新思维。

跨学科合作对于激发和培养学生的创造力至关重要,它将不同学科的知识和技能有机结合,通过解决实际问题来培养学生的批判性思维和团队合作能力。例如,在将数学与艺术相结合的课程中,学生可以通过艺术创作来探索和表达数学概念,如利用绘画或雕塑来呈现几何形状和比例。这种方法不仅使数学学习更加生动直观,也激发了学生的审美感和创造性思维。同样,跨学科项目和活动鼓励学生利用来自不同领域的知识共同解决问题,这种学习模式强调了团队协作、交流和创新思维的重要性。例如,在一个融合科学、技术、工程、艺术和数学(STEAM)的项目中,学生可能需要设计一个可持续生态系统模型,这不仅需要科学和工程知识,还需要艺术和设计的创造力。这种跨学科的学习方式帮助学生理解不同学科之间的相互联系,培养了他们对复杂问题的全面理解和批判性思考能力。此外,将学生日常感兴趣的主题融入课程设计,如在数学或科学课程中结合流行文化元素,可以显著提高学习的趣味性和相关性。这样的教学方法不仅增加了学生的学习投入度,还有效提升了他们的学习效果和学习动力。

数字技术的融入极大地丰富了创造力教育,为学生提供了新的学习平台和工具,扩展了教育的可能性。技术如虚拟现实(VR)、编程软件和数字媒体平台,不仅开启了创新实验和创作的新领域,也丰富了学习内容和方式。例如,使用VR技术,学生可以沉浸于不同的环境,如历史场景重现或科学模拟,这种沉浸式体验加深了他们对知识的理解,并激发了好奇心。编程软件则允许学生设计和创建自己的项目,如游戏或应用程序,这不仅锻炼了他们的计算思维和问题解决能力,也鼓励了持续的创新和尝试。此外,数字媒体平台为学生提供了展示和分享创意作品的空间,这种互动不仅增强了学习的社交性,还促进了创意的交流。这些技术的应用超出了课堂的范围,扩展到了课外活动和个人项目,为学生提供了更广泛的学习机会。通过参与在线编程挑战或数字艺术比赛,学生能在竞争和合作的环境中进一步提升技能和创造力。这些技术不仅让学生接触新知识,还鼓励他们以创新的方式思考和解决问题。

采用多元化评估方法对学生的创造力进行全面评价,对于指导其个性化发展至关重要。这些评估手段不仅涵盖学生的创意和想象力,还包括他们的思维过程、问题解决能力和创新实践。例如,发散思维测试要求学生在限定时间内产生尽可能多的解决方案,从而评估其创造性思维的灵活性和原创性。作品评估则专注于学生的具体创作,如绘画、写作或音乐作品,通过分析作品的独创性、复杂性和完成度,教育者能深入了解学生的个人风格和技术技能。专家评审由艺术家、作家或科学家等提供专业意见和反馈,同时赋予学生行业内见解。课堂观察则直接记录学生的互动、参与和表现,揭示学生的创造力。此外,自我评估和同伴评估增强学生的自我反思能力,促进课堂合作和交流。这些多元化的评估方法使教育者能更准确地把握学生的创造力水平,并根据学生的特点提供个性化指导。这种综合性评估不仅有助于理解学生的强项和改进领域,还促进其创造性思维和能力的发展,培养未来能够创新解决问题的领导者和创造者。

二、成都七中拔尖创新人才早期培养体系的回溯

(一)成都七中拔尖创新人才培养的理念

学校在拔尖创新人才的培养中,深刻融合了"全球视野,中国脊梁"的教育培养目标,强调创新素养与报国情怀的双重重要性。这一教育理念不仅体现了学校对学生全面发展的关注,也突出了培养具有国际视野和深厚爱国心的复合型人才的必要性。学校的教育策略旨在培育学生成为既能在全球舞台上发光发热,又深怀对国家和民族的责任感的未来领导者。

同时,学校在拔尖创新人才的早期培养中,特别强调理想信念教育的核心地位。学校通过各种教育活动和课程,培育学生的志趣和人生信念,引导他们建立正确的价值观和人生观。此外,学校还注重将优秀人才及早引入科技前沿的研究领域,通过提供丰富的科研机会和资源,激发学生的创新潜能和科学探究精神。这些教育举措不仅为学生的个人成长打下坚实基础,也为国家的未来发展培养了关键人才。

(二)成都七中拔尖创新人才培养的路径

整合校内外资源,构建开放型培养格局。学校积极加强与兄弟学校和高等教育机构的交流与合作,这种策略不仅拓宽了学生的视野,也为他们提供了更广泛的学习资源和机会。通过与其他教育机构的合作,学生能够接触到更多元的知识体系和教育模式,从而促进了他们综合素质的提升。

个性化课程设计,满足差异化学习需求。学校采用的个性化课程设计允许学生根据自身兴趣和未来发展方向选择适合的课程,这不仅包括传统的基础课程,还涵盖了各种拓展和选修课程。这种课程设置旨在满足学生的差异化学习需求,同时激发他们的专业兴趣、创新思维和深入探究的能力。个性化的课程安排反映了学校对学生个性和发展潜力的重视,为学生提供了充分发展自我和探索未知的空间。

弹性教学管理,打破标准化和一刀切。学校在教学管理上采取了灵活和弹性的策略,摒弃了传统教育中的"标准化"和"一刀切"模式。这种灵活的教学安排和评估方法为学生的个性化发展提供了更多的可能性。学校通过灵活多样的教学方法和评价体系,

鼓励学生追求学术上的卓越,同时重视培养他们的独立思考和自主学习能力。这种教育模式不仅培养了学生的学术能力,更重要的是培养了他们的创新精神和实践能力,为未来的挑战和机遇做好准备。

注重实践参与,将学习与社会实际问题结合。学校鼓励学生参与社会实践活动,如志愿服务、社区参与等,使学生能够将在课堂上学到的知识应用到真实世界的问题解决中。这种学习与实践的结合不仅提高了学生解决实际问题的能力,也培养了他们的社会责任感和创新精神。通过这种开放型的培养格局,成都七中为学生提供了一个更为广阔和动态的学习环境,有助于培养出更适应未来社会需求的创新型人才。

三、成都七中拔尖创新人才早期培养的未来可能

(一) 建构综合性的课程体系,实现综合育人

创建跨学科综合课程,激发学生好奇心和创新思维。构建一个跨学科的综合课程体系,以激发学生的好奇心和创新思维。这种课程设计鼓励学生跨越传统学科边界,促进更广泛和深入的学习。例如,将数学与编程结合的课程让学生通过编程来模拟和解决数学问题,从而不仅提高对数学概念的理解,还培养了编程技能和逻辑思维能力。科学与艺术的结合课程则旨在培养学生的创造力、审美和表达能力,如通过艺术形式来探索和表现科学理念。此外,将环境科学与社会学相结合的课程让学生研究环境问题的社会影响,解决实际问题,并培养批判性思维。这样的课程设计不仅拓展了学生的学术视野,还加强了他们的综合素质,为他们在未来的学术和职业道路上的成功奠定了基础。

项目导向教学法,培养实际问题解决与团队协作能力。采用项目导向教学法,重点放在培养学生解决实际问题的能力以及团队协作技能上。在这种教学模式下,学生被鼓励围绕具体的问题或挑战进行合作和探究。通过实际项目的实施,学生可以将课堂上学到的理论知识应用于真实世界的情境中,从而增强他们对知识的理解和应用能力。此外,项目导向学习还强调独立思考和组织协调的重要性。学生需要自行规划和管理项目,设定目标,确定实施步骤,处理可能出现的问题和挑战。这种方法不仅提升了学生的项目管理和团队协作能力,也锻炼了他们的创新思维和解决问题的能力。通过这种教学法,学生能够获得宝贵的实践经验,为未来的学术追求和职业生涯做好准备。

(二) 提供丰富的实践研究机会,激发学生科创兴趣

建设实验室和创客空间,提供接触先进设备的机会。为学生提供丰富的实践和研究机会,以激发他们的科学创新兴趣。学校通过建设先进的实验室和创客空间,为学生提供了接触和使用高端科研设备的平台。这些

设施装备了最新的科学仪器和技术工具,使学生能够进行各种实验和创新项目。在实验室中,学生可以亲自进行科学实验,探索物理、化学、生物学等领域的知识,实践他们在课堂上学到的理论。而在创客空间,学生则有机会接触到3D打印、机器人技术、电子制作等现代创新工具,通过实际操作来实现自己的创意和设计。这些实践活动不仅提升了学生的实验技能和工程能力,还激发了他们对科学和技术的深入探索和创新思维。通过在这些先进设施中的学习和实践,学生能够积累宝贵的实践经验,为他们未来的学术研究或职业生涯奠定坚实的基础。

与高校科研机构合作,让学生参与前沿研究项目。在推动学生科学创新和实践研究方面也采取积极的措施,其中之一是与高等教育机构和科研机构建立合作关系。通过这些合作,学生有机会参与到各类前沿的科学研究项目中,从而接触到最新的科学发展和研究趋势。这种直接参与实际研究项目的经历对学生来说是极其宝贵的,不仅能够深化他们对专业知识的理解,还能够提升他们的研究技能和创新能力。在这些研究项目中,学生有机会与大学教授、研究人员以及其他科研专家一起工作,学习如何进行科学探究、数据分析和实验设计。这种跨学科和跨界的学习体验不仅丰富了学生的学术背景,还帮助他们建立起宝贵的专业网络。此外,这种合作经验还能激励学生对科学研究产生兴趣和热情,为他们日后选择学术道路或职业发展打下坚实基础。通过参与这些项目,学生能够亲身体验科学研究的挑战和乐趣,增强他们的科研兴趣和求知欲,为未来的科学创新和研究贡献奠定基础。

(三)增强教学中新技术的运用,提升教育体验

运用AI和VR等新技术,创建沉浸式学习体验。运用人工智能(AI)和虚拟现实(VR)等新兴技术,为学生提供沉浸式和互动性强的学习体验。VR技术通过模拟真实或虚构的环境,使学生能够以全新的方式亲身体验和探索各类学科内容,如历史事件重现、科学现象模拟或艺术创作。这种沉浸式的学习方式不仅让复杂或抽象的概念变得更加生动和易于理解,而且大大提高了学生的学习兴趣和动力。

AI辅助个性化学习、自动生成问题及评估创造性作品。AI技术在个性化学习方面发挥着重要作用。学校将利用AI算法为学生定制学习内容和难度,以适应他们的学习速度和能力水平。AI还能自动生成针对性的问题和练习,帮助学生巩固和提高在特定领域的理解和技能。此外,AI还用于评估学生的创造性作品,为学生和教师提供及时和具体的反馈,从而促进学生创造力的进一步发展。

基于AI的虚拟仿真平台,支持开展跨学科探究项目。采用基于AI的虚拟仿真平台,支持学生开展跨学科的探究项目。这些平台允许学生在虚拟环境中进行实验和探

索,例如,在生物学、化学或物理学中进行实验模拟,或在工程和设计领域进行项目原型设计。通过这种方式,学生可以在安全的虚拟环境中测试和验证他们的想法,从而培养他们的实验、研究和问题解决能力。这种基于 AI 的跨学科平台不仅加深了学生对专业知识的理解,也鼓励他们在解决实际问题中发挥创造力和创新思维。

2. 高中理科人才培养的问题与思考——以物理学科为例

熊荣领

> **提　要：** 结合多年一线教学实践，以高中物理学科为例，分别从教师的教和学生的学两个方面对高中理科人才培养问题进行梳理。要培养好物理学科人才，对于教师而言，在构建高效课堂模式外，要关注对学科思维和内涵的把握，要及时关注课程标准的新趋势和新要求；对于学生而言，要在自学和互学上下功夫，要改变原有的学习方式，逐渐形成属于自己的学习方法；对于学校而言，要把课堂建成师生学习共生场，要求教师具备高度的教育敏感性和专业素养，能够根据学生的实际情况调整教学策略和方法，也要求学生具备自主学习、合作学习和反思能力，能够在教师的引导下不断探索和创新。
>
> **作　者：** 熊荣领，安徽省合肥市第五中学党委书记

一、引言

随着科学技术的飞速发展，人类社会对高素质理科人才的需求量越来越大，也越来越迫切。党的二十大报告指出："教育、科技、人才是全面建设社会主义现代化国家的基础性、战略性支撑。"这一表达突出了科教兴国战略在社会主义现代化建设全局中的重要地位。实施科教兴国战略，关乎人民的美好生活，关乎党和国家事业发展全局；更加突出了教育、科技、人才在全面建设社会主义现代化国家中的基础性、战略性支撑作用，必须始终坚持科技是第一生产力，人才是第一资源，创新是第一动力的理念并付诸实践。这足以表明理科人才，尤其是高中理科人才培养的重要性。2023年是邓小平提出"三个面向"40周年，其中面向现代化是其核心表述。教育要面向现代化，靠的一定是科技，教育承载着一定的责任，高中理科教育更是首当其冲！自2014年以来，新高考改革分类推进，从上海和浙江3+3模式的试点，到3+1+2模式的逐步实施，从学生最初放弃物理选科到后来选了物理和化学就可以报考90%以上的专业。这表明国家对理科人才培养的愈益重视。高中阶段是培养学生基本素质和能力的关键时期，特别是理科教育，对于培养学生的创新精神和实践能力具有重要意义。事实

上，高中在理科人才培养上一直普遍存在这样或那样的问题，也一直引发社会各界、学校管理者和广大师生的思考。归根到底，问题出在教师的教和学生的学上。本文以物理学科为例，对这一问题进行细致梳理和深刻剖析。

二、存在的问题

作为一名深耕教学一线近30年的资深物理教师，多次担任各种物理课评委，进班听课数以千计，我认为可以把物理教师在物理教学中存在的主要问题归纳为以下几个方面。一是教育观念滞后。部分物理教师的教育观念较为保守，未能跟上时代的发展，影响了教育教学的创新和发展。二是教学方法单一。部分教师过于依赖传统的讲授方式，缺乏创新和多样性，导致学生对物理学科的兴趣减弱。三是教学实践不足。物理学科强调实践性，但部分教师在实验教学方面投入不足，无法将理论知识与实际操作相结合，影响学生的实验能力培养。四是个性化教学缺失。每个学生的学习能力和兴趣都有所不同，但部分教师在教学过程中未能充分关注学生的个性化需求，导致部分学生跟不上课程进度或感到学习困难。五是专业素养不足。部分物理教师在专业知识和教育技能方面存在不足，影响了教学质量和效果。六是与学生沟通不畅。部分教师在与学生沟通和交流方面存在问题，无法及时了解学生的学习需求和困惑，影响了教学效果。七是教育资源利用不充分。部分物理教师在教学过程中未能充分利用现有的教育资源，如多媒体、网络等，限制了教学的深度和广度。八是评价体系不完善。部分教师过于关注学生的考试成绩，而忽视了对学生实际能力、兴趣和潜力的评价，导致教育质量受到影响。尤其在实验教学方面存在的问题更为突出。主要表现为：一是物理实验教学未得到足够重视。受传统教育观念影响，部分教师对实验教学的理解不足，往往偏重理论讲授而忽视实验教学。有时，教师甚至认为学生只要在考试时能答好实验题就可以了。二是过分依赖现代教育技术。随着多媒体技术的发展，许多实验过程和结果可以通过投影或录像直接展示给学生，这虽然提高了课堂效果，但也使学生变得被动，削减了学生动手操作的机会。三是实验教学模式单一。目前高中物理实验教学模式较为单一，很多实验活动都围绕应试教育进行，未能充分培养学生的实际操作能力和科学探究精神。四是实验器材落后。一些高中学校在进行物理实验教学时，由于缺乏先进的实验器材，导致学生的实验需求无法得到满足，进而影响了实验结果的准确性。五是学生缺乏主动探究的兴趣和热情。由于教学方法等问题，学生在实验教学中的主体地位常常被忽视，导致他们对实验缺乏兴趣和热情，不利于培养他们的创新能力和实践能力。

曾经多次对进入高一学习一个学期的学

生进行访谈，很多同学认为在物理学习当中存在这样的问题：一是对概念的理解不到位，多数局限于对概念的背诵和记忆；二是在规律的应用上出了问题，仅仅能够套公式而不知道公式之间的相互联系；三是对解题过程中发散的思维很难统一起来；四是对实验过程中出现的问题，多数停留在从视频去看实验，而不愿意去动手做实验，这样就实现不了实验的真正目的，也违背了物理学习与物理学科的本真。

物理学科组教师结合多年的教学经验，从教师的角度把学生在物理学习中存在的主要问题归纳为以下几个方面。一是基础知识薄弱。许多学生在初中阶段没有打好物理基础，导致高中阶段的学习困难重重。这主要表现在对基本概念、公式和定律的理解不深刻，无法灵活运用。二是学习方法不当。部分学生在学习物理时过于依赖死记硬背，而忽略了理解和思考。这种学习方法不仅效果不佳，而且容易导致学生对物理产生畏惧心理。三是实验能力不足。物理学科强调实践性，但许多学生在实验操作和数据处理方面能力较弱，无法将理论知识与实际操作相结合。四是数学基础薄弱。物理学与数学密切相关，许多物理问题需要通过数学方法来解决。然而，部分学生的数学基础较差，导致他们在解决物理问题时遇到困难。五是解题思路不清晰。部分学生在解决物理问题时，缺乏清晰的解题思路和方法，容易陷入思维定势，难以找到解决问题的关键。六是时间管理不善。物理学习需要大量的时间和精力投入，但部分学生在时间管理上存在问题，导致学习效果不佳。七是学习兴趣缺失。由于物理学科的抽象性和难度较高，部分学生对物理学习缺乏兴趣，影响了学习的积极性和主动性。八是应试心态过重。部分学生过于关注考试成绩，忽视了物理学科的实际意义和应用价值，导致学习过程中过分追求应试技巧，而忽略了对知识的深入理解。

三、引发的思考

（一）对教师的教的思考

在高中阶段，在很多学生眼里，物理成为最难的学科，没有之一。鉴于此，本人不赞同以学生为主体、教师为主导的课堂模式，而应该在课堂教学中实现教师和学生双主体。教师在教学中要采取以下措施：一是转变教师角色。教师不再是知识的传授者，而是学生学习的引导者和协助者。教师需要关注每个学生的需求和发展，为学生提供个性化的支持和指导。二是调动学生学习积极性。教师需要尊重学生的兴趣和需求，鼓励学生积极参与学习活动，发挥学生的主观能动性。采用合作学习方法：鼓励学生进行小组合作学习，让学生在合作中相互帮助、共同进步，培养学生的团队协作能力和沟通能力。三是引导学生自主探究。教师根据物理学科特点设计富有挑战性和趣味性的学习任务，引导学生自主探究，发现问题、解决问题，培养学生的创新思维和解决问题的能力。四是适时实施个性化教学。针对学生的不同特点和需求，教师需要制定个性化的教学计划，提供个性化的教学支持，帮助每个学生实现最大程度的发展。五是建立有效的课堂互动。教师需要创设一个积极、和谐的课堂氛围，鼓励学生提问、发表观点，与教师进行充分的交流和互动。六是反思和调整教学策略。教师需要根据学生的学习情况和反馈，及时反思自己的教学策略和方法，不断调整和优化，以提高教学效果。通过以上措施，教师和学生可以在课堂教学中共同发挥主体作用，实现教育的双向互动和共同成长。

以上给出了物理课堂教学模式，此外，物理教师的教还体现在对课堂的把握，对新课程理念的理解，对物理学科的理解，可以画一棵物理树（如图1）。

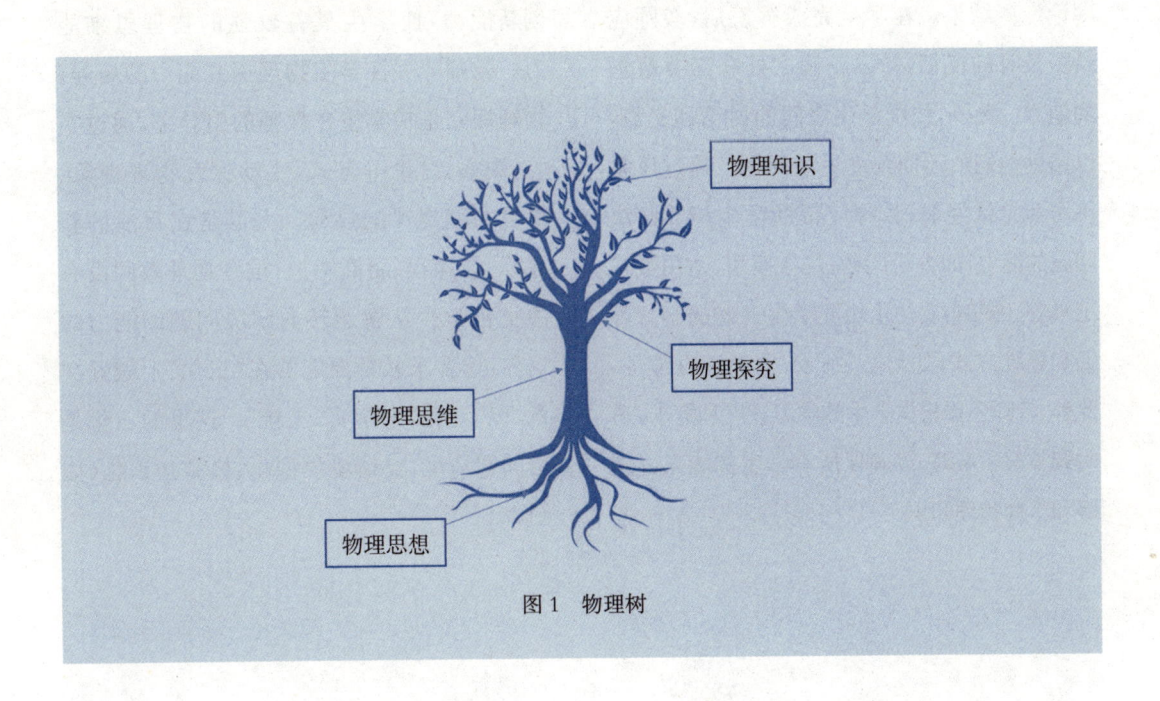

图1 物理树

物理教师要把物理思想理解为树根，把物理思维理解为树干，把物理探究理解为树枝，把物理知识理解为树叶。很多教师在教学当中关注的是树叶，也就是不断地带着学生去刷题，但是并没有从刷题中归结方法，更不能理解物理的本质和内涵。这会导致舍本逐末！教师的教应该注重培养学生的物理思维能力和物理探究能力，而不仅仅是传授知识。这要求教师在讲授物理习题时，应该遵循以下科学方法：首先，教师需要确保学生已经掌握了与题目相关的基本概念和原理。这可以通过讲解、示范或提供实例来实现。在带着学生分析题目时,教师应该帮助学生仔细阅读题目,确保他们理解题目的要求和限制条件。这包括识别已知量、未知量以及可能涉及的物理定律和公式。指导学生制定解题策略:根据题目的类型和难度,教师可以引导学生选择合适的解题方法。这可能包括直接应用公式、建立方程组、绘制图形等。对于涉及实验操作的题目,教师应鼓励学生进行实际操作,以便更好地理解物理现象和验证理论计算结果。在学生完成解答后,教师应给予及时的反馈,指出正确之处和需要改进的地方。此外,鼓励学生之间的讨论和交流,以帮助他们从不同角度思考问题。通过反复练习和总结经验,教师应帮助学生培养解决问题的能力,如分析问题、建立模型、运用数学工具等。同时,要注重培养学生良好的学习习惯和思维方式,如耐心、细致、批判性思考等。此外,教师还要根据学生的学习进度和需求,适时调整教学策略,以确保所有学生都能充分理解和掌握物理知识。

在学生的学习过程中,教师要引导学生主动思考、发现问题、解决问题,从而培养学生的创新精神和实践能力。教师还要关注学生物理思维能力的培养。物理思维是指运用物理学的基本概念、原理和方法分析和解决问题的能力。教师要引导学生从实际问题中抽象出物理模型,运用物理知识分析问题,提出解决方案。在教学过程中,教师要注重培养学生的观察能力、实验能力、推理能力和创新能力,使学生具备较强的物理思维能力。教师要关注学生物理探究能力的培养。物理探究是指学生在教师的引导下,通过实验、观察、讨论等方式,主动探究物理现象、揭示物理规律的过程。尤其是在目前的新课标、新课程、新高考上,很多物理教师没有注重把学生从解题转向解决问题的能力的培养,这要求教师要能够在"三化"上做好文章,以"三化"来落实"三新"。这里的三化是指问题情境化、情境模型化、模型知识化(如图2)。

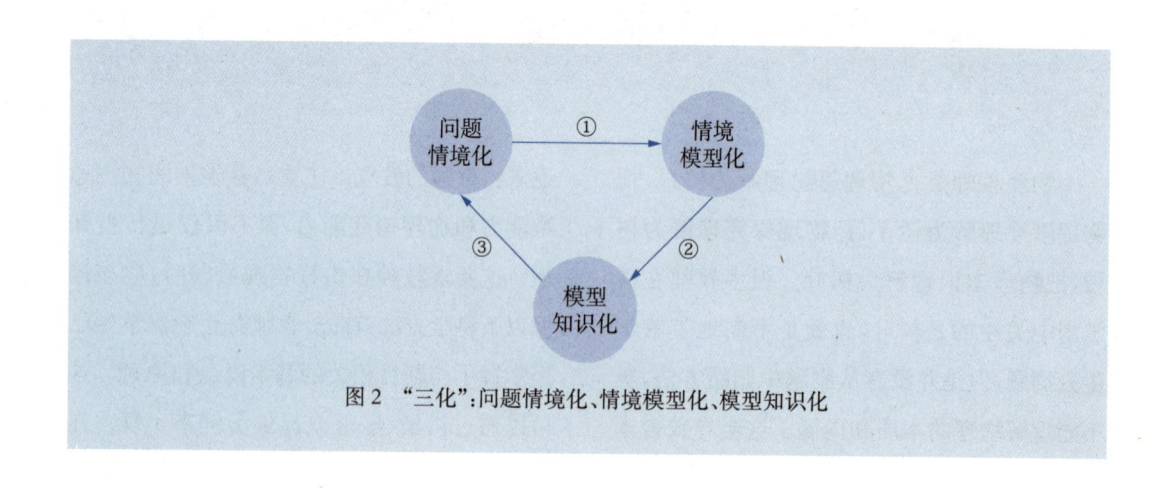

图2 "三化":问题情境化、情境模型化、模型知识化

物理教师没有注重将学生从解题转向解决问题的能力的培养,这可能导致学生在面对实际问题时缺乏独立思考和解决问题的能力。说具体一点,问题情境化要求教师设计具有现实意义的情境,让学生在解决问题的过程中感受到物理知识的应用价值。这样可以激发学生的学习兴趣,提高他们解决问题的积极性。情境模型化要求教师引导学生将实际问题抽象成物理模型,从而更好地理解和分析问题。通过建立模型,学生可以更清晰地看到问题的关键点,更容易找到解决问题的方法。模型知识化要求教师帮助学生将所学的物理知识与实际问题相结合,形成一个完整的知识体系。这样,学生在解决问题时可以灵活运用所学知识,提高解决问题的能力。

这里举个例子(图3):一小圆盘静止在桌布上,位于一方桌的水平桌面的中央。桌布的一边与桌的 AB 边重合,如图。已知盘与桌布间的动摩擦因数为 μ_1,盘与桌面间的动摩擦因数为 μ_2。现突然以恒定的加速度 a 将桌布抽离桌面,加速度的方向是水平的且垂直于 AB 边。若圆盘最后未从桌面掉下,则加速度 a 满足的条件是什么?(以 g 表示重力加速度)

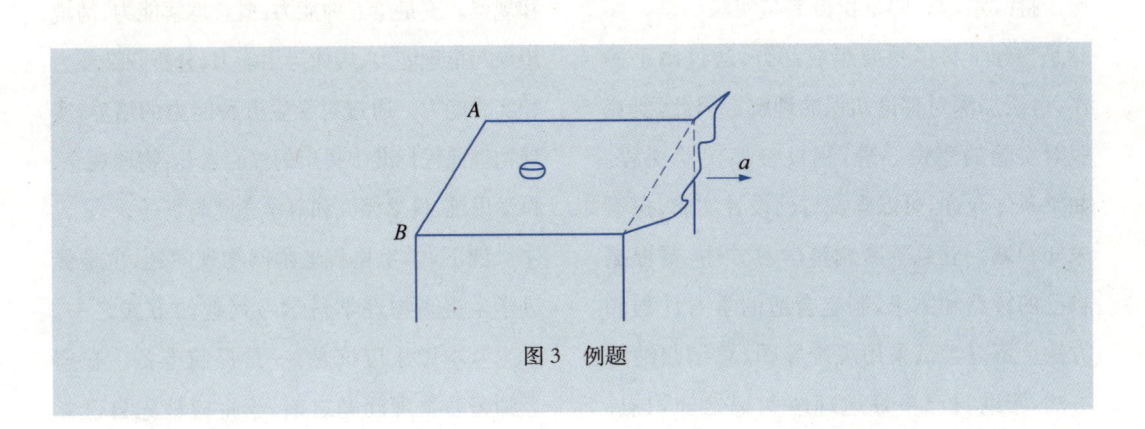

图3 例题

(二)对学生的学的思考

物理是一门很神奇的学科!对于天赋异禀的学生,会有一种"相见恨晚"的感觉。中国"量子之父"潘建伟说,他最不喜欢语文和英语,尤其是拼音,见了就头疼,哪知道到了初中遇到了一门非常简单的学科:物理!著名物理学家杨振宁,在被西南联大录取后,他自己关在家里自学物理,发现物理是一门非常好玩的学科,进了大学,就把原来录取的化学专业改成了物理专业。对于多数高中生来说,要想把物理学好,要做到:一是加强对概念的理解。在学习物理概念时,不仅要记忆和背诵,更要深入理解其内涵和外延。可以通过查阅课本、参考书、网络资料等途径,了解概念的产生背景、实际应用以及与其他概念之间的联系。同时,可以尝试用自己的语言解释概念,以检验自己的理解程度。二是提高规律应用能力。在掌握物理公式的基础上,要学会分析问题,明确已知条件和未知量,从而选择合适的公式进行求解。此外,要注意公式之间的相互联系,学会融会贯通,形成一个完整的知识体系。三是培养发散性思维:在解题过程中,要学会从不同角度思考问题,尝试多种解题方法。可以参加一些物理竞赛或讨论小组,与他人交流思想,拓宽自己的思路。同时,要注重培养自己的创新能力,勇于挑战难题。四是积极参与实验活动。实验是物理学科的重要组成部分,通过动手操作,可以加深对理论知识的理解。因此,要克服对实验的恐惧心理,积极参加实验课程。如果条件允许,可以尝试自己设计实验,探索未知领域。五是不断调整学习方法,要根据自己的特点和需求,制定合适的学习计划和方法。可以尝试采用思维导图、总结归纳等方法,帮助自己更好地理解和记忆知识点。同时,要保持学习的耐心和毅力,相信自己一定能够克服困难,取得好成绩。

其实,学生还要有明确的学习目标。高中物理有其自身的特点,模块清晰,知识系统性较强。我曾经在主编《高考新动向》(物理部分)一书的序言中写道:高中物理主要学习了一、二、三、四、五。一是指一个基础:受力分析。受力分析是物理学的基石,要求学生掌握各种力的性质、作用点、方向和大小。教师需要通过讲解、实例分析和习题训练,帮助学生熟练掌握受力分析的方法和技巧。二是指两类关系:力和运动关系、功和能关系。这包括牛顿三定律、能量守恒定律等基本物理定律。教师需要引导学生理解这些定律的内涵和应用,培养学生运用物理定律解决实际问题的能力。三是指三种观点:力的观点、动量的观点、能的观点。这要求学生学会从不同的观点去分析和解决问题。四是指四类主要运动模型:匀速直线运动、匀变速直线运动、匀变速曲线运动、圆周运动。每一种运动都相当于一条船,可以在运动中考查各种概念和规律。五是指五种能力:概念理解能力、情境想象与推理能力、规律运用能力、分析归纳能力和实验能力。通过对学生五种能力的培养,实现物理课程标准中提出的核心素养:物理观念、科学思维、科学探究和科学态度与责任。

课下,学生再找老师问物理问题,也是促进学生提高物理学科学习兴趣的方式之一。学生基本做法应该是:一是提前准备。在向老师请教物理问题之前,学生应该先自己尝试解决问题。可以查阅课本、笔记和网络资源,了解相关知识点。这样在向老师请教时,能更有针对性地提问,提高沟通效率。二是明确问题。在向老师请教时,要确保自己的问题表述清晰、简洁。可以先用自己的话概括问题,然后再详细阐述。这样既能让老师快速了解问题所在,也能避免因表述不清而浪费双方的时间。三是尊重老师。在请教过程中，要保持礼貌和尊重。不要打断老师的讲解，耐心倾听。如果对老师的解答有疑问，可以在老师讲完后再提出，而不是中途插话。四是主动思考。在听老师解答时，要积极思考，尝试将老师的解答与自己的理解相结合。这样既能加深对知识点的理解，也有助于培养独立解决问题的能力。及时反馈：在得到老师的解答后，要及时向老师反馈自己的理解情况，以便老师了解学生的学习进度。同时，也要感谢老师的帮助，表示对老师的尊重和感激。五是总结归纳。在请教结束后，学生应该对老师的解答进行总结归纳，将所学知识内化为自己的东西。可以将解答过程和要点整理成笔记，方便日后复习巩固。

事实上，在孩子与老师课下交流过程中，教师的通常的做法是，孩子把问题呈给老师，老师把问题看一遍，然后跟孩子一起分析问题，老师在草稿纸上，把问题一步一步解决，直到得出正确的结论或者答案。孩子拿着老师给的解答过程，心满意足地走了。如果孩子回去再能对问题进行深入思考，那是再好不过了，如果没有，在后面测试中，如果遇到类似的问题，没准还是不会。后来，出了考场，再把考的试题跟问的问题加以比对，会追悔莫及！问题出在哪儿呢？当然是在孩子跟老师的交流方式上。根据过往经验，成功的做法是，在孩子带着问题跟老师交流时，老师要学会"装傻"。孩子呈现问题时，老师要说自己"看不见"，要孩子自己把题目读一遍给

老师听。老师听了以后，问孩子是怎么想的。孩子把自己的想法说了，说着说着就卡壳了，说不下去了。老师这时就告诉孩子问题出现在哪，帮助孩子解决。过后，再让孩子朝下说，遇到问题时，再帮助孩子解决。如此下去，直到把问题解决。在老师"装傻"的引导下，孩子把问题解决后，老师不要急着让孩子走，要孩子把刚才交流的过程重新梳理一下，当着老师的面复述一遍。因为，教才是学的最好方式！最后，老师问孩子，要不要老师再说一遍啊。孩子当然求之不得了，老师再把整个过程叙述一遍，这样，孩子对问题把握得就更到位了。老师"装傻"，一是以弱示强，一是充分发挥学生在问题思考过程中的主体作用，老师只是在关键处予以引导，显现老师的主导作用。

除了课堂学习，自学也是学生学习物理的方式之一。在学校正常教学时间内，物理老师要求学生要在每一节课前预习，找出课本中不清楚的地方，并做出标注，第二天上课时，重点关注，实现深度学习。此外，在班级中组建学生物理兴趣小组，在小组中实现互学也是提高学生物理学科素养的途径之一。一是明确目标。首先，小组成员需要明确他们的目标，这包括提高对物理知识的理解，提高解决问题的能力，或者准备物理考试。明确的目标可以帮助小组成员保持动力并集中精力。二是分工合作。每个小组成员都有自己的优势和弱点。通过合理的分工，可以让每个成员都在他擅长的领域发挥作用，同时

也可以通过互相学习来弥补自己的不足。三是定期讨论。定期的小组讨论可以帮助成员们分享他们的学习心得，解决他们在学习过程中遇到的问题。这不仅可以提高他们的学习效率，也可以增强他们的团队合作能力。四是互相监督。在学习过程中，小组成员可以互相监督，确保每个人都按照计划进行学习。如果有人落后了，其他成员可以提供帮助和支持。五是反馈和改进。小组成员定期反思他们的学习方法和效果，找出可以改进的地方。这可能需要他们向老师或家长寻求反馈，或者进行自我评估。六是建立良好的学习环境。一个良好的学习环境可以提高学习效率，减少干扰。小组成员可以一起清理学习空间，保持安静，避免使用手机等电子设备。七是鼓励和激励。学习是一个长期的过程，可能会遇到困难和挫折。小组成员互相鼓励，激励对方坚持下去。他们可以通过庆祝小的成功，或者互相给予积极的反馈来实现这一点。此外，小组互学可以实现组内成员之间的同频共振。

总之，要想培养好物理学科人才，从学校管理者到物理学科主任，再到每一位物理教师，都要密切关注课堂。教师在课堂上要用教材教，而不是教教材，教师要做到讲清、讲透、讲活，要充分调动学生的积极性，实现教师和学生的双主体作用。物理教师要充分认识到：课堂不仅仅是师生的学习共同体，还是学习共生体，更是学习共生场。学习共同体是一个以学生为中心的教育环境，强调师生之间、生生之间的互动与合作。在这个共同体中，教师不再是知识的传授者，而是学生学习的引导者和协助者。学生则通过自主探究、合作学习和讨论交流等方式，共同构建知识体系，实现个体和集体的共同成长。学习共同体注重培养学生的创新能力、团队协作能力和解决问题的能力。学习共生体是指在学习过程中，师生之间、生生之间形成的一种相互依赖、相互促进的关系。在这个关系中，教师需要关注每个学生的需求和发展，为学生提供个性化的支持和指导；学生则需要在教师的引导下，积极参与学习活动，互相帮助，共同进步。学习共生体强调教育的人文关怀和情感支持，以及教师与学生之间的信任和尊重。学习共生场是指一个有利于师生共同成长的学习环境和氛围。在这个场中，教师和学生共同参与课程设计、教学实施和评价反馈等环节，形成一个动态的、互动的学习过程。学习共生场要求教师具备高度的教育敏感性和专业素养，能够根据学生的实际情况调整教学策略和方法；同时，也要求学生具备自主学习、合作学习和反思能力，能够在教师的引导下不断探索和创新。当然，这对教师的教学能力和学生的学习能力要求有所不同，但是，学习共同体、学习共生体和学习共生场都强调师生之间的互动、合作和共同成长的教育理念。在实际教学中，教师要根据学生的需求和发展，创设合适的学习环境和氛围，引导学生积极参与学习活动，实现个体和集体的共同进步。

3. 高中育人方式变革的价值取向与实践探究

杨 华

> **提　要：** 随着高等教育普及化、高中发展特色化和学生发展多样化的趋势，育人方式需要进行相应的变革。我们结合校情提出了成全的育人观念和适合的学校教育理念，强调以人为本，关注师生发展，并从校园文化理念、课程、课堂等角度出发，为高中育人方式改革提供校本路径。
>
> **作　者：** 杨　华，重庆市渝北中学党委书记，原重庆暨华中学校党委书记、校长

随着《关于新时代推进普通高中育人方式改革的指导意见》出台，普通高中迎来了多样化发展的新格局。高中育人方式变革是一个系统工程，各学校变革的方式方法不尽相同，但始终都指向立德树人的总目标。基于国家文件的具体要求和学生成长的现实需求，重庆暨华中学校依托自身资源和平台优势，积极探索高中育人方式变革路径，积累了一定的校本实践经验，分享出来供大家批评指正。

一、高中育人方式变革的时代诉求

（一）高等教育普及化推动基础教育深度变革

我国已经迈入高等教育普及化阶段，高校招生规模不断扩大，面对人人都能接受高等教育的局面，高中教育的功能定位、价值导向和育人方式，势必会发生系列变革。高等教育普及化阶段"知识观由封闭走向开放""学生学习自主权不断扩大"，以"强化高中作为大学预备教育的功能"为育人着力点[①]，数字化时代学生所需的知识来源渠道多元、形式多样、互动便捷，高等教育专业知识由小众走向大众，可能转化为国民普及知识，具有较大的开放性。只是囿于专业目标的指导性，高中学生缺乏系统性、整体性信息素养的培养，极有可能陷入信息链接的"黑洞"，从而未能走上专业化发展道路。知识信息的开放性决定了高中知识体系的广泛性和基础性，因此我们应该着力培养学生的综合素养。此

---

① 魏燕.高等教育普及化进程中的普通高中育人方式改革[J].中小学校长，2023(10)：13—18.

外,高等教育普及化为学生选择适合自己的教育提供了较大的自主性,通过高考改革实施走班选科策略,搭建了升学通道,为学生多元化、个性化发展提供了可能性。因此高中必须弱化"一考定终身"思想,成为破除"育分文化"①的先行者,根据高中生个性化发展需要,夯实基础知识的同时,搭建综合素养发展实践平台,树立终身学习意识,提升自主学习能力、跨学科思维能力以及解决实际问题的能力。

(二) 高中学校需要探究特色化发展之路

基于学校片面追求升学率、忽视素质教育的现状,高中同质化发展现象普遍存在,在高校人才选拔方式、普通高中性质、社会趋同等方面未出现大幅变化的情况下,同质化发展将会长期存在。特色发展是打破高中同质化发展现象的有效路径,在育人变革的时代背景下,高中学校可以基于实际条件尝试在管理机制、课程教学改革、校园文化塑造等方面进行适当突破。但总体来说,大多是被动求变,并非主动"多样"。学校出于功利化的目的,引进特色项目,或是浅表化的设计与模仿,或是拼盘似的照搬与照抄,最终的结果是呈现了同质化的"变形",其实质是忽略校情的求异思维。避免同质化发展,走向特色发展,成为特色学校,一定要基于学校历史,全面综合研判学校各种资源,对学校办学理念、文化精神、课程教学、人际关系等方面做出一整套系统的改造。当然,在实际变革过程中,切忌急于求成全面突破,应采取项目引领、适时切入、适度推进原则,逐渐覆盖。

(三) 高中学生个体成长需要广阔的发展空间

基于对社会需求的适应、个人竞争力的提升,多样化的人才培养机制成为热议的话题。学校和社会应该提供更多的机会和支持,帮助学生实现多样化的发展。"双减"政策为高中学生多样化特色发展提供了契机。一方面,课后服务为学生全面而个性化的发展提供时间支持,为高中培养模式的多样化打牢素养基础;另一方面为学生回归学校教育主阵地、接受多样化培养提供空间保障,为高中培养模式的特色化夯筑现实基础。义务教育阶段学生的个人兴趣和特长爱好得到了一定的保障,个性化的发展需求得到了一定的满足,这种多元化发展需求延续到高中阶段,要求高中学校在课程供给上能够满足学生多元化发展需要、提供更为专业的升学指导,以匹配高等教育多样化的专业选择。

二、高中育人方式变革的价值取向

(一) 遵循教育教学规律,渗透成全教育理念

育人方式的变革基于人,以师生为根本。育人回归教育的本质,使教育成为人的教育,

---

① 周兴国.为每个学生提供适合的教育——兼论学校多样化发展的价值追求与实践路径[J].教育发展研究,2012,32(08):42—46.

成为成全人的教育,促进高中学生全面发展。育人方式变革的前提是发展人,而不是从制度、课程、课堂等方面"异化"人。我们变革育人方式一定要怀着"成全学生、成就教师、成功学校"的美好愿景,把"立足根本、遵循规律"的"成全教育"理念渗透于学校办学的方方面面。遵循教育教学的客观规律,实现从"育分"向"育人"转变,注重提升学生的关键能力,培养学生的核心素养,着眼于学生的未来成长,提高学生面向未来的适应性与竞争力,让教育真正回归本真。教师是学校发展的引擎,要在育人中育己,在成人中成己,激活内在的教育热情,实现自我人生价值的理想信念。师生在学校教育中都得到了成全,自然而然也就成全了学校的发展。

(二) 提供适宜的学校教育,促进学生全面发展

"办人民满意的教育,为每个学生提供适合的教育",是我国基础教育发展的基本价值追求。"为每个学生提供适合的教育",其本质的要求就是要让教育适应每个学生,从而促进学生身心健康全面发展或为学生的终身发展奠定基础。[1] 为了提供"适合的教育",学校一般或是基于课堂教学,或是基于课程变革,抑或是二者皆有,在某种程度上来说,这是符合内在教育逻辑的。但是在教育实践的过程中往往会出现以教为中心,强调通过教学而使教育适合学生,导致教与学之间始终存在着无法调和的矛盾;以课程为中心,通过课程的改造来使教育适合学生,又存在知识割裂、难以形成系统的学科知识体系的弊端,同时也忽略了学生的主观能动性与主体地位。因此,我们需要从教学课程适合到学校适合,需要从学校的组织与发展层面入手,形成与教学适合、课程适合共生共存的适合性体系。

(三) 汇聚有效的实践载体,建构全方位育人格局

实践载体就是指人类的具体活动方式,在实践的过程中能够传递、承载物质的活动形式和实体的就是实践载体。育人的实现依靠在学校存在的、发生的教育活动中的人、事、物为载体来落地。严格来说,存在于学校内的主客观事物都属于有效的实践载体,如校园环境、文化制度、课程设置、课堂教学、师生群体等,但我们还是要根据校情,遵循育人效果的典型性、直接性、持续性来筛选有效的育人实践载体。校园文化理念是否得到真正融合,课程建构是否有明显的文化架构,课堂教学是否有突出的育人价值等,都值得我们做进一步的思考与探究。我校尽可能全面地梳理和汇聚校内有效的实践载体,构建全方位育人格局,使得高中育人方式的变革紧扣校情,落到实处。

---

[1] 周兴国. 为每个学生提供适合的教育——兼论学校多样化发展的价值追求与实践路径[J]. 教育发展研究,2012,32(08):42—46.

三、高中育人方式变革的实践探究

(一) 围绕和融竞进理念,发挥以文化人功能

校园文化理念是一种符号,一种精神符号。校园文化的核心要素是物质文化、精神文化、制度文化、活动文化,它是由学校组织引领,师生共同创造,将校园精神作为核心,反映师生精神风貌、价值取向、思维方式、行为规范的群体亚文化。学校校园文化综合表现为强大的精神力量,在师生群体中发挥重要的凝聚和濡染功能。为此,学校编定《暨华中学学校文化建设手册》,使学校发展有了奋斗的目标、发展的方向,但如何获得师生的深度认同,将德育、教学等与校园文化相结合,进而转化为师生自觉的行为,发挥校园文化育人的最大功能,需要我校探索出一条切实而有效的路径。学校围绕"和融竞进"核心文化理念,提出"和顺管理、和雅润心、和乐启智"的办学思路,主动汲取优秀传统文化,并将其深度融入到学校管理、教育教学中,拓展国际化办学,增强学校开放性,提升文化内涵,彰显中华民族特色。

(二) 构建和融心育体系,落实立德树人任务

我们坚持五育并举实现立德树人根本目标,结合"和融竞进"核心文化理念构建了"和融心育"的特色校本育人体系。"以德育心"即心育与德育的和融;"以智慧心"即心育与智育的和融;"以体强心"即心育与体育的和融;"以美润心",即心育与美育的和融;"以劳健心"即心育与劳动教育的和融。同时,探究了"八机制和融"的实施策略,坚持"以管育心"策略,此为"和融心育"模式的校本管理机制;坚持"以师育心"策略,此为"和融心育"模式的教师参与机制;坚持"以动育心"策略,此为"和融心育"模式的活动促进机制;坚持"以研育心"策略,此为"和融心育"模式的科研牵引机制;坚持"以技育心"策略,此为"和融心育"模式的技物支持机制;坚持"以评育心"策略,此为"和融心育"模式的诊测评价机制;坚持"以家育心"策略,此为"和融心育"模式的家校共育机制;坚持"以社育心"策略,此为"和融心育"模式的社校联动机制,最终实现成全教育。基于教育心理现代化,我们建构了"和融心育"模式,体现了我校的办学思想、治校理念和发展特色。在内涵上,它是心理健康教育具体化、系统化、范型化的校本实践样态;在内容上,它是融教育理论和实践于一体的操作体系,具有"模式化"的特征。

(三) 立足协同育人机制,设计整合课程

育人活动要转换为育人课程,所有的理念均要落实在课程变革与实施上。整合国家、地方、校本课程,让学生在心目中逐步树立人类共同追求的"富强、文明、民主、和谐"大德,遵守社会共享的"自由、公平、公正、法制"公德,严守个人秉持的"爱国、敬业、诚信、友善"的私德;培养文化基础深厚,具有自我发展和社会参与能力的时代新人。一是推进国家课程校本化。以"和融竞进"的办学理念为引领,充分利用我校教师、设备、资源等对

国家课程作出校本化的研读,开展校本化教学实践探索,实现教师有教育主张的个性化课程教学,实现学生有个人追求的个性化课程学习。二是实施地方课程本土化。以"和融竞进"的办学理念为牵引,充分发挥市区、家庭各种教育资源的育人功能,采取因地制宜的形式,实施本土化的课程开发,通过研学活动等方式促进学生自主、合作、探究的学习活动。三是践行校本课程特色化。以"和融竞进"的办学理念为驱动,全面利用学校现有育人资源,鼓励教师发挥自身个性特长参与校本课程开发,有效组织开展学生各类社团实践活动。

(四) 融合特色校园文化,打造卓越课堂

在基础教育中,对于学校而言,课堂(含第二课堂)依然是育人主阵地,在课程整合化与特色化基础上,我们提出了打造卓越课堂的目标。以培养学生核心素养为首位,聚焦新课程新课标,在"卓越"标准下注入"和融竞进"校本文化理念,从和融并包的整合教学内容、和乐启智的课堂教学生态、以文化人的和雅教学环境、竞进共生的卓越评价体系四个方面打造和融文化卓越课堂,突显卓越课堂的科学高效与文化品质,形成师生的成全共生,实现卓越课堂的精准打造。特别是制定"卓越"标准与评价维度,形成针对学科与非学科课堂评价指标,明确评价方式与结果呈现形式,构建卓越课堂育人评价体系。既要实现传统教学评价的优化,还要体现卓越课堂评价的精准化,更要体现评价引导课堂质量提升的效能。为此,需要从评价对象、评价内容、评价方式与结果呈现等角度去形成和融文化卓越课堂成效评价体系。

(五) 立足学校战略高度,创建教研共同体

育人的关键在于教师,教师培育的关键在于教研。我校作为重庆市教研示范基地,将教师发展放在学校发展的战略高度。在教育部《关于加强和改进新时代基础教育教研工作的意见》精神指导之下,突出与落实"新时代、新课标、新高考、新教材"四个关键词,彰显学校校本文化,内隐"励毅博卓,臻于至善"校训精神以及"博学敬业,慈怀善教"教风等校园文化理念,专门打造特色校本教研,通过构建开放人文的校本教研机制,建立完善的校本教研制度,促进教师专业成长,打造一支传承和弘扬中华优秀传统文化精神,面向世界、面向未来,有德、博学、善教的现代化教师队伍。

我们立足于未来教育,融入校本文化,聚焦学研,建立优化学校教师发展三维机制,形成科学高效发展路径。建立"求知—践行—善育"的教师教研梯级成长机制,形成"共生—共情—共赢"的学校教研生态发展机制,拓宽"聚点—跨线—带面"的学科教研三级联动机制,精深细实开展教研活动,促进教师的全面发展。具体而言,以制度为法,抓教研管理,提高工作规范的信度;以师学为先,抓教育质量,探究教师发展的角度;以平台为基,抓行动落实,提高教育实践的深度;以高效为要,抓课程改革,拓展课堂内容的跨度;以科

学为准,抓督导评价,增强教育管理的效度;以品质为标,抓项目科研,助推综合发展的高度。总之,形成从课程目标到资源建设、课堂教学实践、学生活动实践、教学评价与成果推广的完整路径,对制度、组织、行动等教研的多个要素进行细致的考量,既有理论研修的高度性,又有实践操作的可行性,更有共享共赢的互利性。

育人变革是一个长期的建设工程,对现代化管理水平提出更高要求。为此,学校需要作出系统顶层设计,突出基于育人需求的问题解决和凸显校本特色的成果凝练,强化课程与课堂两个育人主阵地。同时,还需要统筹规划和深度融合校园文化制度、教师专业发展、特色资源平台等维度,形成结构化、立体化和特色化的校本路径,才会在育人变革之路上走得更稳、行得更远。

4. 育人方式变革的高中特色教育体系构建与实践
——以财经素养培育为例

金 怡

> **提　要：** 基于对财经素养培育的价值意义分析，采取循序渐进的实施路径，逐步建构学校财经素养培育体系。制定发展性的财经素养培育目标体系，建设形态多样、满足需求的课程体系，建构导向深度参与的培育方式体系，研发支持性的学生生涯规划网络管理平台，探索学校、高校、社会紧密配合的运行机制。
>
> **作　者：** 金　怡，上海市敬业中学校长

2012年，世界经合组织（OECD）在国际学生测评项目（PISA）中将财经素养列为测试内容，由此青少年财经素养教育在全世界范围内开始获得广泛重视。自2014年起，作为有近三百年历史的沪上名校，上海市敬业中学顺应世界范围的发展需求，把握上海建设国际金融中心的城市定位，遵循"敬业乐群"的校训，逐步建成学校财经素养培育体系，并取得较为明显的实践成效。

一、学校开展财经素养培育的价值意义

世界经合组织将"财经素养"定义为，个人能够做出恰当的财经决策并实现个人财经幸福所需的财经意识、知识、技能、态度和行为的综合素质。[①] 财经素养是涉及个人理财知识、理财能力和理财态度的综合素质，且关乎个人未来幸福的指标。[②]

（一）培育财经素养是世界教育的发展趋势

美国、英国、日本、澳大利亚、加拿大、新加坡等发达国家的财经素养教育走在世界前列，已经将财经素养作为当今社会的核心生活技能。在美国，财经教育被称为"从三岁开始实现的幸福人生计划"。2007年发布、2012修订的《K-12财经素养国家标准》，围绕收支储蓄、债务借贷、工作收入、计划投资、风险调控、金融决策等六个板块，明确了四年

[①] Atkinson A, Messy F A. Measuring financial literacy: Results of the OECD [J]. International Network on Financial Education (INFE) pilot study. 2012.
[②] 高云，孙曼丽. 英国中小学财经素养教育实施路径及其启示[J]. 教学与管理，2023(01):105—108.

级、八年级、十二年级学生需要达成的素养要求。① 英国在全国中小学推行"学习金融知识计划",并将金融知识纳入2008年正式实施的《国民教育教学大纲》,从2014年开始,所有中小学校必须按照国家课程相关要求实施财经素养教育,保证每个学生都能接受到国家课程中涵盖的财经素养教育。日本通过了《消费者教育促进法》,要在高校及中小学开展消费者教育。同时还创办财经素养专题门户网站,采用游戏、猜谜、动画等形式,与参与者实时互动,以更具亲和力和人性化的方式普及公民的财经知识。

在我国,国务院于2016年印发的《推进普惠金融发展规划(2016—2020年)》中明确提出要推动部分大中小学积极开展金融知识普及教育,我国教育学界、心理学界、经济学界以及学校教育和校外教育机构都日益关注青少年财经素养的评价和提升问题。② 2018年中国财经素养教育协同创新中心首次公开发布《中国财经素养教育标准框架》,标准框架以心智及知识储备较为稳定的高中为标准研制的定标学段,然后以此为基调分学段上下延伸至大学和初中、小学、幼儿园。③

可见,采用多样的方式开展财经素养教育,既是顺应世界教育发展趋势的需要,也是落实国家政策要求的有效路径。

(二) 培育财经素养是培养未来人才的需要

根据国家的整体定位,上海正在加快建设国际金融中心和国际航运中心。在未来发展中,上海将急需金融、会计等现代服务领域的高端人才。由此看来,培养具有财经素养的人才需求将会是突出的发展方向。

上海市敬业中学的校训"敬业乐群"中,"乐群"体现传统文化要求,尤其是用儒家文化作为学生的生命底色;"敬业"反映时代发展的脉搏,强调培养能够融入未来社会的人才。培养学生财经素养,打造一批具有学科特长、创新潜质、综合素养优秀的财经类特长生,也是传承学校文化的需要。

此外,我校针对2016—2018届学生进行连续三年的职业性格测评,发现1/3以上学生适合的职业领域主要集中在金融、市场营销、投资、银行、商业领域。积极创造发展财经素养的条件和机会,也是为学生未来发展奠基的需要。

(三) 培育财经素养的过程也是育人方式变革的过程

教学方式变革是课程改革的关键特征。新世纪以来,历次课程改革均要求加强启发式、互动式、探究式、合作式、差异化、个别化

---

① Davis, Kimberlee, Durband, Dorothy Bagwell. Valuing the Implementation of Financial Literacy Education [J]. Journal of Financial Counseling and Planning, 2008,19(1):20-30.
② 国务院.关于印发推进普惠金融发展规划(2016—2020年)的通知[EB/OL]. https://www.gov.cn/zhengce/content/2016-01/15/content_10602.htm.
③ 中国财经素养教育协同创新中心.中国财经素养教育标准框架[J].大学(研究版),2018(01):9—35.

等教学方式应用。① 不过,受到课程内容多、应试压力大、实施难度高等诸多因素的影响,教学方式变革往往浮于表面、流于形式,并没有走到学科教学的核心地带。

而在实施财经素养教育时,多以实践性情景活动方式为典型特征。如美国财经素养教育基于"玩中学"的教育理念,尤其强调以活动为基础的实践性情景教学。② 英国则在财经素养课程中采用跨学科的方式进行教育,如纳入数学、商业研究、信息和通信技术、公民资格、个人社会和健康教育(PSHE)等课程之中。③ 可见,采用辩论演讲、跟岗实践、模拟创业、课题研究等培育方式,可以充分体现参与性、实践性等特征,进一步促进教学方式变革,对其他必修、选修课程实施均会产生积极影响。

二、建构学校财经素养培育体系的思路方法

基于对培育财经素养价值意义的分析,学校日益明晰财经素养培育的基本定位,采取循序渐进的方式深化实践,逐步建构起财经素养培育体系。

(一) 明晰财经素养培育的基本定位

在我国,从各地实践来看财经素养培育,或强调校本课程建设,或强调在学科教学中渗透,亟待进行全面、系统、深入的研究与实践。为此,学校致力于建构促进育人方式变革的财经素养培育体系。

首先,改变当前财经素养培育零敲碎打、指向不明的现状,制定面向全体高中生、具有发展性特征的目标体系。其次,改变课程内容缺乏系统性的现状,融合必修课程、选修课程与实践活动,建立匹配目标体系的课程内容体系。再次,不拘泥于讲授法、讨论法、练习法等以教师主导教学过程的传统教学方法,④充分利用信息技术,优化培育方式,以增强学生的参与深度,深化学生的实践体验,丰富课程的评价方式。最后,构建中学、高校、社会多方协同的运行机制,整合各方优势力量,实现教学效益最大化。

(二) 采取循序渐进的推进路径

首先,开展基础研究,建构培养目标。开展文献分析,结合《中国财经素养教育标准框架》,参考美国、加拿大、澳大利亚等国家以及OECD、APEC等国际组织有关财经素养标准的架构,开展专家讲座、科研沙龙,形成学

---

① 中共中央,国务院.关于深化教育教学改革全面提高义务教育质量的意见[EB/OL]. https://www.gov.cn/zhengce/2019-07/08/content_5407361.htm.
② Volpe R P. Mortgage Meltdown Reveals Importance of Financial Literacy Education [J]. Journal of Personal Finance, 2010(9):61-77.
③ Cupák A., et al., Decomposing Gender Gaps in Financial Literacy: New International Evidence [J]. Economics Letters, 2018(168):102-106.
④ 雷雅缨,郑智潇,江婷婷,林燕滢,邓家毓.各国财经素养教育的实践及启示[J].科教导刊(上旬刊),2014(9):39.

校财经素养培育目标体系,明确目标体系落实的整体安排。

其次,组织实践探索,优化实施方式。在基础型课程中明确融入财经素养培育目标落实的基本要求,各学科实践中形成相关典型案例。通过在思想政治课程中强化、系统梳理相关教学内容,组织时政演讲等,优化教学方法。自主开发"模拟商赛""市场营销"等选修课;邀请上海财经大学金融专家来校开设"金融理财""广告学"等共建课程。初步形成系统的课程内容与培育方式,初步建设与社会机构、高校等共同探索协同合作的运行机制。

再次,进行专题研究,提升实践品质。以"基于高中生生涯规划辅导的商科课程设计与实践""高中学生生涯规划网络管理平台开发与应用研究"等四项市、区级专题项目研究为契机,强化协同运作,深化实践研究,提炼形成财经素养培育结构体系,强化实践类活动的设计与实施,开发学生生涯规划网络管理平台,形成基于平台的信息化支持体系。

(三) 形成财经素养培育体系

不断总结提炼,优化指向育人方式变革的财经素养培育体系,实现在全校范围内的常态应用。深化机制研究,健全财经素养培育的机制,增加中学、高校、社会联系的紧密程度。充分发挥信息技术优势,开发学生生涯规划管理网络平台,探索论文课题评定、实践活动反馈、教学考核等多元化评价方法。

三、学校财经素养培育体系的主要内容

学校以目标制定为导向,以内容设计为基础,以实施方式为关键,以评价转型为特征,以机制建设为保障,形成相互关联、紧密联系、协同作用的财经素养培育体系。

(一) 教育目标有定向:制定发展性的财经素养培育目标体系

形成财经知识、财经技能和财经道德三位一体,基本目标、兴趣目标、志趣目标相互衔接,财经素养与通用素养充分交融的发展性目标体系。该体系体现以下特征:

首先,充分考虑上海作为国际化大都市对未来人才财经素养的需求,将财经素养分为财经知识、财经技能和财经道德三类。其次,将目标放到学校整体育人框架中考量,不仅关注财经素养的培养目标,同时也关注通过财经实践活动能够发展的问题解决能力、科学探究能力、团队合作意识等,体现融会贯通。再次,结合学生MBTI职业性格测试,针对不同学生的生涯发展兴趣和需求情况,分别面向全体学生、对财经有兴趣及有志趣的学生进行目标分层,关注不同层次学生的发展特征,体现纵向衔接。

(二) 课程体系有定位:建设形态多样、满足需求的课程体系

基于学校原有课程体系,在必修课、选择性必修和选修课三类课程中进行设计和规

对象	财经素养			通用素养
	财经知识	财经技能	财经道德	
志趣生	学习适合高中的微观经济学、宏观经济学、市场营销、金融财务管理和会计等基本原理。	尝试个人理财的规划与决策,具有财富的创生力。	了解行业道德风险所在,树立正确的理财观,恪守法制、诚信、公平原则,具有反馈社会的责任感。	问题解决能力科学探究素养团队合作意识……
兴趣生		对投资项目或产品进行初步分析,学会借贷、投资、保险等基本操作,具有初步营销能力。		
全体学生	了解收入与消费、储蓄与投资、风险与保险、制度与环境、财富与人生五个维度的相关财经知识。	具备自食其力的劳动创造力,正确平衡自己的收入与消费,对理财平台进行有效的识别。	树立正确的劳动关系、合理的金钱观、正义的财富观。	

金字塔结构(从下到上):
- 必修选必课程融入 / 思政课程强化 / 财经活动组织
- 选修课程开发 / 财经类社会实践专题研究
- 财经类竞赛活动

图1 财经素养培育目标体系图

划,有意识地加强财经素养的融入和嵌入,并专门开发了一批商科特色课程,构建起财经素养教育课程内容体系。

学校针对不同层次的学生提供不同的教学内容。面向全体学生,在必修课程中融入,思政课程中发展,特色活动中强化;面向兴趣生,开发选修课程,组织社会实践,开展专题研究;对于志趣生,组织参与各类财经竞赛活动。

① 必修课程融入财经素养培育。

各类学科教育是财经素养培育的重要阵地,教师选择与财经相关的内容或问题情景,运用学科方法解决问题,从而将财经素养教育中融入日常教学中。例如,进行英语和语文学科教学时,以财经类文章阅读为切入口,融入财经知识和道德要求。又如,在数学等理科教学中,研究商品促销活动中优惠券的设置方案,建立函数关系从而获得最大优惠;设置怎样合理安排人力物力资源等与财经有关的问题情境,将经济案例融入博弈和概率计算之中,探讨使经济效果达到最好的路径。

② 思政课程强化财经素养培育。

思政教师除了结合新教材进行金融知识的传授外,还结合组室的一些特色项目、"实践与探究"等活动强化财经素养培育。例如,"时政五分钟演讲"是组里的传统特色,每节课前都会请学生就日前的时事政治进行演讲。老师有意识地引导学生关注热门经济现

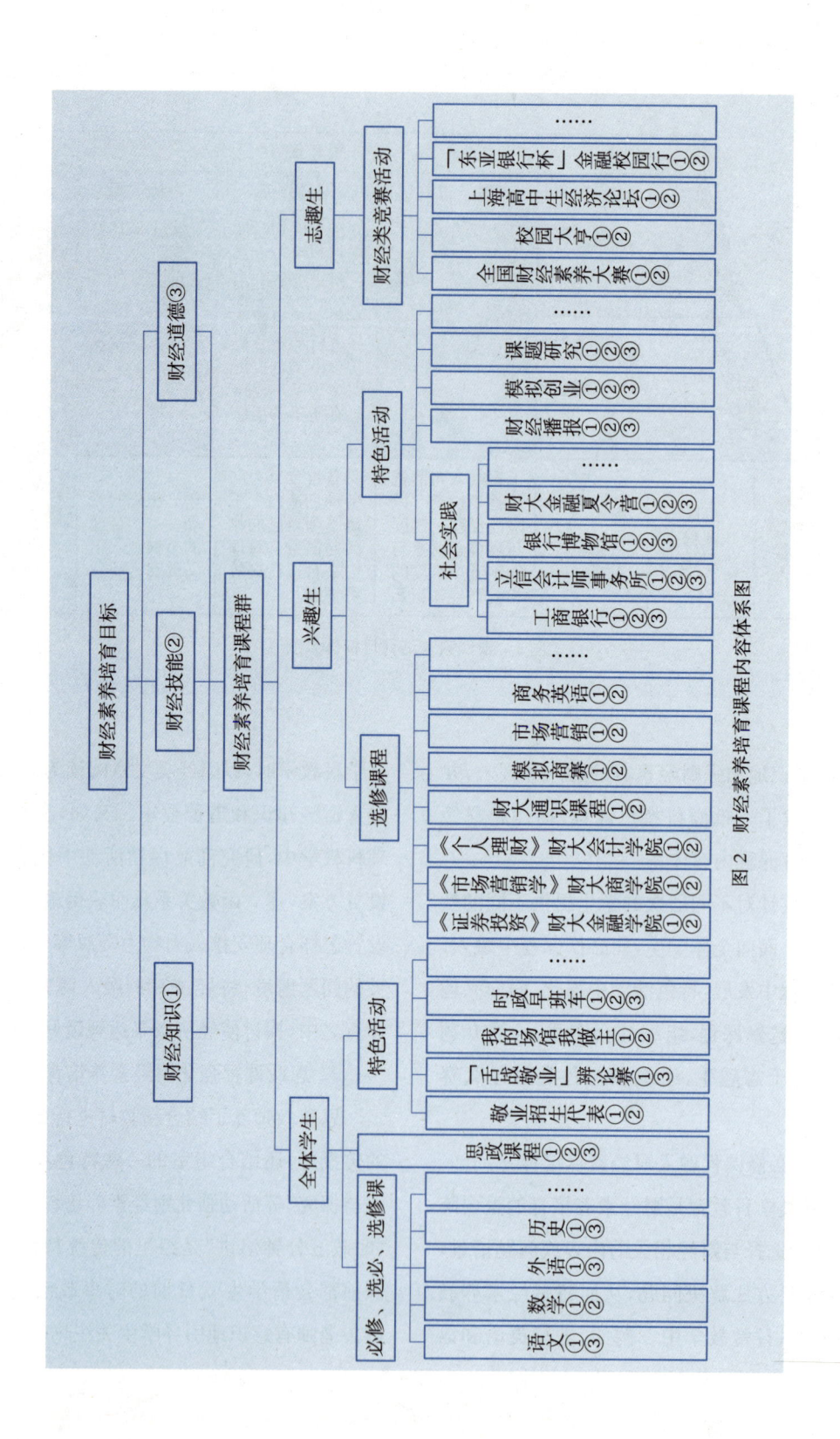

图2 财经素养培育课程内容体系图

象,如"网红销售策略""美联航事件""我不是药神""华为崛起之路"等,并组织进行分析与评价。

3 依托高校自主开发选修课程。

为解决专业力量不足的问题,自2015年开始,学校与上海财经大学签约共建课程,开设每周两节的选修课程,内容涉及货币银行、金融理财、数理统计、市场营销等方面的商科知识。由本校教师担任助教,以促进师资培养,形成可持续发展态势。经过几年实践,本校教师在高校教授指导下自主开发"超级大富翁——模拟商赛""市场营销"等校本课程。

4 特色活动丰富商科体验实践。

学校组织学生参与市区校各级的商科类活动,让学生在深度的实践体验中提高对财经知识的运用和实践能力。如与工商银行、立信会计师事务所等单位达成合作,作为商业活动实践基地为学生提供实践场所,定期提供实践学习的机会。在社会实践的基础上,组织学生开展商科类课题研究活动。学校自主开发"舌战·敬业"辩论赛、招生代表回母校推介、校庆文创产品设计营销等校内特色活动;还组织学生积极参与全国中学生财经素养大赛、上海市高中生经济论坛等校外金融类活动。

(三) 培育方式有定策:建构导向深度参与的培育方式体系

学校在积极实践探索的基础上,初步形成财经素养培育教学实施方式体系。依托财经情境开展学科教学,培养学生财经知识和技能。在此基础上,通过辩论演讲、跟岗实践、模拟创业和课题研究等教学方式,进一步巩固和深化所学的财经知识和技能,培养财经道德。

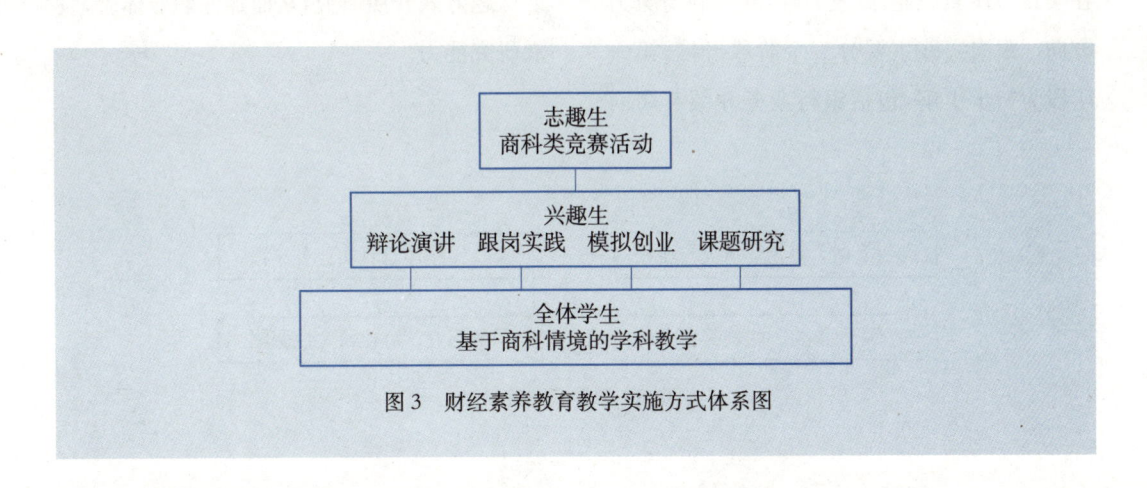

图3 财经素养教育教学实施方式体系图

1 以思辨表达为导向的辩论演讲。

学校通过以商科为主题的辩论和演讲,帮助学生提升思辨和逻辑表达能力。如一年一度的"舌战·敬业"辩论赛,围绕与经济学相关的"使用打车软件出行,对城市交通利大于弊/弊大于利"等辩题,组织全校学生积极参与,既能提升学生灵活运用所学财经知识的能力,又能增进其思维的缜密性和表达的逻辑性,将财经素养培育寓教于乐。又如,学校每年组织招生代表回母校活动,让学生向初中母校推介敬业中学的办学理念、历史文化、教学特色等方面内容,尝试运用市场营销的知识和技能,积累市场推广的经验。

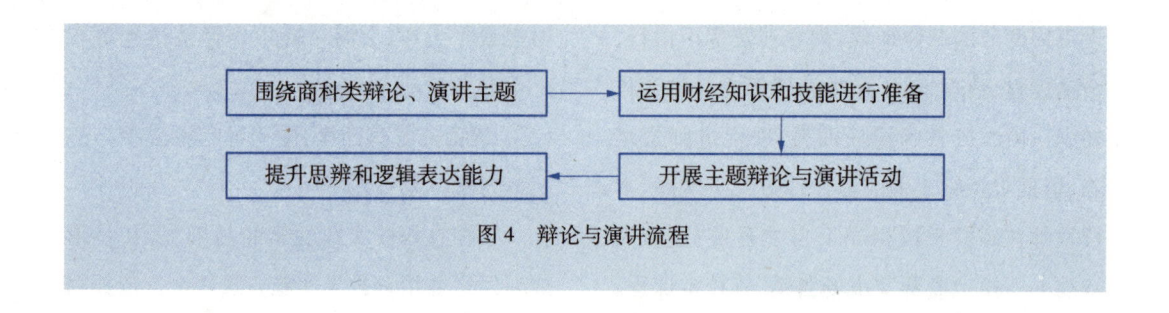

```
围绕商科类辩论、演讲主题 → 运用财经知识和技能进行准备
         ↑                              ↓
提升思辨和逻辑表达能力 ← 开展主题辩论与演讲活动
```

图4 辩论与演讲流程

2 以深度体验为导向的跟岗实践。

学校与工商银行、立信会计师事务所等单位达成合作,作为商业活动实践基地,为学生提供实践平台,定期提供实践学习的机会,在实践中体验职业,激发兴趣,明确自身努力方向。跟岗实践主要分三个阶段开展,第一阶段为初步了解,包括银行业务介绍与岗前培训等,以理解吸收为主。第二阶段为操作体验,包括银行导览服务、银行智能业务推介与辅导等,以个体实践为主。第三阶段为课题研究,针对前两个阶段中产生的关键问题,以课题方式开展研究,从而加深职业体验,发展研究能力。

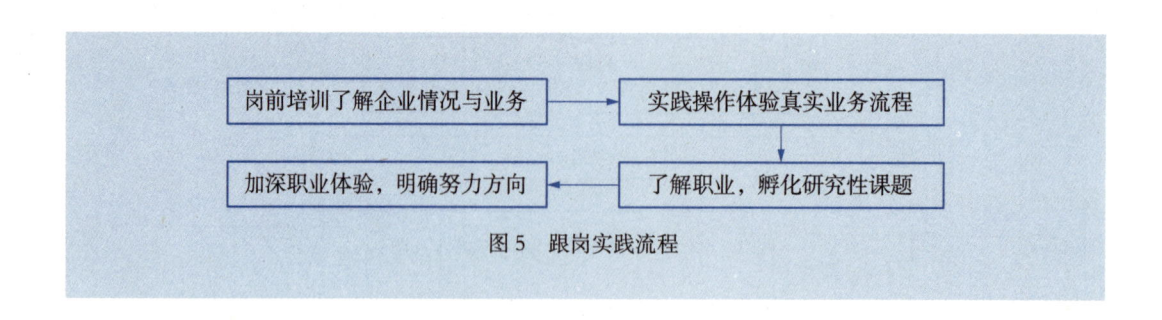

```
岗前培训了解企业情况与业务 → 实践操作体验真实业务流程
         ↑                              ↓
加深职业体验,明确努力方向 ← 了解职业,孵化研究性课题
```

图5 跟岗实践流程

如在银行博物馆的实践中,商科班学生参与到银行博物馆的探索体验环节,教授参观者珠算互动活动,学习、讲解、传播金融知识。又如,学生走进工商银行,学习人民币设

计特征和精密防伪、银行工作的专业规范以及外汇业务的产品分类等。另外,学生还走进立信会计师事务所,浸入式地体验会计师的工作状态,学习会计记账方法、会计商务礼仪等专业知识。

③ 以市场营销为导向的模拟创业。

学校定期组织学生开展模拟创业活动,在活动过程中,引导学生运用所学的财经知识解决实际问题,提升相关财经素养。从确立活动主题,制定活动方案,到实施创业活动,都需要学生进行独立思考与团队协作,这对学生形成了艰巨考验,但也对学生的能力发展有很大帮助。

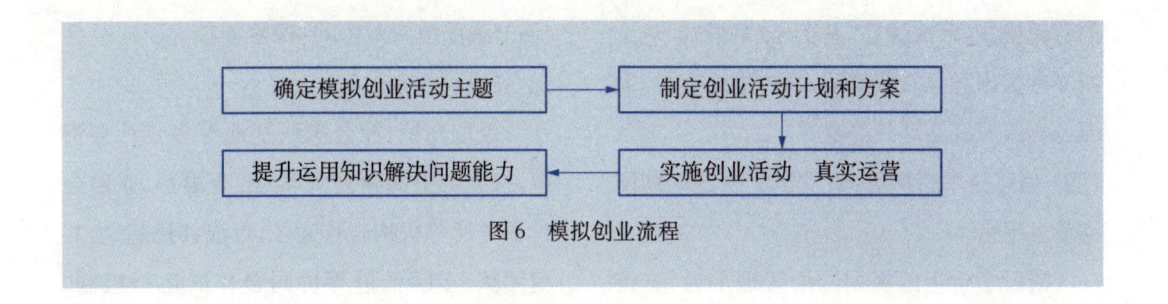

```
确定模拟创业活动主题 → 制定创业活动计划和方案
                              ↓
提升运用知识解决问题能力 ← 实施创业活动 真实运营
```

图6 模拟创业流程

如学校依托创客梦想基金,给予学生实现商业梦想的机会,学生对教学楼公共空间进行自主设计、布局、询价、装饰,展现自身能力的同时,使学校公共空间变得更加舒适怡人。又如学校"270周年校庆文创产品设计营销"活动,学生积极为校庆设计文创纪念产品。他们从产品、价格、渠道、促销这四个经典的市场营销要素出发,确定营销策略和计划,实施真实的运营活动,成为校庆系列活动中一道靓丽的风景线。

④ 以商科发展为导向的课题研究。

学校鼓励学生在活动过程中,从相关领域中找到高中阶段课题研究的内容与方向,孵化形成课题后进行深入探究,提升探究性学习能力。

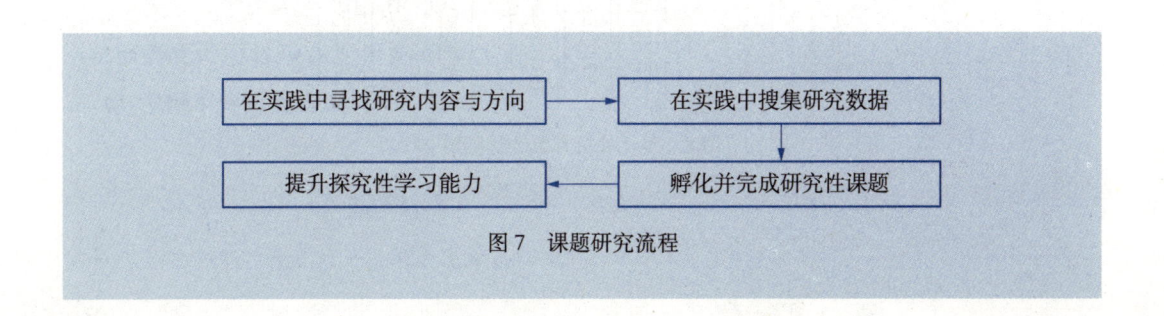

```
在实践中寻找研究内容与方向 → 在实践中搜集研究数据
                                    ↓
提升探究性学习能力 ← 孵化并完成研究性课题
```

图7 课题研究流程

如学生走进工商银行各网点,进行"一日小行长"实践体验,同时开展问卷调查和相关研究,形成课题"银行实体网点与网上银行情况的调研与细节管理研究",获得上海市青少年科技创新大赛一等奖。又如,学生在上海博物馆的文创产品店内进行问卷调查和采访,结合所学的财经知识,深度探究文创产品的营销模式,形成课题"基于'故宫模式'对上博文创提出意见",获得第六届"进馆有益"微课题实践探究活动一等奖。

(四)信息技术有特色:研发学生生涯规划网络管理平台

研发学生生涯规划网络管理平台,支持学生课程选择、在线学习、过程记录,促进过程性评价和总结性评价。平台整合高校、社会等各方资源,在互联网上提供一个快捷、便利的服务管理平台,实现在线学习、在线测试、在线互动评价等功能。该平台还可以为学生提供网络职业性格在线测试和评估;提供商科相关书籍和大学专业介绍资料,智能化地记录学生阅读浏览情况,给予学生职业兴趣反馈;全程记录学生课题研究和社会实践过程,生成研究实践档案;记录专家导师和实践单位的互动评价,促进学生自我反思与主动改进。

(五)课程资源有协同:探索学校、高校、社会配合的运行机制

汲取高校、社会实践基地等多元社会资源,探索与上海财经大学、工商银行、立信会计事务所等机构合作途径,形成共建基地、共组团队、多师推进等协同合作的运行机制。这样的运行机制改变了不同主体相互分离、相互割裂的现状,增加了学校、高校、社会机构联系的紧密程度,促进财经素养课程建设与实施的高效运转。

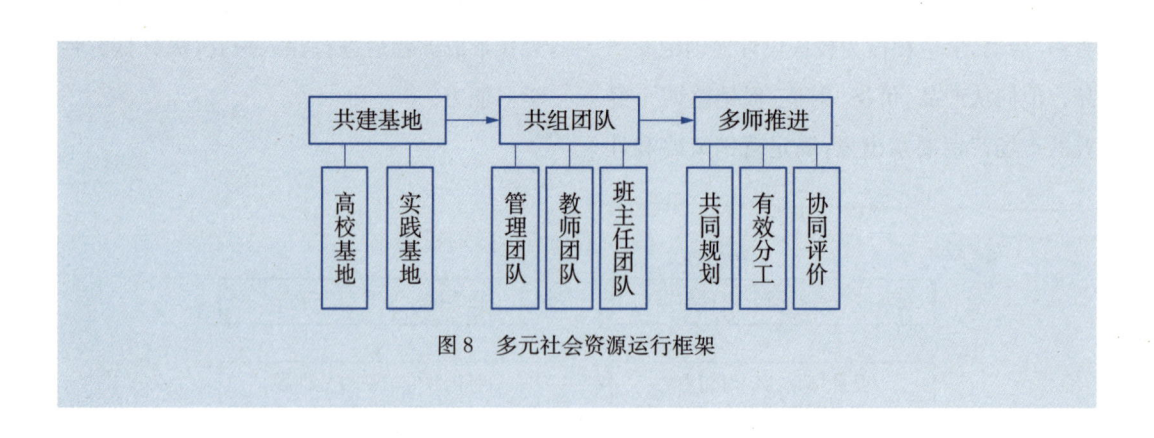

```
共建基地 → 共组团队 → 多师推进
┌────┬────┐ ┌────┬────┬────┐ ┌────┬────┬────┐
│高校│实践│ │管理│教师│班主│ │共同│有效│协同│
│基地│基地│ │团队│团队│任团│ │规划│分工│评价│
│    │    │ │    │    │队  │ │    │    │    │
└────┴────┘ └────┴────┴────┘ └────┴────┴────┘
```

图8 多元社会资源运行框架

四、财经素养培育成效与反思

学校构建了财经素养培育体系,取得了多方面的成效。首先,财经素养培养已经融入到学校课程体系的各个层面,教师能够自觉地在各自教学中实施财经素养培育教学。其次,学生的财经素养有了明显的提升,在各类舞台上施展自己的才华。如两次参加全国中学生财经素养大赛,累计7人分别获一、二、三等奖;参加上海市高中生经济论坛,6次蝉联最佳团队称号。再次,培养了一批商科课程的特色教师,撰写与财经素养教育相关的论文十余篇,多次进行市、区级展示。最后,根据MBTI职业倾向测试数据分析发现,从2018届到2020届,符合商科职业倾向的学生人数占比进一步稳步提升,学校的商科特色逐步被社会认可,已经在全市范围产生辐射效应。

在后续的研究和实践中,还需要与新课程、新教材推进紧密结合,深化高中育人方式转型要求。一是将生涯规划教育纳入学校教学管理,使其更好地与财经素养培育相结合,实现学生的个性化发展和专业成长。二是需要继续探索"学为中心"的教学变革,探索基于数字技术应用的教学新方式,以更为丰富的财经类学习资源激发学生的学习内驱力。三是与普通高中教学的组织形式相适应,辅以长短课、大小课等课时安排,更为灵活机动地实施。四是进一步深化评价研究,探索论文课题评定、实践活动反馈、教学考核等多元化评价的方法,以过程性数据的积累与分析促进教学措施优化,促进学生的进阶性、个性化发展。

5. 把学校打造成涵养灵性的育人场

许 军

> **提 要：** 党的十八大以来，延安初中围绕教育根本问题，结合时代精神和初中生身心发展的特点，以新的话语表达方式，将学校育人目标"延安人"的核心素养建构为 G-CLUB 育人素养模型，即一种必备品格"坚毅"（Grit）；两大关键能力"创造力"（Creativity）、"领导力"（Leadership）；两项基本特质"独特性"（Uniqueness）、"阳光自信"（Brightness）。同时，构建出与"延安人"育人素养模型相适应的延安初中"一核四维六域"课程结构。涵养灵性的育人场是新时代"延安人"的办学追求，这座"育人场"是教育观念先进，课程体验丰富，教学机制有效，教师敬业专业，校园阳光快乐，由文化场、课程场、活动场、实践场、师资场、管理场等各个"场"构成，"延安人"的一切实践和努力在于推动这座"育人场"落地生根，成为现实。
>
> **作 者：** 许 军，上海市延安初级中学校长

引言：从"办学三问"到"教育思想"

2013 年 5 月，我走进上海市延安西路 601 号，成为延安初中的一员。"走进延安门，就是延安人。"从进入延安初中的那一刻起，"延安人"就是我们师生共同的身份，"延安"校园就是我们共同的家。

自接任校长以来，我目睹延安初中教育发展之变革、壮大，身为其中的参与者、见证者，感慨万千。成为延安人中的一员，我感到自豪。延安的教育教学实践，充实了我的人生价值，升华了我的教育理念，加固了我的做人准则，坚定了我的行事原则。延安初级中学作为上海市素质教育实验校、长宁区优质学校，其引领与辐射作用的进一步发挥，要求学校在努力提升自身办学水平的同时，必须注重办学经验的不断总结、课程品质的不断优化以及区域发展的校级引领。学校面临着并要着力解决诸多挑战，这也促使我作为校长对办学必须要有深入且具有前瞻性的思考。

近年来，随着课程与教学改革的深入推进，社会各界对于学校应如何正确培养学生有了更多的期待和关注。而我是在对三个问题的自问自答中开启了作为一校之长的治校

办学:

第一,怎样让"自信、自强"的校训成为孩子们内生的精神骨骼?

第二,怎样的课程学习才值得孩子们付出美好年华?

第三,怎样不断发展学校的办学特色?

面临诸多挑战,带着三大问题,这些年来,我带领学校领导班子积极调研,充分研磨,多方讨论,自下而上,自上而下,多管齐下,寻找破解学校发展中的问题,在克服问题中不断提升、进步,寻求学校不断发展的有效途径,在实践中逐步凝练成自己的教育思想。回顾我自己的从教经历,当我真正爱上教育、爱上讲台、爱上孩子以后,我对教育的理解和感悟也得到了提升和飞跃——"把学校打造成涵养灵性的育人场"始终指引着我的办学追求。

一、G-CLUB 育人素养模型:塑造新时代"延安人"的精神骨骼

党的二十大报告指出:"培养什么人、怎样培养人、为谁培养人是教育的根本问题。""办学三问"中的第一问指向"延安人"内生的精神骨骼,回应的是"培养什么人"这一根本问题。要回答清楚这一问题,需要我们以时代精神去定义"延安人"的核心素养。

延安初中的校名中就蕴含着学校独特的办学文化指向和育人基因特质。伴随着上海市课改三十年的时代浪潮,一代代延安师生也在筚路蓝缕的办学探索中为"延安"注入了极为丰富的内涵。党的十八大以来,延安初中围绕教育根本问题,结合时代精神和初中生身心发展的特点,以新的话语表达方式,对作为学校育人目标的"延安人"的核心素养做如下表达:时代"延安人"的核心素养——G-CLUB。

G-CLUB 中的字母"G"代表"延安人"的一种必备品格:"坚毅"(Grit)。"G"又代表"Growth",即不断成长的"延安人"。"Growth"表明了我们对"教育本质"的理解:教育即生长。学校办学实践最主要的就是给受教育者创造适合其充分发展的条件。办好延安初中就是要创造适宜的环境,以促进"延安人"的生长和发展。这与学校办学理念"让每一个学生的潜能得到充分发展"一致。

CLUB:代表着 G 统领下的"延安人"需具备的两大关键能力与两项基本特质。两大关键能力指:C(Creativity,创造力)、L(Leadership,领导力)。两项基本特质指:U(Uniqueness,独特性)、B(Brightness 阳光自信)。

综合来看,新时代"延安人"核心素养的基本内涵为:一种必备品格:坚毅(Grit);两大关键能力:创造力(Creativity)、领导力(Leadership);两项基本特质:独特性(Uniqueness)、阳光自信(Brightness)。

图 1 为我校自主设计的 G-CLUB 育人素养模型。

延安初级中学G-CLUB育人素养模型

延安人
Growth 成长

Grit 坚毅

Creativity 创造力　Leadership 领导力　Uniqueness 独特性　Brightness 阳光自信

数理与逻辑　科学与技术　人文与艺术　公民与社会　健康与生活　实践与创新

数学特色　科技见长　人文相济　和谐发展

图 1　G-CLUB 育人素养模型

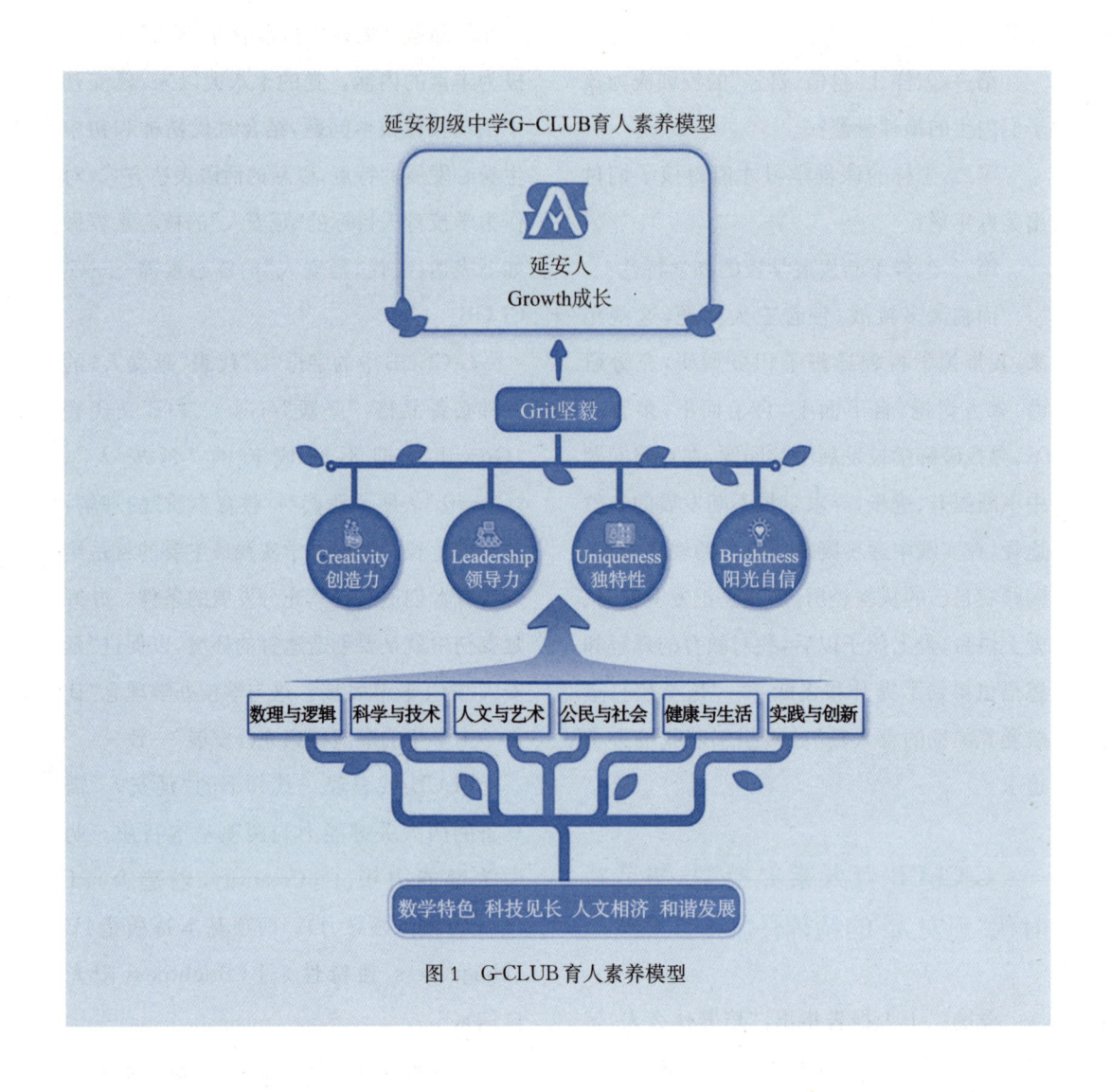

学校对照"五育并举""核心素养"等理念，深刻系统地思考新时代学校人才培养的目标、理念和路径问题，对学生核心素养体系进行了校本化解读，切实承担起了时代发展赋予学校的人才培养使命，坚持把"立德树人"落实、落细、落小。

二、G-CLUB 课程图谱：绘制新时代"延安人"的课程地图

立德树人倡导的不仅是一种学校人才培养的价值导向，也同样呼唤学校教育教学实践领域的系统变革。当育人素养模型建立

后,迫切需要形成与之相适应的育人目标及课程落实体系。于是,我开始深入思考办学第二问:怎样的课程学习才值得孩子们付出美好年华?

为了对接学校"让每一个学生的潜能得到充分发展"的办学理念,我在 2017 年提出学校的课程改革总目标——让每个孩子:经历挑战,学有所长,和谐发展,收获成功。在这一课程目标的指引下,学校将精耕学校特色课程作为推动学校课程改革的契机,构建了多维度、综合化、生长性的学校特色课程框架,并在此过程中致力于激发学生学习潜能,同时又促进学校教师开发课程、实施课程的综合能力,使得学校课程改革进入了又一个高质量的持续发展阶段。其核心成果就是构建出与"延安人"育人素养模型相适应的延安初中的"G-CLUB课程"体系。

延安初中的"G-CLUB课程"主要表现为"一核四维六域"的课程结构:

一核:指字母 G 代表着一个核心培养,指向"Growth",也代表坚毅(Grit)。

四维:代表着 G 统领下的"延安人"需具备的两大关键能力与两项基本特质。两大关键能力指:C(Creativity,创造力)、L(Leadership,领导力);两项基本特质指:U(Uniqueness,独特性)、B(Brightness 阳光自信)。

六域:指六类课程领域。针对目前学科庞杂的问题,我们在学校课程总体架构下把课程门类统整为六个领域,分别为数理与逻辑、科学与技术、人文与艺术、公民与社会、健康与生活、实践与创新。六大学习领域的架构源自学校"数学特色,科技见长,人文相济,和谐发展"的十六字办学特色。其中"数理与逻辑"学习领域聚焦学校的"数学特色","科学与技术"学习领域彰显学校的"科技见长","人文与艺术"学习领域回答如何实现学校的"人文相济","公民与社会、健康与生活、实践与创新"为学生的"和谐发展"奠定了身心的、创造性的基础。

图 2 是我校自主设计的 G-CLUB 课程图谱。

三、涵养灵性的育人场:新时代"延安人"的办学追求

2020 年,一本火遍西方教育界的畅销书进入我的视野,这本书的书名叫《准备》,它的副标题是:我们必须让孩子做好准备,不能让坏运气或环境决定他们的未来。作者黛安娜·塔文纳是美国新型教育理念的开拓者。她在书中不但极富洞见地提出 21 世纪必备学习技能,更犀利地提出:孩子们往往想要的是一个自我成长的机会,而老师和家长却总在扮演救世主,自以为是、大包大揽让孩子们无法为迈向社会做好准备。

这让我想到:办教育犹如中药配伍,讲究君臣佐使。还让我想到陶行知"公鸡啄米"的故事:行知先生说过,教育就像喂鸡一样。先生强迫学生去学习,把知识硬灌给他,他是不

图2 G-CLUB课程图谱

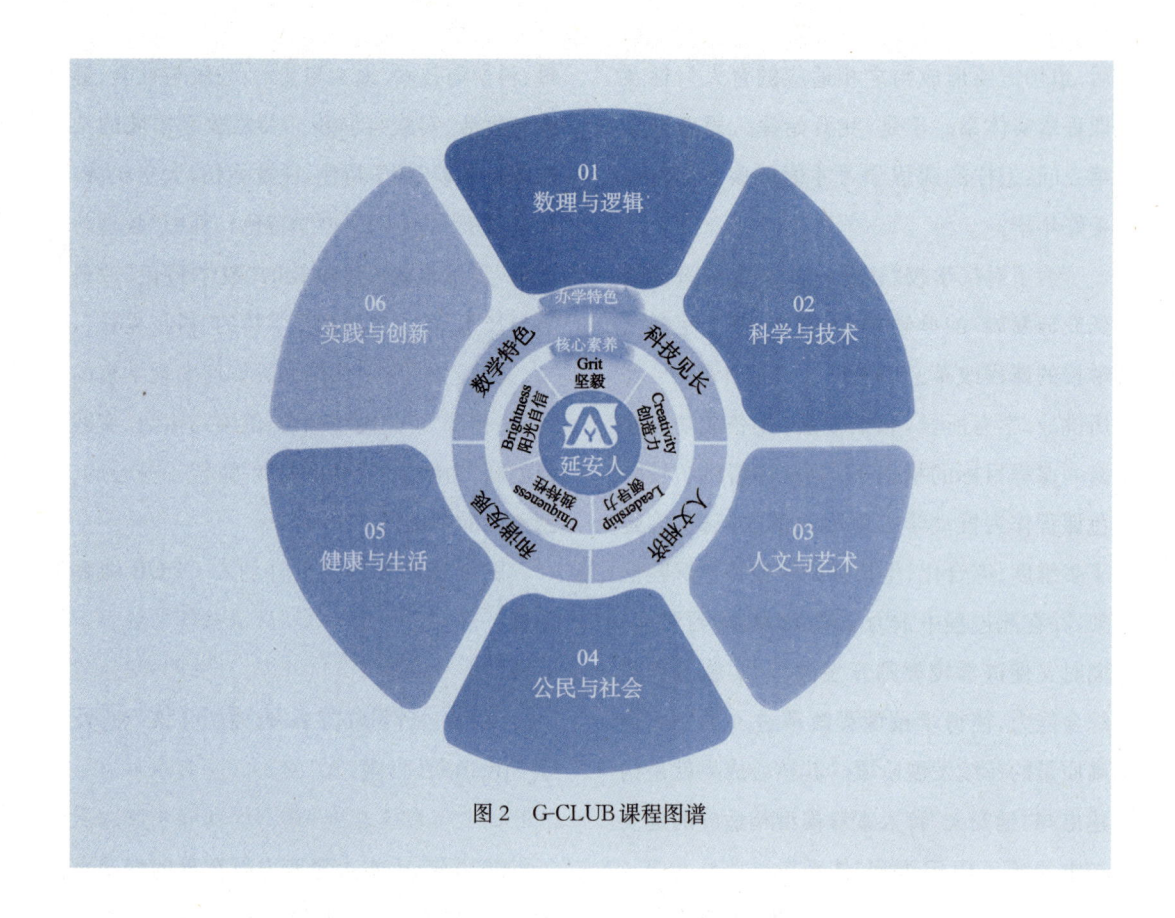

情愿学的。即使学也是食而不化，过不了多久，他还是会把知识还给先生的。但是如果让他自由地学习，充分发挥他的主观能动性，那效果一定好得多！

有什么样的教育观，就有什么样的教育行为和教育成效。受此启发，我不再满足于反求诸己，而是让好的想法力求影响身边更多的同事、同道、同行。在一次教工大会上，我向全体教师推荐并赠阅《准备》这本书，讲了上述小故事，更向全体"延安人"抛出了我的办学第三问：怎样不断发展学校的办学特色？我给出了自己深思熟虑的答案：把学校打造成一所"涵养人灵性的育人场"。

属于"延安人"的这座"育人场"，首先需要营造一个以爱为原动力的教育生态——一座具备耐心、尊重、包容、期待、陶冶特征的，涵养人灵性的"育人场"。

属于"延安人"的这座"育人场"，必须是教育观念先进，课程体验丰富，教学机制有效，教师敬业专业，校园阳光快乐。这既是我们"延安人"对于育人场蓝图的擘画，也是我不懈的办学追求。

属于"延安人"的这座"育人场"，是学校以落实"立德树人"的根本任务为出发点，秉持"以爱为怀,与智同行"的教育理念,借鉴"中学生核心素养"的研究成果和物理学、心理学、社会学的"场论",共同建设而成的特色育人体系。它由文化场、课程场、活动场、实践场、师资场、管理场等各个"场"构成。"延安人"驰而不息,久久为功,致力于课程育人、文化育人、活动育人、实践育人、管理育人、协同育人。"延安人"的一切实践和努力在于推动这座"育人场"落地生根,成为现实。

自扎根教育界,栉风沐雨三十载,进入"知天命"之年的自己,愈加深切地体会到:育人之道,以"爱"为本。师者之明,启"智"为先。我坚信自己已然找到了"办学三问"的答案,那就是——

培养一批批"灵气"的孩子,
打造一门门"灵动"的课程,
锻造一支有"灵魂"的教师队伍,
探索一系列"灵活"的管理机制,
厚植一片"灵性校园"的文化土壤。

如此,必能为党为国培养出一批又一批有"灵性"的社会主义建设者和接班人!必能让一所又一所学校成为涵养人"灵性"的育人场!

6. 记一名高中校长与学生的两次邂逅及育人反思

孟祥波

> **提　要：** 文章记录了初来学校工作的校长与不知校长身份的一名高三学生的两次邂逅与对谈，以及由此引发的关于"学校如何做到真正尊重学生""学校如何与家庭合力育人"的思考。只有亲其师方可信其道，和谐的师生关系是维系师生成长的前提和保障。孩子的成长是需要尊重、理解、陪伴的。无论是教师还是家长，在同孩子交流时，都应该放下身段，俯下身子，以朋友的身份，用心去倾听孩子的内心，唯此才能知晓孩子的真实想法，走进他们的心灵，从而了解他们的思想，才能有针对性地进行引导和教育。
>
> **作　者：** 孟祥波，山东省潍坊第七中学校长

一、与一名高三学生的第一次邂逅

2021年4月17日是周六，高一高二的学生回家过周末，只有高三的学生留校进行高考前体检。午饭过后，我刚上办公楼，发现一女孩子坐在楼梯拐角，蜷缩着身子，双手抱头，很是无助的样子。看到有人来，她慌里慌张地起身，拿起书包，想尽快离开这儿。因为高三还有四十天就要高考了，孩子们的压力之大可想而知，不知道这个女孩子发生了什么，我很想帮帮她，于是就有了下面的邂逅故事。

我问她，你是高三的同学吗？

她有点吃惊，是啊，您怎么知道？

我说有两点可以认定：一是从你穿的校服上来看，应该是高三的（各年级校服颜色不一样）；二是今天高一高二的同学都回家过周末了，也就是说今天只有高三的同学在学校。

她点了点头，算是认可我的推断。

我假装不经意地问她，吃过午饭了吗？

她摇摇头说，不想吃。

我假装很吃惊：怎么了？学校餐厅做的饭不好吃？

她说，不是。

我紧接着问，遇到什么事情了吗？

她很警觉，没有，是真不饿。

我看她那么紧张，就同她开了个玩笑：我明白了。你今天体检抽血了，害怕了是吧？

她一下子笑了起来，也不是，我从小就不

怕抽血。您是干什么的?

我当时一惊,很快释然,因为我来学校才半年时间,她又在紧张的高三学段,可能没有认出我来。同时心里又一喜:怕她认出来会不好意思。

我回答她,我是才调到我们学校的一名老师,是教数学的。

她一听放松了好多,舒了一口气,说怪不得没见过您呢。

我问她,高三压力很大吧?

她眼圈一下子红了起来:老师,我有个事情到现在一直搞不明白,我不知道应该怎么去面对?

我看到了孩子的无助、焦虑,鼓励她说下去。

终于她把事情的原委告诉我了。她在高中三年经历了三任数学老师,每一次她的数学都受一次考验,尽快适应老师的教学方法,幸运的是她在高一高二老师的变换中,基本没有受到太大影响,数学成绩一直比较优秀。到了高三,她也竭尽全力去适应,可这次无论如何努力,她都无法与老师形成同频,因为老师讲授的方法和方式,自己跟不上节奏,也没有自己消化的时间,感觉思维跳跃性特别大,中间的思维过程有些没有来得及完成就匆匆而过。由于课堂上跟不上老师的节奏,问题越积越多,导致成绩直线滑坡,越来越不理想。

我问她,你同数学老师沟通了吗?她说不好意思,总感觉是自己的原因,不是老师的原因,因为班级里总是有好的成绩的同学出现。

我问她老师的名字,她急得一个劲地摆手,我随便说了一个老师的名字,她更急眼了,她说:您不要用这个办法去猜,那样对我们数学老师是不公平的,我也不是去告我们老师的状,一切都是自己的原因,我只是想知道我怎么样去努力。

听到这,心里有些感动,更有些心酸。这是多可爱又是多善良的孩子啊,一定要想办法把她心中的结给打开。

得知她中午已请假留在教室,于是我邀请她到我办公室给她解答。她略一迟疑,很爽快地答应了。一走进办公室,她就很吃惊地问:老师,您的办公室这么大啊,比我们年级主任的办公室还要大?!我笑了笑说,可能是因为我的年龄大点的原因,学校照顾我,办公室大小都一样。考虑到孩子没有吃饭,从办公室里取了点心,她再三拒绝。取了纸杯给她倒上白开水,怕烫着她,用了两个纸杯,她表示感谢后,怕浪费一个纸杯,小心翼翼地把底下空纸杯取出来,放回原位,两只手小心地端着水杯。

多么懂事的孩子!然后一起聊起她的困惑。

我回应了她:还有四十几天就要参加高考了,心理上紧张一点这是很正常的,每个人都会有这样的感觉,所以不必太在意了。第二个就是数学上的学习方法问题,现在很快就要进入二模检测了,要放平心态,平时做题时多注意总结规律和方法,形成知识体系,以不变应万变,不能将完成作业作为目标,也不可能将所有的题型全部做完,因为题目不可能做完,也是永远也做不完的。对数学中常用的解决问题的方法和思想给她理顺了一下,并给她出了几道数学题进行方法的讲解。她接受能力很强,反应很快,由此看出她的数学基础还是不错的。第三就是与老师之间的沟通问题,高三配备的老师肯定是最优秀的,这一点毋庸置疑,在课堂上要尽一切办法与老师同频,对不明白的问题点要随手标记下来,课后及时向同学与老师请教,及时解决,因为老师都喜欢上进的同学,老师更喜欢不懂就问的同学。这样不明白的问题就会越来越少,我们的成绩就会直线上升,这样在高考中一定会体现数学学科优势,助力总分提升!

她脸上笑容越来越多,越来越灿烂,越来越阳光,越来越自信,我心里一块石头也终于落了地。

她起身,鞠躬,感谢,告别。

二、第一次邂逅带给我的思考:学校如何做到真正尊重学生?

我却久久不能平静。

提高教育教学质量需要多方面的因素,融洽和谐的学习氛围,全方位的育人课程,效率高的教学课堂,业务过硬的专业教师等等,所有这一切都是发生在学校里的关键要素,而组织实施又必须依靠教师去完成,因此教师的综合素养和专业水平的提升至关重要。要多方位构建教师发展成长的平台,只有当教师自己有所成就时才会感到幸福与快乐,才会全身心投入到教育教学当中,学生的健康快乐成长才会得到有效保障。要引导教师树立正确教育价值导向,构建学习型、研究型、创新型、专家型、智慧型教师队伍,这就需要从育人制度、课题研究、课程管理、评价机制、民主管理等方面创新学校管理机制,激发教师教育教学活力。

学校的教育主体是学生,目标也是学生,从某些角度上讲学生就是我们服务的对象,学生在高中阶段的学习和成长需要教师,不只需要传道、授业、解惑,还需要用心去陪伴。只有亲其师方可信其道,和谐的师生关系是维系师生成长的前提和保障。个人认为作为一名教师至少要拥有五颗心:爱心、耐心、细心、恒心和责任心。教师的言谈举止,甚至不经意的一个眼神、一句话都会直接影响到孩子一生的成长,所以教师的责任神圣而伟大。

如何促进学生的健康成长,这是不同学校面临的终极课题,学校不同,面对的学生群体不同,方法和举措肯定也不同。教育是面对人的一项工作,不可能翻盘重来,错过了就会成为一个人的终生遗憾。我们希望激发学生内在动力,发挥其主观能动性,因为从内向外这才是新生。记得在参评省特级教师的"讲课答辩"环节,评委给出了这样的一个题目,现在仍然记忆犹新:用哲学的观点,结合实际工作谈一谈在教育教学中,学生主动学习和被动学习的辩证关系。

我认为被动学习是借助于外力的影响而被动地接受，解决问题主要依赖于外因。被动学习缺少了主动探索的精神，无论课上、课下总是处于被动状态，因而学习感觉枯燥乏味，注意力不集中，效率低下，对问题的解决不求甚解，得过且过，导致问题越积越多，对学习产生恐惧心理，慢慢让学习成了自己的一种负担。而主动学习能够充分发挥学习的主观能动性，解决问题主要源于内因。对于主动学习者而言，学习的过程是一个探究、探索的过程，在亢奋状态的同时，需要胆大心细，注意搜寻和分析信息之间的共同点和差异，遇到困难时，他会想尽一切办法寻找突破的契机。主动学趣味性、注意力特强，学习的效率自然就高，可能别人需要学几遍才能学会的内容，他只需要学一遍就可以，而且理解的深度更深，广度更广，自然成绩也就会越突出。

在学习过程中，主动性和被动性是一对矛盾，相互依赖，相互转换。往往对于初学者来讲，刚开始的被动学习是避免不了的，他们通过刚开始对老师的简单模仿和被迫完成硬性任务来激发学习的兴趣，增强好奇心，这个过程是不可少的，因而被动学习是基础，没有被动学习就没有主动学习的成功，这样就会调动学生主动参与、主动学习的主观能动性，最终形成自己独特的、适合自己的学习方法，让外因转化为内因，真正变被动学习为主动学习，因此主动学习是被动学习的最终目标。在教育教学过程中，教师的"教"居于主导地位，教育的最终目的是"不教"。而学生是学习的主体，学生的"学"永远处于主体地位。

与一名学生不经意的邂逅，我也受到了很深刻的教育，由此想到应该尽快建立一项制度，即"校长有约"，更多地了解孩子们的思想动向与实际需求，从而调度更加优秀的教育资源，让孩子们及早受益，更多受益。

教育不能急功近利，更不能速成，需要时间，需要过程，需要我们慢慢去等待。试想，如果让孩子从上高中开始就没了希望，那人生留给他的就只剩下失望了！不要轻易放弃任何一个孩子，他们应得到我们的尊重。

在生命面前，我们只有敬畏！

三、与高三女学生的第二次邂逅

2021年4月23日中午12点，午饭过后回办公室，还是在办公楼拐角，又看到了上次的那位女生，只是与上次不同（上次是坐在楼梯拐角，蜷缩着身子，双手抱头，很是无助的样子），这次是站着倚在护栏上专注读书。从身影来看，我一下子猜到了就是上次那名邂逅的高三女学生。

因为是背对着我，怕吓到她，悄悄地问了一句，咦，你怎么来了？

她转过身，果然是她，不过表情比上次见面自然了许多，羞涩地说，老师，我没有故意来找您，可能是碰巧了，我是想找个安静的地方读书。

学校能安静读书的地方有好多,阅览室、图书馆、花园、自习室……我不好意思揭穿,笑笑说,喔,原来是这样啊,偶遇,偶遇。我们再聊聊?

她毫不犹豫地点点头,把书抱在胸前,手里拿着一瓶未喝完的奶茶,跟着我来到办公室。

一进门,她就满脸通红地解释:老师,这次我真的不是故意来找您,您这里环境安静,我是想在这看一会书。

害怕自己心里的那点想法被揭穿,多么单纯的孩子!

我笑了笑说,没有关系的啊,你就是故意来找我,我也很高兴啊。你看,我还给你准备了一个大苹果(实际是午餐的水果我没吃拿回来的),边说边从口袋里取出了红通通的大苹果,随手递给她。

她把书和奶茶放在桌子上,双手接过苹果,连连说谢谢,看得出她很开心。中午的时间很短,我就直接进入了关心的话题。

我假装不经意地问了一句,上次你说的数学的事,现在怎么样了啊。

她满脸笑容:老师,数学现在很好了啊,上课我能跟上老师的节奏了,所有问题基本上在课堂上就能解决了。

我笑着说,那很好啊。

她说,我是按照您说的办法做的,要是早认识您就好了。

我说,有那么神奇?我看主要有这么几个原因。一是你的基础知识掌握得比较全面,只要调整好方法就没有问题。二是你对数学老师的看法可能有了转变,能够积极地去适应老师的讲课方式。

她点了点头说,其实我的数学基础并不太好,您说奇怪不,我发现我们数学老师其实挺好的,对我们也非常负责,唯一不足的就是他不太爱笑,总板着脸,我们不敢靠近他。

我故意马上收起笑脸,表情严肃地说,严师出高徒,知道这个道理吗?如果一名老师对学生的错误置之不理那是最大的不负责任!在课堂上,我可能比你们老师还要严厉,做老师的就是想让你们每个同学都发展得更好,你们要多体谅老师的良苦用心。现在看看我的脸,害怕了吧?

她看了我一眼,竟然笑了起来,您这是装出来的,不相信您会对学生凶巴巴的。

我无奈地苦笑了一下,我们才见过两面,你对我也不了解,就武断地说我不厉害,何以见得?

她想了想说,因为您愿意同我们交流,尊重我们的观点,我们对您敢于说出真心话。所以,表面上您再严厉,我们心里也不怕,我们也不是小孩子了,这个道理我们都懂。

看到她那十分坚定的表情,我心里想,时代变了,现在的孩子比以前成熟了,考虑问题也相对全面、深刻,但我还是要继续我的观点:我们每个人都有自己的优点和缺点,如果我们拿着放大镜去看别人的缺点,就会忽视了他的优点,对他来讲是不公平的。

她不以为然地说，如果对一个人失去了信任，不用放大镜，满眼全是缺点。

我说，那你们学过辩证唯物主义哲学观吗？

她笑了，那是我们的主业啊，我报考科目就有政治。

我紧接着追问：那辩证唯物主义看待一个事物有哪些观点？

她脱口而出，要一分为二，不能以偏概全。

我说你回答得很好啊，所以无论是对老师还是对父母，都应该去换位思考，多去体谅他们的心情，要正确理解他们做事情的出发点，将来你也要做父母，到那时你就能全面了解父母和老师的期盼了。

她一听连连摆手：老师，谈到这个话题，我将来不会要孩子的。

我一惊，这是一种什么思想啊，小小的年纪竟然这么早就有这样的想法？

我不太高兴地说，当然这是个人的意愿和决定，任何人没有权力去干涉你的选择，包括父母。但是作为一名社会人，是不是应该考虑一下应尽的社会义务和责任啊，如果每个人都如你说，那这个社会这个世界的前景是不是太可怕！

她见我有些生气，沉默了一会说，老师，是这样的。我也不是不愿意这样去做，做个正常人很好啊。但是如果不能给下一代带来安定的生活，甚至居无定所，是不是对孩子不负责任？

听到这，我想到可能她在这方面有过痛苦的经历，但是我又不方便过问，只能说：每个家长都希望给孩子带来稳定的开心快乐的生活，但是个别情况下可能做父母的也无能为力，但这并不能说明他们故意这样做。

她耸了一下肩膀说，老师，我实话实说吧，我生活在单亲家庭。

我心里的确吃了一惊，假装不以为然地说，现在单亲家庭的同学不只你一个，那是上一代父母的问题造成的，调整好学习、生活，完全可以做到不受影响。

她有些激动地说，不受影响？可能吗？我从小就没有快乐的童年，从小就被别人看不起，从小就受别人欺负。我跟着妈妈生活，尽管我爸爸尽最大努力满足我，只要其他同学有的一定给我买，就是别人没有的他也尽量满足我。但是我从小就没有安全感，遇事总是担心害怕，我与别的小朋友相处，我总是感觉比别人矮一头，因为我没有爸爸。

说到这儿，她低下了头，努力在克制着什么。

我也感觉有些心酸，安慰她说，你爸爸不是也一直同你联系，一直给你生活上的关心么？

她抬起头，眼里已是泪水，声音有些大，我要的是陪伴，不是物质。

可怜的孩子，大人之间或许有迫不得已，竟然无意中让孩子来承担?!

她接着说，我为什么有这样的观点？与其不能陪伴，不能给孩子一个安全快乐的生活,不如不要,否则就是自私!如果我要小孩,我必须做好充分的准备,不仅仅是物质,还有陪伴!

从她的话语中看得出,孩子对陪伴的需求是多么的迫切!家庭对孩子的成长是多么的重要!父母是孩子的第一任老师,一举一动无形之中都会影响着孩子的成长。现在的高中学生已有了自己的思想,特别是在三观形成的重要阶段,无论是学校还是家庭都应该及时予以正确引导,家庭、学校、社会对孩子的教育缺一不可。

为了引导她能正确地对待父母,我与她展开了讨论。

我说,父母的陪伴的确很重要,哪一个家长又何尝不想这样做呢?但是在现实生活中不管是单亲家庭,还是双亲家庭,都会存在不同的生活情况。比如说进城务工人员,他们也是双亲家庭,但是他们却不能与孩子相伴,不能陪伴孩子的成长,是不是他们也是不负责任的家长呢?

她表示了反对,那是因为生活所迫,不得已才这么做的。

我接着说,是啊,无论什么情况,解决生存问题这才是对孩子负责的首要任务,如果解决不了这个问题,谈何陪伴,谈何教育?

她点了点头,表示认可。

我又讲,保家卫国的人我们称赞他们是?

她脱口而出:最可爱的人。

我说,我只是举个例子,他们也会结婚生子,他们能不能常年在家陪伴家人?

她愣了一下说,他们肯定不能陪伴孩子,那是没有办法的事,工作原因。

我笑了笑说,那你知道当时父母为何没有陪伴你的真正原因吗?

她摇了摇头。

我说,既然不了解事情的真相,就十分武断地指责父母给自己带来的伤害,你觉得对他们公平吗?再说上一代人的问题应该由他们自己去解决,做子女的应该尊重他们的选择,就如同你不愿意他们过多干涉你的生活一样。

她若有所思,点了点头。

看到她有所改变,我也故意转移了话题。看到她的奶茶了。

我说你喝的是什么?是奶茶吗?从哪买的,学校超市?

她点了点头。

我刚要说什么,她打断了我:我知道您要说什么了!喝奶茶对身体不好,不健康,是垃圾饮料。可是我们同学都愿意喝,我们愿意承担后果,不可以吗?

我被气笑了,我还没有说话你就知道我反对?

她仍然气呼呼。

我说,现在电视新闻上都已讲了好多这样的案例,既然你也知道喝这些不健康饮料的后果,为何还要去喝?你们考虑到了后果,也愿意去承担,那么你们考虑到将来身体对自己有多重要吗?从小了讲,你们要有好的身体才能去工作,做自己愿意做的事情,并能在社会上找到自己的立足之地,往大了讲,你们将来要承担养育父母的义务,你们自己身体都需要别人照顾,怎么去照顾父母?再大一点讲,你们将来是社会的主人,要成为国家的栋梁,你们如果身体都不健康,是不是只能成为社会的累赘?

她口头还是不服气,但态度明显缓和了许多:那我以后就少喝点,老师,您是不知道奶茶有多么好喝?

看了一下时间,我催促她,快到午休时间了,早点回去休息吧,希望你变得更加坚强,更加优秀!

她向我做了个鬼脸,放心吧老师,我会努力的。

步履轻盈地离开了办公室。

可出了门口马上又回来了,老师您叫什么名字?要不我不知道怎么称呼您?

我笑了笑,你就叫我数学老师吧。

她态度坚定地说,那数学老师,谢谢您,再见!

望着她离去的背影,我陷入了沉思。

四、第二次邂逅的进一步反思:学校如何与家庭合力育人?

中国的现行教育机制中,不能缺失对家长的教育。目前市县级教育行政主管部门都设有"家庭教育科"等机构,在中小学阶段各所学校也都开设了"家长学校",其目的就是为了给予学生家长正确的教育理念,帮助他们学会更多科学的教育方法,真正让家庭教育与学校教育形成合力,有效避免"5+2=0"的怪现象,从而共同促进学生的健康快乐成长。

然而在一个人的成长过程中,从出生、上学、工作,到结婚、生子,要经历各种学习和培训,无论是知识还是技能,无论是个人发展还是社会交往,都随着年龄的增长而不断成长着。但这个成长过程中好似缺失了如何做父母的内容。那从结婚到生子,就从儿子(女儿)的角色一下子转换成了爸爸(妈妈),这个跨度还是很大的,可以说大多数的人是不适应的,有的只是做好了物质准备,但是却没有真正能做到运筹帷幄。那怎么对孩子进行教育呢?往往是借助自己父母对自己的培养经验,采取边学习边积累经验的办法,可以说大部分人在培养孩子方面是摸着石头过河,没有捷径可走。

在这个过程中,弊端还是很多的。

父母在教育我们时,那至少是20多年前的事情,无论社会经济、文化、科技等各个方面都发生了天翻地覆的变化,有很多的教育理念也不能做到与时俱进。我们尊重优秀的传统文化,但也要尊重现在这个伟大的时代,也要尊重新时代下的新生力量,不能一味地因循守旧。

对于孩子的教育必须要掌握必要的专业知识,比如教育学、心理学知识等,而开设此类专业的往往只有师资类等很少的专业,绝大多数人从事的行业没有学习过此类课程和专业知识,这对于将来从事父母这个职位有着很大的缺失。

　　各学校开设的"家长学校",的确能帮助很多家长走出教育的误区,帮助他们找到科学的教育方法和路径,但是从目前的效果来讲并不明显,特别是父母不能同时参加这方面的培训,不能做到教育理念的共同提升,即使父母有一方做到教育理念的科学正确,但也很难避免"1+1=0"的窘状。目前"家长学校"的开设,大多停留在孩子上学阶段对家长进行的教育,但是孩子上学前呢?针对家长培训的学校又在哪里呢?

　　单亲家庭给孩子带来的伤害不容小觑。随着社会的发展,人们追求自由和幸福的权利无可厚非,但是也要考虑由此给孩子带来的不利影响。在离异环境中成长的孩子,心理上很容易产生自卑感,缺少兴趣爱好,也不愿过多交往,在性格上更容易存在缺陷,有的变得偏激,有的自闭,这些都会影响孩子的一生。因此需要给予孩子更多的心理关注,给他们更多的陪伴和关爱,让孩子及早走出家庭造成的阴影,让伤害减少到最小。

　　孩子的成长是需要尊重、理解、陪伴的。无论是教师还是家长,在同孩子交流时,我们都应该放下身段,俯下身子,以朋友的身份,用心去倾听孩子的内心,唯此我们才能知晓孩子的真实想法,走进他们的心灵,从而了解他们的思想,才能有针对性地进行引导和教育。

　　尊重不仅仅是态度,更重要的是心与心的交流和碰撞,在交流和碰撞中启迪,在交流和碰撞中共同成长。

7. 立德树人视野下学校德育工作的挑战与回应

王德宝

提　要： 德育的职责是人的培养和塑造，应该成为国家的战略需求，也是学校教育的重要任务。在教育方针的历史沿革中发现，德育工作的演进逻辑是党和国家对培养人这一问题的极大重视，愈益彰显德育工作的重要性，并逐步建立强有力的国家和地方品德教育领导管理体制，把青少年的品德教育视为国家重要的战略任务。在培根铸魂的育人实践中，德育工作尚面临如下现实困境：学校德育的首要地位尚未充分凸显，家庭教育的德育功能未能充分发挥，社会教育的积极作用有待充分渗透。在育人方式的改革大势中践行德育的实施路径有：更新德育观念，实施有效德育；深化育人方式改革，推动德育落地生根。

作　者： 王德宝，安徽省霍邱县第一中学党委书记

教育是民族振兴、社会进步的重要基石，对提高人民综合素质、促进人的全面发展、增强中华民族创新创造活力、实现中华民族伟大复兴具有决定性意义。党的十八大提出，"把立德树人作为教育的根本任务，培养德智体美全面发展的社会主义建设者和接班人"。党的十九大要求，中国特色社会主义新时代的教育，"要全面贯彻党的教育方针，落实立德树人根本任务"。党的二十大报告提出，"教育是国之大计、党之大计"，首次将教育、科技、人才作为一个整体进行论述，强调"教育、科技、人才是全面建设社会主义现代化国家的基础性、战略性支撑"。德育的职责是人的培养和塑造，应该成为国家的战略需求，也是每一所学校教育的重要任务。

一、在教育方针的历史沿革中探寻德育工作的演进逻辑

习近平总书记指出，培养人才，根本要依靠教育。教育就是要培养中国特色社会主义事业的建设者和接班人，而不是旁观者和反对派。党的十八大以来，习近平总书记围绕"培养社会主义建设者和接班人"作出一系列重要论述，深刻回答了"培养什么人、怎样培养人、为谁培养人"这一根本性问题。2019

年3月18日,习近平总书记在学校思想政治理论课教师座谈会上进一步强调,我们党立志于中华民族千秋伟业,必须培养一代又一代拥护中国共产党领导和我国社会主义制度、立志为中国特色社会主义事业奋斗终身的有用人才。由此可见,我们党和国家对受教育者的培养,尤其是在立德方面,是持续发力、不断发展的连续性状态。

(一)建国后至20世纪末的育人方略

回顾过去,为适应不同历史阶段的时代要求,党和国家对教育方针进行了不断的充实和完善,稳步推进育人质量的提升。

1957年2月,毛泽东主席在《关于正确处理人民内部矛盾的问题》中提出,"我们的教育方针,应该使受教育者,在德育、智育、体育各方面都得到发展,成为有社会主义觉悟的,有文化的劳动者"。1988年《中共中央关于改革和加强中小学德育工作的通知》指出,中小学德育工作必须适应全面深化改革的新形势,要改革德育工作的方式方法,加强爱国主义、集体主义、遵纪守法和劳动等方面的教育,注重道德教育和良好心理品质的培养,要求建立校长负责德育工作的体制,加强德育工作队伍的建设,要把"教书"和"育人"统一起来,并号召全社会都要关心中小学生的健康成长。1995年出台的《中华人民共和国教育法》是我国通过立法第一次完整规定了国家的教育方针,即:教育必须为社会主义现代化建设服务,必须与生产劳动相结合,培养德、智、体等方面全面发展的社会主义事业的建设者和接班人。1998年出台的《中小学德育工作规程》提出各学段具体的德育目标、德育内容、德育实施途径等均要遵照国家教育委员会颁布的《小学德育纲要》《中学德育大纲》,要求中小学德育工作要注意同智育、体育、美育、劳动教育等紧密结合,要注意同家庭教育、社会教育紧密结合,并建议运用多种方式帮助家长树立正确的教育思想,改进教育方法,提高家庭教育水平。

(二)本世纪前20年的育人方略

进入21世纪后,历次党的代表大会对教育方针进行了修订,特别是德育方面。例如,党的十七大报告对教育方针的表述增加了"坚持育人为本、德育为先,实施素质教育""办好人民满意的教育"等新的表述。党的十八大报告中首次提出"把立德树人作为教育的根本任务"。党的十九大报告不仅肯定了立德树人根本任务的地位,而且强调了落实的重要性。党的二十大报告提出"全面贯彻党的教育方针,落实立德树人根本任务,培养德智体美劳全面发展的社会主义建设者和接班人",坚持为党育人、为国育才,以高质量教育立德树人,加快建设教育强国,办好人民满意的教育。

此外还有,2004年1月,中共中央办公厅、国务院办公厅发布《关于适应新形势进一步加强和改进中小学德育工作的意见》。2004年3月,中共中央、国务院颁布《关于进一步加强和改进未成年人思想道德建设的若干意见》,指出加强和改进未成年人思想道德建设是一项重大而紧迫的战略任务,要扎实推进中小学思想道德教育,广泛深入开展未成年人道德实践活动。2014年4月,教育部颁布《关于培育和践行社会主义核心价值观

进一步加强中小学德育工作的意见》,就培育和践行社会主义核心价值观,进一步增强中小学德育的时代性、规律性、实效性,提出意见。2015年10月,教育部发布《关于加强家庭教育工作的指导意见》指出,要充分发挥学校在家庭教育中的重要作用,进一步明确家长在家庭教育中的主体责任。2017年8月,教育部发布《中小学德育指南》,提出了六个方面育人实施路径。2017年9月,中共中央办公厅、国务院办公厅印发《关于深化教育体制机制改革的意见》指出,针对不同年龄段学生,科学定位德育目标,合理设计德育内容、途径、方法,使德育层层深入、有机衔接。2019年6月,国务院办公厅出台《关于新时代推进普通高中育人方式改革的指导意见》,提出要深化育人关键环节和重点领域改革,坚决扭转片面应试教育倾向,切实提高育人水平,坚持把立德树人融入思想道德教育、文化知识教育、社会实践教育各环节,努力培养德智体美劳全面发展的社会主义建设者和接班人。

上述不同阶段的教育方针、政策、规定,表明党和国家对德育工作的极大重视,强调德育工作的重要性,并逐步建立强有力的国家和地方品德教育领导管理体制,把青少年的品德教育视为国家重要的战略任务。

二、在培根铸魂的育人实践中剖析德育工作的现实困境

本世纪的前20年,关于中小学德育工作问题多次被提到党和国家议事日程上来。这些密集的方针政策和指导意见的出台,充分说明,党和国家对中小学德育工作的重视和对青少年一代健康成长的关心,同时也反映了一段时间以来中小学德育工作缺乏针对性、实效性及所存在的脆弱性。未成人的品德教育不仅是国家的战略需求,也是学校教育的重要任务。作为教育机构,我们有责任、有义务,也要有决心去完成这一战略任务。

基于此,国内有关的教育主管部门和科研机构在广泛调查的基础上,对中学生思想道德建设及习惯养成教育开展了一定的研究,各级各类学校也从立德树人的要求出发,对中学生思想道德建设及习惯养成教育采取了一定措施,在各个层面开展了研讨或交流。学术界对中学生的思想道德建设及习惯养成教育给予了极大的关注,通过各种媒体和平台进行了广泛的呼吁。但随着社会经济与文化的发展,未成年人思想道德建设及习惯养成教育出现了一些新的情况,面临一些新的挑战,也遇到了一些新的困惑。简单概括起来说,开展德育工作的学校、社会、家庭三方都存在着不同程度的问题:学校教育不强,家庭教育不当,社会教育不良。

（一）学校德育的首要地位没有充分凸显

蔡元培先生曾说过："欲知明日之社会，须看今日之校园。"《人民教育》曾发表署名班建武的文章："学校德育为何无效？可能是你没读懂青少年的流行文化。"当前，学校德育往往会成为成人的独角戏，难以吸引青少年主动参与，根本原因在于我们没有真正了解青少年的身心特点和思想特征，并由此造成教育方式方法不当。由于学校德育工作没有能够很快适应教育改革与发展的新形势，一些工作缺乏明显的实效性及针对性，造成了中小学生德育与智育发展不协调的矛盾进一步突出。

一是认识不高，重视不够。一些学校没有从根本上认识到德育在"五育"中的首要地位及决定作用，很少对新时期德育工作加强方法与措施的研究，取消了很多原本属于学生应有的活动，取而代之的是各类文化课，学生素质发展极不平衡。由于认识上的不到位，必然导致重视不够，一些学校仅有读书声，很少听见歌声和笑声。

二是方法不新，效果不佳。很多学校对德育工作的重要性有一定的认识，但采取的方法缺乏新意，与当前国际国内社会经济生活形势及中小学生特点不相适应，没有围绕德育的实效性、长期性及反复性而有针对性地采取一些切实可行的办法。工作缺乏超前性，对青少年的违法违纪现象没有超前预防，而是被动地教育。在思想教育过程中，只注重疏而不注重导，只是一味地灌输，而不注重情感的投入，不善于寓德育思想于各种活动之中，特别是不善于运用现代教育手段辅助德育工作。

三是规划不足，保障不力。德育工作必须依赖一定的载体，依托必要的阵地，还要有强有力的保障措施。不少学校都舍得在硬件上加大投入，却不愿在德育软件上狠下功夫，育德与育分的矛盾在不同类型的学校都有不同的表现。缺少必要的德育工作队伍保障、阵地保障、经费投入保障、奖惩制度保障，工作目标不明确，只靠短的德育工作行事历，却没有中长期的德育目标及德育工作规划，这样的德育工作带有很大的盲目性和随意性，工作效益并不高。

四是队伍不强，素质不高。学校德育工作的主力军是教师，思想政治课教师及广大班主任、德育工作专职人员的责任更为重大。没有一支高素质的德育工作队伍，就不可能培养出高素质的学生。然而一部分教师的思想道德素质与立德树人、为人师表的要求还存在一定差距，职业道德亟待进一步提高，甚至难以胜任青少年德育工作。也有少部分教师对青少年成长漠不关心，只教书不育人，只管课堂45分钟的学问，不管课后更长时间的做人，德育与智育成了没有经过融合的两张皮，需要进一步明确德育工作职责。

（二）家庭教育的德育功能没有充分发挥

家庭作为社会的最小单元，是学校教育和社会教育的基础。家庭教育也是学校教育最重要的补充。家长的一言一行就是在家庭中实施的教育课程。前文所述的许多纲领性的教育方针都明确指出家庭、家长的育人使命,但目前许多家庭的教育,不仅无助于青少年的健康成长,还给学校德育工作带来了一定的困难。

一是家长德育意识淡薄,家庭教育的德育功能弱化。家长的言行和世界观、人生观、价值观对孩子产生潜移默化的影响。有的家长德育意识淡漠,不注重发挥榜样示范的积极作用,不能以身示范、以身作则,要求孩子做到的事而自己却做不到,结果在孩子面前的威信大减,教育效力大打折扣;有的家长在孩子的教育上往往采取一种简单、粗暴的做法,即金钱加棍棒,极易使孩子形成逆反心理;还有的家长无意或有意中成了孩子犯错误或犯罪的教唆者。这些不当的方式不仅增加了学校德育工作的难度,更为严重的是许多中小学生反而成了家庭教育不当的受害者。

二是过度依赖学校教育,成才期望与学校育人目标相左。学校教育是为中国特色社会主义事业服务,致力于培养全面发展、堪当大任的时代新人。家长的期待是短期内把孩子教育成才,出人头地。此二者在当前和长远、国家和个人的目标与利益上出现了偏差。一些家长认为"把孩子交给学校,我就放心了",把德育完全视为学校的事,把育人成才的责任推到了学校和老师身上,自己只要满足孩子学习成长的物质需要即可。在家风的传承、家教传统的弘扬,以及家国情怀的培育

上,许多家庭要及时弥补,并且努力做到家庭教育与学校德育工作同频共振、和谐统一,并形成合力。

(三)社会教育的积极作用没有充分渗透

联合国教科文组织多年前在《学会生存》的报告中指出,"未来的教育必须成为协调的整体,在这个整体内,社会的一切部门都在结构上统一起来"。在家庭、学校、社会的三位一体的框架内,学校教育是主导,家庭教育是基础,社会教育则是提供依托的最大育人环境。社会对青少年的德育教育主要依靠良好社会风气的熏陶影响,模范先进人物的榜样示范,功能齐全的德育阵地的教育实践,丰富多彩的社会公益活动的启示引导等。但是,随着网络技术的发展和虚拟网络和现实环境的变化,社会教育的德育功能在积极渗透方面时而会受到干扰。

一是青少年认知社会的方式呈现影像化。网络技术的发展,社会提供给青少年体验世界的方式主要是"看",看手机、看电视、看电脑、看动漫,而不是阅读和实践。冲击的不仅有传统的学科教学,而且还有我们的学校德育效果。要把对青少年的思想道德教育渗透在社区教育的实践中,把青少年从屏幕前拉到实践中,从网络上拉回现实里。

二是社会存在的不良文化氛围带来的冲击。社会上的消极负面思想对青少年的消极影响仍广泛存在,在明是非、识真假、分善恶、辨美丑等方面对青少年健康成长时刻产生着极大的挑战。新时期的榜样与模范对青少年

的影响曾经一度对明星、大亨的崇拜所削弱。一些社会活动只重经济效益，不顾社会效益，加之青少年盲目崇拜、盲目从众心理的存在，使得社会教育与学校德育产生脱节。

三、在育人方式的改革大势中践行德育的实施路径

国务院办公厅出台的《关于新时代推进普通高中育人方式改革的指导意见》中提出，要突出德育的时代性，深入开展习近平新时代中国特色社会主义思想教育，坚持把立德树人融入思想道德教育、文化知识教育、社会实践教育各环节。同时要强化综合素质培养，拓宽综合实践渠道，完善综合素质评价。《中小学德育工作指南》提出了中小学德育的五项主要内容，即开展理想信念教育、社会主义核心价值观教育、中华优秀传统文化教育、生态文明教育和心理健康教育。德育工作重在落实，为把德育的目标和内容落实到学校日常管理的各方面和各环节中，《中小学德育工作指南》还提出了六大实施途径，包括课程育人、文化育人、活动育人、实践育人、管理育人、协同育人。

（一）更新德育观念，实施有效德育

当前，德育越来越受到人们的重视，但德育不落实，即关乎"培养什么人、怎样培养人、为谁培养人"这一教育根本问题。德育工作的有效性问题，已经引发了很多人的思考，特别是由于具有先行作用的德育观念不新，已经对有效德育产生了一定的影响。

1 养成教育是最为基本的德育。

学校德育工作千头万绪，学生工作需要处处讲德育，时时重德育。而处于学生从行为到习惯的重要关键期的小学、初中、高中阶段，养成教育应该成为当前各级各类学校德育的重要抓手，尤其是义务教育阶段学校，养成教育应该成为学校最为基本的德育。学校德育工作的核心就应该立足于帮助学生养成良好的文明习惯，改掉或纠正不良的陋习与恶习，并在此基础上再去向学生谈人生价值、谈人生理想、谈世界观，这才是正确的德育思路。否则，养成教育不落实，其他德育难见效，学校德育也只能流于形式。霍邱一中提出"站有站相、坐有坐相、走有走相，有孩子形，有学生样"的"三相一形一样"，为学校管理、班级管理提供了直接、可操作性、可评价的最基本的做人和育人管理要求。

2 德育必须依托必要的活动载体。

由于道德观念的抽象性、难复制性，决定了德育工作的高难度。学校德育是不能靠凭空说教的，学校德育也是需要反复不断强化的德育。只有通过经常性、多样化且生动、直观、形象的德育活动才能让学生感受到学校德育的作用，也才能真正实施有效的德育。课堂仍然是德育的主渠道，要把德育教育工作寓于各学科课堂教学之中，贯穿于教育教学各个环节，对学生进行爱国主义、中国特色社会主义、基本国情、辩证唯物主义世界观教育，以及科学精神、科学态度、科学方法的教

育。要把丰富多彩的教育活动作为德育工作的重要载体,努力培养学生的社会责任感和奋斗精神。如组织中小学生参加青年志愿者活动、18岁成人仪式、学雷锋送温暖活动、观看爱国主义影片、爱国主义读书活动、向不文明陋习告别仪式、祭扫英烈活动、参观爱国主义教育基地等,把德育工作寓于各种活动之中。要加强社会实践活动,不断提高学生适应社会的能力。诸如研学旅行、社会调查、军事训练、公益劳动、生产实习、社会服务、科技文化活动、青年志愿者活动、勤工俭学、家政锻炼等,还要对学生进行必要的挫折教育,让学生不断提高对社会的适应能力、生存能力和抵御不良社会影响的能力。要加强德育阵地建设,努力构建德育工作立体化网络。如建设荣誉室、校史馆、科技活动室等场馆,组织开展科技节、艺术节、体育运动会、报告会专题活动等。

3 学校的德育实践需要模型建构。

德育需要样本示范,德育目标需要有一个现实模型,让受教育者在一个又一个德育范本或案例中让学生去体验、感知。中小学德育实践活动,根据其性质及特点可以分为即时性和常态性活动。所谓即时性活动,是指根据需要即时性应景开展的德育实践活动,如,根据重要时势或重大事件临时决定开展的报告会、演讲会等。常态性活动,是指根据《中小学德育工作指南》和学校德育工作规划常年开展的德育实践活动,如升旗仪式、开学典礼、歌咏比赛、成人礼等。德育实践建模,简单讲就是根据中小学所开展的德育实践活动的主题,充分体现德育实践的文化引领和仪式感,结合校本化特点,自主进行的德育实践活动模型建构。主要内容包括实践活动主题、活动目标和文化标识的设计,组织形式、活动范围和活动内容的确立等。模型建构的方式并不复杂,我们提出以函数表达式来规划设计,即"$y = f(x) + a + b$"。其中"y"表示德育实践主题,中小学所有的德育实践活动都必须要围绕立德树人的教育根本任务来开展。"x"表示德育实践主题的活动形式,是指为了保证德育实践主题的教育效果,所采取的一切活动形式,组织方式、载体形式,甚至包括具体的内容安排等。"a""b"表示德育实践中的常量或基本量,无论是何种德育实践主题活动,无论采取何种活动形式、组织形式、载体形式,文化引领和仪式感都是必须引起高度重视的两个方面工作。

(二)深化育人方式改革,推动德育落地生根

近年来,安徽省霍邱县第一中学围绕《关于新时代推进普通高中育人方式改革的指导意见》,关注学生的现实发展与未来成长,在全面落实立德树人根本任务的过程中,聚焦"五育"并举,创造性地提出了"尚修德、善学习、重健身、会审美、爱劳动"的学生发展与成长目标,坚持德育工作的改革创新,努力增强德育活动的仪式感,积极建构德育活动模型,充分发挥课程载体、活动载体和文化载体的作用,德育效果明显。

1 德育内容主题化，建立长效育人机制。

学校每月研制1个德育实践主题和4个分主题，通过行事历将所有主题固定下来，作为"国旗下的讲话"的内容主旨。同时，结合有关学科课程内容，推动德育主题进课程、进课堂，全面落实"课程德育"，做到"三同步"，即教学内容设计与德育（子）主题同步，课程教学时间与德育主题活动月同步，课程作业与德育实践同步。通过主题教育活动和"课程德育"，把爱国主义教育、品德教育、责任教育、感恩教育、文明礼仪教育、养成教育和诚信教育等德育内容落在实处、落在常态。

2 德育研究课题化，育人教研深度融合。

学校先后开展多项省级课题研究，其中，"基于社会主义核心价值观培育的德育资源开发与应用研究"入选安徽省教育科学研究重点项目；"中学生思想道德与习惯养成教育研究"获得第八届安徽省教育科学研究优秀成果评比一等奖；"高中生活从这里起步——基于习惯养成和思想道德建设的基础教育改革实践"荣获安徽省基础教育教学成果奖一等奖。

3 德育活动模型化，实践载体多元创新。

学校将建构德育活动模型作为德育工作的重要落脚点。经过课题引领和德育实践，学校已经建构起多个常态化的、成熟的德育活动模型。例如，建构面向高三年级的"集体成人礼暨告别母校"活动模型，面向"新高三年级"的"我们出发了"毕业班启动活动模型，面向高一年级新生的"霍邱一中欢迎您"入学教育活动模型和纪念重大事件的"九一八""5·12"防空与应急演练模型等，不断增强德育活动的仪式感和育人效果。

4 校园文化功能化，以文育德以文化人。

学校在德育工作中非常注重校园文化的引领作用，努力创设有内涵、有价值的校园文化。面向师生征集楼宇、道路、景观等命名方案，充分体现中华优秀传统文化。例如，以体现一代廉吏于成龙三获朝廷"卓异"嘉奖的"卓"字命名卓异楼、卓越楼、卓远楼、卓识楼等。又如，学校积极推行"让每一面墙会说话"，楼道与走廊的墙面都充分体现了时代感，不断更新时代人物事迹与画像。布满墙面的国家功勋、人民英雄的事迹，时刻激励学生奋发向上，向榜样学习。再如，多彩的教室文化、寝室文化、走廊文化、广场文化等，让学生得到文化的浸润与熏陶；汲取中国优秀传统文化智慧，对校园道路、楼宇和景观命名，让校园的每一个角落都能发挥"育德"功能。